北京第二外国语学院博士学术文库

明代赎刑制度研究

STUDY ON THE PENALTY OF ATONEMENT SYSTEM IN MING DYNASTY

王新举 著

中国财政经济出版社

图书在版编目（CIP）数据

明代赎刑制度研究/王新举著．—北京：中国财政经济出版社，2015.2
（北京第二外国语学院博士学术文库）
ISBN 978-7-5095-5965-9

Ⅰ.①明…　Ⅱ.①王…　Ⅲ.①赎刑-研究-中国-明代　Ⅳ.①D929.48

中国版本图书馆 CIP 数据核字（2014）第 313696 号

责任编辑：吕小军　　　　责任校对：徐艳丽
封面设计：郁　佳　　　　版式设计：兰　波

中国财政经济出版社 出版
URL：http：//www.cfeph.cn
E-mail：cfeph@cfeph.cn

社址：北京市海淀区阜成路甲 28 号　邮政编码：100142
营销中心电话：88190406　北京财经书店电话：64033436　84041336
北京财经印刷厂印刷　各地新华书店经销
710×1000 毫米　16 开　15.5 印张　227 000 字
2015 年 2 月第 1 版　2015 年 2 月北京第 1 次印刷
定价：32.00 元
ISBN 978-7-5095-5965-9/D·0357
（图书出现印装问题，本社负责调换）
本社质量投诉电话：010-88190744
打击盗版举报热线：010-88190492，QQ：634579818

序 言

昔日北大蔡元培先生谓："大学者，研究高深学问者也。"大学的逻辑起点首先应该是学术，高水平的大学更不能例外。对知识的传递、批判和探索，是大学生存与发展的永恒主题。在知识经济迅猛发展的时代，大学作为知识传播与创新、技术创新与转移的主体，理所当然地成为国家创新体系建设和自主创新的基本主体，成为人类进步和社会发展的知识之翼。大学学术研究能力的开发，本身就孕育着未来经济和社会发展的萌芽，把川流不息的知识转变成为技术创新的新源泉，已经成为当今大学学术研究不可或缺的重要任务。

一流的科研成果是一流学术成就的核心。没有一流科研成果的大学，不能称之为研究型大学。在"十一五"发展规划中，我校明确提出"把我校建设成为若干学科达到国内一流水平、在国内外具有重要影响的多科性教学研究型大学"的办学目标。这一目标不仅体现了全校上下紧跟时代脉搏锐意进取的拼搏精神，还体现了我校对我国高等教育大改革大发展大跨越的基本走向的理性认知。要实现这一奋斗目标，关键是要紧紧围绕学术的卓越，全力打造一流的队伍、培养一流的学生、构筑一流的学科平台，潜心培育有利于知识创新和学术卓越的制度环境与大学精神。

学术卓越也是评价学科建设水平的核心指标之一。学科建设水平是一流大学的根基，只有具备一流的学科才能成为一流大学。分析世界一流大学学科发展的演进轨迹可以发现，经过几十年甚至几百年的锤炼和发展，总有一批学科成为他们的"顶梁柱"，甚至可以作为学校的代名词。我校要建设和形成一批特色鲜明的高水平学科群和学科链，就必须以学术卓越为标杆，营造砥砺学术、崇尚学术的良好风气，实现学术水平的历史性跨越。

兴校之举，首在得人。作为大学不仅要培养和造就能够占据学科前沿、富有创新激情的拔尖创新人才，还要依靠学科带头人、学术带头人、学术骨干等一批拔尖人才汇聚创新团队。世界一流大学都拥有一批世界级的学术大师，从某种意义上说，有了世界一流的师资队伍就等于有了一流的学术成就。哈佛大学的前校长科南特曾说过："大学的荣誉不在于它的校舍和人数，而在于它一代一代教师的质量。一所学校要站得住，教师一定要出色"，"在依靠人才方面，10 个二流的人不能代替 1 个一流的人。"人才问题是制约和影响大学可持续发展的核心要素，谁拥有质量更优、数量更多、创新能力突出的优秀人才，谁就能处于竞争的优势地位。长期以来，我校着眼于打造一支精英汇聚、敢于创新、善于创新的师资队伍，积极构建面向国际招揽人才的机制和校内科学合理的人才选拔机制，提倡百花齐放、百家争鸣，让广大教师的学术思想自由发挥，真正把我校建设成为名副其实的教学研究型大学，为建设"人文北京、科技北京、绿色北京"贡献智慧和力量。

近年来，我校积极提倡"科研引领学科发展，科研提升办学水平，科研服务社会进步"的工作理念，以创新平台、重点科研基地和重点学科为依托，以学科带头人为核心，以重大项目为纽带，发挥多学科集成的优势，加大相关学科的交叉融合力度，初步形成了一批科研创新能力强，特色鲜明的研究团队，进一步巩固和提高了我校科研工作的影响力，增强了社科研究发展的后劲，提升了社科研究工作的水平。

为提升我校的科研水平和学术影响力，构建我校特色科研的长效机制，提高科研资源配置效率，培植一批特色鲜明、优势突出的国内一流学科，鼓励专任教师从事学术研究，扶持具有我校学科特色、扬我所长并与首都经济社会发展密切相关的科研成果，培养和发展一批学术带头人和中青年学术骨干，带动学校整体科研和学科水平不断迈上新的台阶，在人才人事工作部门、科研管理部门的努力下，学校设立了"北京第二外国语学院博士文库出版基金"。出版基金主要用于资助具有较高学术水平的博士论文、学术专著和高水平的学术译著，充分发挥其辐射效应，带动相关学科的繁荣与进步，达到"以点带面，纲举目张"的效果。

在博士文库系列著作付梓出版之际，我感到由衷的高兴。衷心感谢各位作者及相关工作人员的辛苦努力，并期待有更多的优秀成果出版。

北京第二外国语学院校长

2010 年 2 月 25 日

目 录

导 论

一、赎刑的内涵和特征

赎刑制度是中国古代刑法发达的反映，它从夏代产生起，为历代王朝所承用，直到清末引入西方法制才被取消。赎刑制度在中国古代刑法的执行中扮演了重要角色。虽然目前学术界对它的起源、性质和特点的认识存在分歧，但经过不断探讨和深入研究在如下几个方面达成共识：

第一，从本质上讲，中国古代的赎刑是一种以刑种为基础，以钱物或劳役折抵刑罚的换刑制度，即按照规定科以罚金或一定的劳役，从而赎免所受刑罚的制度。

替代性是它的本质特征。它不是一种独立的刑种，这一特征也使它与罚金相区别。虽然罚金和赎刑都使罪囚丧失了部分财产，但从严格意义上讲，却不能把赎刑看作单纯的财产刑。这是因为罚金是对犯罪的一种处罚，它强制被处罚人在一定期限内缴纳一定数量的金钱。它既可单独适用，也可附加适用，但附加适用时，原刑罚并不取消。罚金是相对于罪的，而赎刑则是相对于刑的；罚金因罪而定，赎刑据刑而定。可见，替代性是赎刑和罚金的本质区别。同样，赎刑的替代性也使它同徒刑的劳役相区分。徒刑一般是指限制罪犯人身自由并强制其劳役的刑罚。限制人身自由和强制劳役是同时兼顾的，并且限制自由是第一位的，徒刑以监禁的时间标准作为是否释放的期限。而赎刑的劳役一般是不限制罪犯的人身自由的，只是单纯的劳役，有些赎刑的劳役也是按时间计算的，但多是劳役的时间，而非监禁或羁押时间。而有些劳役是按照劳作对象的多少来计量的，例如，运一定数量的砖就可赎免所受刑罚。所以说替代性是赎刑的本质特征。

“恤刑”是赎刑的基本立法原则。赎刑最早起源于“罪疑从赎”，后来它的适用对象也主要为老幼废疾和妇人，以及贵族和官僚，它的适用罪行主要为过失犯，从他适用的刑罚来看，主要为笞杖轻刑犯，到明代时才发生重要改变，功利和实用方面的原则有所加强，适用范围有所扩大，但依然保留了“恤刑”的一面。所以，从整个赎刑的存在来看，“恤刑”依然是赎刑不变的重要特征。

惩罚和经济补偿是赎刑带来的双重结果。《吕刑》记载：“罚惩非死，人极于病。”就是说，赎刑虽不执行应罚之刑，但强制其缴纳一定数量的财物，足以使人感到极大痛苦，可达到刑罚的目的，防止犯罪。可见，赎刑虽较原科刑罚为轻，但也是一种惩罚。虽然赎刑并非是严格意义上的财产刑，立法的本意也并非是获得收益，在“重义轻利”的思想指导下，通过牺牲一定经济利益来免受有损于“义”的惩罚，既体现了当政者的宽恤之意，又客观上增加了政府的收入，增加了大量的劳力（劳役赎罪），减轻了人民的负担。如果说在早期，赎刑的制定只是把获利当作恤刑和惩罚手段的话，那么在明代，赎刑的大范围适用则更多地体现了目的性一面。《明史·刑法志》中对此毫不避言：“国家得时籍其人，以佐缓急，而实边、足储、赈荒、宫府颁给诸大费者，往往取给于赃赎二者。”① 可见，通过赎刑，既体现了当权者的“慎刑”理念，又对罪囚实施了一定的惩罚，客观上又获得收益，这是赎刑的另一特征。

第二，从时间上看，赎刑起源早、历史跨度大。赎刑制度起始于

---

① ［清］张廷玉：《明史》卷九十三，志第六十九《刑法》一，中华书局1974年版，第2293页。

夏朝，纵贯奴隶和封建社会两个历史阶段，上下几千年，具有较强的生命力。我国最早记载赎刑制度的是《尚书·舜典》中的“金作赎刑”。但有学者认为当时人们是用习惯法来调整社会关系，从而认为真正的赎刑制度源于夏朝。[①] 周穆王命吕侯作刑，建立系统的赎刑制度时，便参考了夏代的赎刑制度，即所谓“训夏赎刑”。可见，夏代已经存在赎刑制度。在周时，赎刑制度则得到广泛运用。据《尚书·吕刑》记载，五刑而疑者，均听金赎，各刑之金额均有详细规定：墨辟疑赦，其罚百锾，阅实其罚；劓辟疑赦，其罚惟倍，阅实其罪；剕辟疑赦，其罚倍差，阅实其罪；宫辟疑赦，其罚六百锾，阅实其罪；大辟疑赦，其罚千锾，阅实其罪。可见，墨、劓、剕、宫、大辟都可以赎。但规定赎刑只限于疑罪，即犯罪事实有疑问，难以认定的才可赎刑。另外，这时，赎刑与罚金在概念上还混同使用。秦代赎刑制度得到了进一步的发展，从耐、黥、迁、宫一直到死都可赎，且规定了三种赎刑方式：金赎、赀赎、役赎。西汉时，赎刑与罚金已完全分开，东汉时赎刑已渐成定制。经魏、晋、南北朝，赎刑制度进一步发展，至隋唐时已经相当完善，宋、元、明、清沿用并有所发展，明代最为鲜明，清末修律时赎刑被取消。由此可见，赎刑制度在中国古代一直存在，对中国古代刑罚体系产生深远的影响。

第三，赎刑在体例形式上常以散见的形式出现，主要存在于各朝的法律法令、条例和其他文件中，没有单独的“赎法典”。在赎刑方法上，开始以金钱为主，后演变为金钱、财物和劳役并行，最后又回归于金钱。赎刑在适用中较为灵活，当他们认为统治地位较稳，但经济上又急需大量财物时，就放松赎刑的条件；当他们感到形势严峻，需要镇压时，就严格赎刑制度。一般而言，对直接侵犯封建国家的统治基础和秩序的犯罪行为所处刑罚的不予收赎，如“十恶”和“非常赦所不原”之罪是禁止适用赎刑的。

赎刑制度在中国古代的刑罚体系中扮演重要的角色，它的出现和发展对整个中国古代的刑罚体系产生了深远的影响。明代赎刑除具备

① 张晋藩：《中国法制通史》（第四卷），法律出版社 2000 年版；陈俊：“论中国古代的赎刑制度”，《江苏公安专科学校学报》1998 年第 5 期。

上述共性特征外，还具有独特的特性。它的实施比以往王朝更加广泛，制度也更加完备和成熟，对清代乃至日本、朝鲜赎刑的制定都产生了重要影响。所以在对赎刑的内涵和主要特性有基本了解的基础上，再研究明代的赎刑制度，就会变得更加深入和透彻。

二、研究的历史与现状

对于明代赎刑研究，最早、最为深入和最为全面的当推清代法学名家沈家本，他在《历代刑法考》一书中专辟《赎考》一章，对赎刑的起源、赎刑的赎金数额进行了考据，并对历史上赎刑材料进行了大量整理和归纳，非常详尽地考察了赎刑的历史演变过程，并对考察的结果进行了简单归纳和评价。在《赎考》中，沈家本对明代赎刑部分论述最多，分别以《明史·刑法志》、《明会典》、《续文献通考》、《大明律》等史料为主，以《大学衍义补》、《明史·太祖纪》《明史·宣宗纪》等史料为辅，对文献中有关赎刑的规定都进行了详细梳理，并对所列史料之间有关赎刑的规定异同进行了对比和分析。沈家本对于明代史料的收集和考据为后人研究奠定了坚实的基础，对明代赎刑的归纳、概括以及评价也具有很大的参考价值。如，“赎法，明代最详，即纳米一端，初无一定之制，洪武输粟之法，史文不具。永乐以后，一地一例，一时一例，代有损益，大抵以运道之险易分米石之多寡，故死罪一项至六十石，少至十石，道险远则运费重，故减其数，亦宽恤之政也。”① 这个论断在对明代赎刑的赎法特点进行概括的基础上，给予了积极评价，认为根据“道路险远”而定“米石多寡”是“宽恤”之政。除此之外，他还对明代役赎和物赎以及钞、钱、折银等各种赎刑方法的变迁作了较为客观的概括和总结。

沈家本之后，1943 年至 1944 年，留日学者孙荣轩撰写了《明代赎刑考》一文，在此文中，主要以《明史·刑法志》为史料考察明

① ［清］沈家本：《历代刑法考》，刑法分考十六《赎》，中华书局 1985 年版，第 743 页。

代赎刑的赎刑方式及其功用，最后分析其利与弊。[①] 此后，鲜见有对明代赎刑制度研究的成果。直到20世纪70年代以后，学术界才开始关注赎刑问题，开始出现研究中国古代赎刑的论文。如陈汉生、胡若虚、江宪的《我国古代赎刑制度述略》（《社会科学》1983年第11期）；刘广安教授的《古代“赎刑”考略》（《政法论坛》1985年第3期）；童光政、龚维玲的《论赎刑制度》（《社会科学家》1996年第3期）。后来出现了彭宝罗的《论赎刑》、秦现锋、宋瑞平的《反思赎刑制度》、关今华、关山虹、吴强的《“赔钱赎刑”正当性与合法性的追问与考察》、陈嘉俊的《论中国古代的赎刑制度——兼议现代以罚代刑的若干问题》、龙江的《论中国历史上的赎刑制度》、刘汉娥的《试论“经济赎刑”》、郭淑华的《试论我国古代之赎刑》、张兆凯的《赎刑的废除与理性回归》、李衡梅的《我国古代赎刑渊源初探》、胡高飞的《中国传统赎刑及其启示》。有关赎刑的断代史方面的研究成果主要有：江涛的《略论西周赎刑》；吕利、曹云飞的《关于赎刑渊源的考察——西周至两汉》；孙孝勤的《试论秦汉赎刑》；朱红林的《竹简秦汉律中的“赎罪”与“赎刑”》；曹旅宁的《张家山汉律赎刑考辨》；程维荣的《两汉赎刑考》；朱笛的《汉代赎刑探论》；高叶青的《汉代的罚金和赎刑——〈二年律令〉研读札记》；严国庆的《从云梦秦简看秦的赎刑制度》；郭佳的《从睡虎地秦简看秦朝的赎刑》；张健、张佳、李滨的《唐代赎刑制度考评议》；赵旭《宋代赎刑制度考述》；戴建国的《宋代赎刑制度述略》。

有关明代赎刑研究的论文主要有，胡建中、江宪的《明代赎刑制度初探》（《学术月刊》1982年第7期）；张光辉的《明代赎刑的运作》（《四川大学学报》（哲学社会科学版）2005年第3期）；吴艳红的《明代武职“立功”考论——兼论赎例在明代武职中运用》（《明史研究》2003年第8期）；黄阿明的《明代赎罪制度及其滥用——以刘谨罚米法为例的考察》（《历史教学问题》2004年第2期）；陈谭娟的《明代赎刑与罚金刑之区别》；姚旸的《明代赎刑考

① 孙荣轩：《明代赎刑考》，《中国留日同学会季刊》第6、7期，中国留日同学会发行1942～1944年。

略——兼论赎刑的纳钞纳米之制》；朱二伟的《明代罪囚罚赎及其社会经济影响》；刘科进的《明代赎刑制度的司法特点及其局限性》，这些论文对明代赎刑制度的有关方面进行了研究和探讨。

有关明代赎刑方面论述的著作，主要有张晋藩先生主编的《中国法制史》，书中认为：从起源上讲，《尚书·舜典》和《吕刑》中有关赎刑的记载虽不一定完全属实，但赎刑起源较早应是事实。另外张先生还对秦、汉、隋、唐、明等时期的赎刑的状况进行论述。在明代，他认为“以役代刑”是明代赎刑最具特色和最盛行的制度，并肯定了这种制度对于满足当时对劳动力的需求和单纯的羁押监禁、刑杀相比照所具有的进步意义。怀效锋主编的《中国法制史》中除了在各朝代的具体制度中论及到了赎刑外，还在明代法律制度这一章对明代的赎刑制度的立法实践、存在形式、特点分别作了较为详细的论述。尤韶华的《明代司法初考》注重运用奏折和诏书等史料，对明代司法中一些重大的课题作专题考证，尤其是对公审制度、官吏犯罪的处理、赎罪制度、大赦、从军的论证十分深入，使我们可以从中发现历史演变的真实情况。书中对明代赎刑的方式及明代各时期赎刑制度的不同变化进行了较为详细的介绍。

有关国外对明代赎刑的研究主要有旅日德国学者陶安（Arnd Helmut Hafner）发表了两篇有关明代赎刑制度的文章——《中国刑法史中的明代赎法》和《律与例之间——通过明代赎法看古代中国法之一斑》。在《中国刑法史中的明代赎法》这一篇文章中，通过与唐律赎刑概念的比较研究，他认为，明律的刑法体系仅仅是在刑名上沿用了唐律五刑的理念体系，实际上明律的刑法体系与唐有很大不同，主要体现为在具体的刑名之下规定了具体的刑罚条例，洪武三十年律中却只有死刑和罚役，伴随着纳赎的进展，增加了财产刑，刑罚体系才趋于完备。在《律与例之间——通过明代赎法看古代中国法之一斑》一文中，陶安以“依律科断”和“照例发落”这两个用语为中心，对明代赎刑观念上侧重和现实中的作用的关系作了探讨。认为，“依律科断”是对罪犯所犯下的罪状依照法律条文来确定相应的刑名，“照例发落”是指执行与刑名相应的刑罚。将律与例区分开来，并且在“照例发落”上，在明初以来杂犯和真犯的不同概念之上加上了赃罪和非赃罪的区分，促使了纳赎与罚役的分化。陶安把明代的赎法在中国刑法史中进行了定位。日本的角谷常子原著的《秦汉的赎刑》（陈清、胡平生译，载李学勤、谢桂华主编《简帛研究2001》，广西师范大学出版社）认为秦的赎刑大致可分为两类，“即作为身份性的特权而得到认可的换刑”和“作为规定刑”，并对秦汉赎刑进行考证和论述。日本学者石冈浩的《西汉初年赎刑的特殊性》（《日本秦汉史学会会报》），认为赎刑在无期劳役刑制度下是寻求适用回避的特殊刑罚。日本学者若江贤三的《秦汉律赎刑制再考》（《资料学方法探索》），根据《二年律令》中“赎”的金额计算出刑期，从有期刑说的立场批驳了无期刑说。日本学者池田夏树的《战国秦汉时期的赎刑方法和制度的运用》（中央大《亚洲史研究》），以用于赎刑的财物为中心，对秦汉时期赎刑制度的具体运作进行了考察。

通过对有关赎刑相关研究的历史与现状的总结和分析可以看出，20世纪70年代以后，对于赎刑的研究开始增多，也出现一批科研成果，本人也从中得到很大收获。不过从整体上讲，对于明代赎刑的研究仍需不断加强，研究力度还不够，这不但体现在量的方面，更多地体现在系统和深入研究方面。到目前为止，还没有集中对明代赎刑展开研究的专著，甚至是涉及赎刑的专著都没有出现，现在对赎刑的研究还只局限于教材或专著的某些章节中，还只局限在刑法中财产刑的探讨中，还只停留在易科刑和罚金等刑种的研究中附带提到的内容，还没有对此展开系统和专门的研究，所以说总体上看，现在对明代赎刑的研究就像赎刑制度本身的命运一样，虽然出现早和跨度大，但却始终没有专门的法典，只依附于其他制度散见于其他法律中。对赎刑的研究是一个持续和漫长的过程，本人能力所限，本书只是在前人研究的基础上，站在法律史的角度对明代的赎刑展开一定的研究和探讨，为推进明代赎刑制度研究尽一点微薄之力。

三、研究目的、内容与结构

明代的赎刑制度最为详尽，最能体现中国赎刑的特点，尤其是它的例赎部分，使明代的赎刑制度和其他朝代的赎刑制度相区别，是自身身份的确证。本书研究的宗旨在于在前人研究的基础上，站在法制史的角度，对明代赎刑的产生和发展进程进行总结和概括，对明代的赎刑制度尤其是例赎的内容进行归纳和整理，在和前代赎刑制度的对比中揭示出明代赎刑制度体现出的特点，并结合明代的政治、经济、文化等现状尤其是明代的惩罚体系和法律制度等方面的现状对明代赎刑制度的形成原因进行分析，力求发现其形成和发展的动因及规律，在揭示其发展动因和规律的基础上，考察这一制度在形成和发展中对当时乃至后代法律制度所产生的深刻影响。本书的重点将放在对例赎制度的归纳和总结，以及例赎与律赎之间的关系方面的论述，将从互补和互动的角度考察两者之间的关系。另外在明代赎刑制度形成原因和影响部分，本书将重点探讨赎刑制度形成和发展的自身内在的动因以及法制体系等方面的动因。在赎刑的审判和执行的制度论述中，本书将重点论述明代赎刑制度的执行程序以及执行中的问题和应对措施。

总之，本书的写作思路是首先弄清楚明代赎刑制度“是什么”的问题，包括赎刑制度的具体内容和发展历程，然后分析“为什么”是这样的问题，包括明代赎刑制度产生和发展的内在动因及外部环境条件，最后是“怎么样”的问题，包括明代赎刑制度对明代以及清代的社会经济和法制等方面造成的影响。

基于上述目的和写作思路，本书结构安排如下：

第一章为明代赎刑制度的形成与发展。本部分首先以《大明律》的修订为背景，以制定《大明律》时的指导思想为主线，概述了《大明律》中赎刑制度的形成，然后又分析了明代赎刑条例的产生背景以及“律赎”与“例赎”之间的互动过程，最后集中论述赎刑制度在适用主体、适用刑罚以及适用方式所体现出的关键性变革。

第二章为明代“律赎”制度。由于《大明律》中的赎刑制度（律赎）和明代所颁条例中的赎刑制度（例赎）相差较大，所以本书将此分开分别论述。本部分主要界定了“律赎”的概念，并对洪武三十年所颁行的大明律中赎刑制度进行归纳终结，在和唐代赎刑制度的对比中分析了“律赎”的适用主体、适用罪行、适用刑罚等内容，最后结合明代货币政策的变化，分析了“律赎”在“例赎”的作用下，赎刑方式由纳铜、纳铜钱，到纳钞、纳银的转变过程。

第三章为明代的“例赎”制度。首先在明确“例赎”的内涵以及同“律赎”的基本关系后，对有史料可查的条例中的赎刑制度，按照明代发展的朝代顺序，列表显示，并在注释中详细注明其产生的年代和具体内容，为下面的分类分析提供翔实的史料。然后具体分析了明代例赎在适用对象、适用刑罚、适用罪行和适用的时间和空间效力以及赎刑的方式等方面变化和有关规定。“例赎”变动比较大，有些只是一时一地规定，所以在把握“例赎”制度时首先要把握其适用的时空局限性。

第四章为明代赎刑的司法审判制度。本部分主要论述赎刑的司法审判机关以及审判程序。初审机关在确定刑罚的同时，还要审查其是否符合赎刑条件，对于符合赎刑条件的罪犯，还要草拟赎刑建议，有权决定的司法机关会判决是否适用赎刑。另外，还对一些疑难赎刑案件的判决进行了归纳和分析。

第五章为明代赎刑的执行制度。本部分主要论述了赎刑的具体执行机关和配合完成执行任务的户部、工部等部门之间是怎样相互分工配合，保证赎刑顺利执行的过程。主要对劳役赎刑的执行和纳实物赎刑的执行进行分析研究，并且对执行中遇到的问题进行分析，对应对措施进行了考察和论述。

第六章为明代赎刑制度的特点及其原因。这一部分主要在同前代赎刑制度相比较的基础上，总结出明代赎刑制度的特点，即立法原则更趋于时效和功利，赎刑结构体系较为完善，赎刑适用范围较为广泛，赎刑的方式灵活，标准合理，便于操作和执行，并从经济、惩罚体系和赎刑本身等几个方面对这些特点的成因进行了分析。

第七章为明代赎刑制度的影响。本部分对明代赎刑制度对明代的经济、刑罚体系以及清代的刑罚体系的影响进行了具体的分析。

第八章为明代赎刑制度的历史局限性、价值以及现代意义。本部分对明代赎刑制度在立法制度方面的赎刑标准不统一、在刑罚功能方面惩罚力度的降低、在司法程序方面“淹禁”现象频发、在适用结果方面造成“贫富异刑”的客观事实、在执行中倍受皇权干涉和宦官所滥用等局限性给予了探讨和分析。对于赎刑在维护统治阶级的利益，维护等级特权制度，保护阶级统治的统治基础；在聚敛民财，充实国库，维护阶级统治的经济基础；在惩罚理念上，促使人们对报复性惩罚和赔偿性惩罚的理性思考等方面的积极意义给予了肯定。对于明代赎刑制度所蕴含怜恤精神，在明代刑罚体系中发挥重要作用，对于解决现代刑事惩罚和民事赔偿之间的矛盾的启发和借鉴意义，进行了深刻分析。

最后为结论，对本书的总结以及今后研究方向的预测和构想。

第一章
明代赎刑制度的形成与发展

明代赎刑制度的产生和发展是一个动态过程。在明代开国初期，明代赎刑制度延续了历代赎刑的特点，继授了它在刑罚体系中的原有位置，但在“重典治乱世”的立法思想指导下，明代刑罚过重的弊端逐渐凸现出来，在祖宗之制不可变的限制下，赎刑条例在灵活性以及缓和刑罚过重方面的作用逐渐显露出来，这样，赎刑条例得以大量制定，并逐渐突破了以往赎刑的限制条件和范围。大明律中赎刑制度和条例中的赎刑制度之间、纷沓而至的各种赎刑条例之间以及赎刑制度与其他刑罚制度之间在相互磨合、相互牵制中，逐渐趋于稳定和成熟，彰显出明代赎刑制度旺盛的生命力，并一直延续到清朝末年。

第一节
明代赎刑制度的形成及其历史背景

明代开国之初，元朝的残余势力尚未完全平息，参加反元斗争的农民因土地和赋税问题没能得到真正的解决而继续对抗新王朝，统治阶级内部围绕着利益分配问题而展开的斗争也威胁着皇权的巩固。面对严峻的形势，朱元璋认为："礼法，国之纪纲。礼法立，则人志定，上下安。建国之初，此为先务。"[①] 在此思想的指导下，朱元璋开始通过立法来稳定社会。立什么样的法，以什么立法思想作指导，成为关键性问题。他总结了元朝灭亡的教训，认为元朝的败亡在于中央昏暗不明，软弱无力，各级官员作威作福，纲纪败坏，法纪无存。再加上时局不稳，战乱频发，所以，主张重典治国，只有采用重刑，威慑臣民，才能巩固极端君主专制的中央集权统治。朱元璋宣称："吾治乱世，刑不得不重。"[②] "法重则人不轻犯"[③]。所以在洪武元年草创《大明律》时，朱元璋弃前代法而不用，而以唐为蓝本。除制定《大明律》外，朱元璋又常常颁布一些临时法令以补律之不足，而这些律令"较前代往往加重"[④]。洪武十八年至二十年之间，又亲自御撰并颁布了《大诰》、《大诰续编》、《大诰三编》、《大诰武臣》，主要把它们作为和《大明律》并行的司法依据，而这些大诰都具有强烈的重刑色彩，四编共二百三十六条，这些法典中几乎没有准赎的条款，在洪武三十年颁布《大明律》时，"还将《大诰》内条目，撮起要略，附载于律"[⑤]，即《钦定律诰》，共一百四十七条，其中不准赎死罪律一百零二条，不准赎死诰十二条，准赎死罪律九条，准赎死罪诰二十四条。《大明律》初创时虽仍以"重典治乱世"的思想为指导，但也保持了唐律的宽和详的特征。洪武六年刑部尚书刘惟谦奉旨编定《大明律》，加入一些明朝条文，次年二月颁行天下，此律依然按照"一遵唐旧"的精神修订；洪武二十二年，朱元璋择取若干问刑条例编入例中，并以部分类，改变了唐律十二篇的体例结构；洪武三十年又对《大明律》作大幅度调整，始以一代成宪颁之天下，并规定"定律不可轻改"，"子孙守之，群臣有稍议更改，即坐以变乱

① ［明］朱元璋：《大明太祖高皇帝宝训》卷一，经国，齐鲁书社 1996 年版。
② ［清］张廷玉：《明史》卷九十三，志第六十九《刑法》一，中华书局 1974 年版，第 2283 页。
③ ［清］夏燮：《明通鉴》卷四，中华书局 1959 年版，第 262 页。
④ ［清］张廷玉：《明史》卷九十三，志第六十九《刑法》一，中华书局 1974 年版，第 2285 页。
⑤ 《大明律·御制大明律序》卷首，怀效锋点校，法律出版社 1998 年版。

祖制之罪”。[①]《大明律》的基本精神承袭唐律，条例简于唐律，精神严于宋律。因其承袭唐律，所以赎刑部分，明代因袭唐律较多，清代法学家薛允升在所纂《唐明律和编》中对唐律与明律的区别和联系有专门的对比与分析，总的结果是：赎刑部分，同者多，异者少，异者也大多是在原有基础上的发展。由于《大明律》是因袭唐律而定，且不能更改，所定赎刑在具体实施中并不太顺利，有些往往流于形式，这一点明代的丘濬对此有过评价：“至于赎刑，国初虽因唐制而赎于钱，五刑一十九等，自六百文以至四十二贯，第立制以为备而不尽用也。其后或随时以应用而有罚米赎罪之比，然皆以贷轻刑尔，其真犯法死罪则否。”“役作于外者曾不几时，限满而归者即复如旧。富者不以财而幸免，贫者不以匮而独死。其制刑视前代为轻，其用刑视前代为省。”[②] 可见，明初所定赎刑的赎钱方式，并未在现实中得到广泛应用，替而代之的是“罚米赎罪”和“役作”赎罪，《大明律》中赎刑制定脱离实际又不可更改的现实，反而促使了“例赎”的产生和发展。

如果说“律赎”中大多是对前代赎刑制度的继承的话，那么例赎“其端实开于太祖”[③]。这是因为，出身贫民的朱元璋在法制上重刑惩贪官污吏，对民却采取了宽松的政策，轻徭薄税，豁免灾区赋役。但是明代建国之初，经过连年征战，大量土地荒芜，百废待兴，怎样在不扰农的基础上建设国家，朱元璋想到了一个两全其美的办法，那就是利用罪囚劳役赎罪，解决了劳力匮乏的问题。洪武时，朱元璋曾几次下令让罪囚用力役赎罪，这样以劳役赎罪为特征的赎刑条例在洪武年间就逐渐增多。另外，朱元璋在洪武初年的重典治国并未达到如期的效果，促使他逐渐转变思想，认为过去的刑用重典只是一时权宜，强调立法应因时制宜，并要求子孙们适时而变，采用轻刑。他曾对皇位继承人太孙朱允炆说：“吾治乱世，刑不得不重；汝治平

① ［清］张廷玉：《明史》卷九十三，志第六十九《刑法》一，中华书局1974年版，第2279页。

② ［明］丘濬：《大学衍义补》一百零五，《治国平天下之要·慎刑宪·明流赎之意》，收于《海南先贤诗文丛刊》《丘濬集》，海南出版社2003年版，第1630页。

③ ［清］张廷玉：《明史》卷九十三，志第六十九《刑法》一，中华书局1974年版，第2293页。

世，刑自当轻，所谓刑罚世轻世重也。"① 同时，他也意识到应该明礼和定律相结合，这是从历代的经验教训中认识到的，独刑罚可以压服人，但不能使人心服，可以取一时之效，但并非长治久安之策。正是在这种重刑与恤刑矛盾的立法思想下，赎刑成了一种平衡的手段，它可以通过财物、劳役等来折抵肉体的刑罚，避免了因为重刑而可能导致的法律危机。赎刑因而也在明代的法律中得以广泛应用。洪武二十三年太祖定赎粟北边条例，"令犯除十恶并杀人者论死，余死罪赎粟北边以自赎。不及者，或二人或三人并力输运"。翰林学士刘三吾对此评价："圣心仁恕"之举也，朱元璋曰："善为国者，惟以生道树德，不以刑杀立威。"② 可见，例赎的出现是一种宽恕的表现，是朱元璋晚年思想发生改变后，对早期严刑峻法的一种矫正。对于这种变化，嘉靖间南京右都御史何瑭也曾有过论述："（太祖）晚年因见法令已行，贪风已革，乃于洪武三十年，定官吏受赃满贯者为杂犯死罪，准其收赎，盖不忍以财务之故伤人性命，此圣祖宽恤之仁也。"③《明史·刑法志》对此亦有明确记载："明律颇严，凡朝廷有所矜恤，限于律而不得伸者，一寓之于赎例，所以济法之太重也。"④ 所以，在这种思想的推动之下，赎例也得到了进一步发展，到洪武三十年时，例赎的地位已经确立。

第二节

明代赎刑制度确立阶段

其实，在洪武三十年之前，虽然出现了俸赎，如洪武六年，工部

① ［清］张廷玉：《明史》卷九十三，志第六十九《刑法》一，中华书局1974年版，第2283页。
② 《明太祖实录》卷二零六，洪武二十三年十二月癸亥。
③ ［明］何瑭：《何瑭集》卷一，《民财空虚之弊议》，中州古籍出版社1999年版，第13页。
④ ［清］张廷玉：《明史》卷九十三，志第六十九《刑法》一，中华书局1974年版，第2293页。

尚书王肃做法当笞，太祖命以俸赎罪，[1] 后百官有过者皆许俸赎，这是官吏俸赎的开端，但仅用于笞刑等轻罪，和律赎中官因公犯笞罪者收赎并无大的不同，只是赎刑方式较为简便。然而到洪武三十年时，“部院议定赎罪事例：凡内外官吏犯笞杖罪者记过，徒流迁徙者俸赎之，三犯罪之如律”。这样，内外官徒流迁徙也可以赎罪，扩大了律赎中收赎的刑级，“自是律与例互有异同”[2]。另外，在洪武三十年之前，太祖又多次下令以役赎罪，洪武五年，太祖令杂犯死罪可矜者免死发临濠输作。[3] 在这里虽许杂犯死罪输作赎罪，但毕竟是少数可衿之囚犯。洪武八年也规定杂犯死罪以下者及官犯私罪者才能谪凤阳输作屯种，[4] 洪武二十三年所定“赎粟北边以自赎条例”和洪武二十五年所定“死囚输米塞下条例”，也都是“准赎及杂犯死罪以下矣”，可见，在一定程度上对明律的严酷性起到缓解作用，但依然是一时权宜之计，并未得到大规模的推广和应用，且未得到当政者普遍认同，只是太祖本人的命令。洪武二十五年，刑部言：“律条与条例不同者亦更定，太祖以条例特一时权宜，定律不可改，不从。”[5] 可见，当时的赎例地位依然很低。到洪武二十六年，官员贪赃改为杂犯死罪许赎。[6] 这一条例的出炉，则体现了朱元璋晚年重典治吏思想的转变，也表明了他想通过赎刑来改变明律特严的决心。到洪武三十年时，赎例的地位得到确立，赎例的适用范围得到前所未有的提高。洪武三十年，《大明律》、《诰》成，朱元璋御午门，谕群臣曰：“除叛逆及《律》、《诰》，该载外，其杂犯大小之罪，悉以赎罪例论断。”[7] 可见，这时的“例赎”的范围已经扩展到杂犯死罪，并且“例赎”成

---

① ［明］王圻：《续文献通考》卷一百三十九，《刑考·赎刑》，现代出版社 1986 年版，考四零四三。

② ［清］张廷玉：《明史》卷九十三，志第六十九《刑法》一，中华书局 1974 年版，第 2293 页。

③ 《明太祖实录》卷七六，洪武五年九月戊子。

④ ［明］王圻：《续文献通考》卷一百三十九，《刑考·赎刑》，现代出版社 1986 年版，考四零四三。

⑤ ［清］张廷玉：《明史》卷九十三，志第六十九《刑法》一，中华书局 1974 年版，第 2283 ~ 2284 页。

⑥ 《诸司职掌》《刑部·杂犯死罪》，参见杨一凡的《中国珍稀法律典籍续编》第三册，黑龙江人民出版社 2002 年版，第 289 页。

⑦ ［清］张廷玉：《明史》卷九十三，志第六十九《刑法》一，中华书局 1974 年版，第 2284 页。

为同“律赎”相互补充而不可或缺的重要部分。所以说，洪武三十年是明代赎刑确立的关键时期，在这一时期，“律赎”也随着《大明律》的修订完善而稳定下来，“例赎”在缓和明律的严刑中也得到进一步发展和提升，“律赎”和“例赎”相互辅作的格局已经形成，“例赎”的地位已经得到肯定，“例赎”的适用范围已扩大到杂犯死罪，俸赎、劳役赎和输米等赎罪形式都在彰显着明代赎刑的活力，明代赎刑达到了一个全新的历史阶段。

第三节 明代赎刑制度的发展与变革

洪武三十年以后，明代赎刑制度得到迅速发展，尤其是“例赎”部分，由于能弥补明律的不足，又能适应现实的需要，更显示出其强大的生命力。但在“例赎”迅速发展的同时，也带来了另一个问题，由于大量的罪行和刑罚都可以通过赎罪的方式得到赎免，而明律中原有刑罚措施就会形同虚设，这样就存在明律和条例中赎刑规定相互矛盾的地方。所以赎刑制度在发展中曾出现“例赎”被短暂否定阶段。永乐年间的明成祖曾对条例的适用作了严格的限制：“成祖诏法司问囚，一依《大明律》拟议，毋妄引榜文条例为深文”①；仁宗刚继位时，晓谕都察院：“输罚工作之令行，有财者悉幸免，宜一论如律。”久之，其法复驰。正统间，侍讲刘球言：“输罪非古，自公罪许赎外，宜悉依律。”② 时不能从。可见，和“律赎”相比，明初的“例赎”还不够系统和稳定。成化元年，辽东巡抚滕照言：“《大明律》乃一代定法，而决断武臣，独舍律而用例，武臣益纵荡不检。请一切用律。”③ 诏从之，然武臣按照律被罢免降职的，交口诽谤，官吏怕

① ［清］张廷玉：《明史》卷九十三，志第六十九《刑法》一，中华书局1974年版，第2286页。
② ［清］张廷玉：《明史》卷九十三，志第六十九《刑法》一，中华书局1974年版，第2294页。
③ ［清］张廷玉：《明史》卷九十三，志第六十九《刑法》一，中华书局1974年版，第2289页。

事，又上奏取消了这一命令。不久，宪宗“又令谳囚者一依正律，尽革所有条例。”[①] 并制定新的条例，辅律而行。仁宗、宣宗、英宗、景帝即位时都曾颁诏将前朝所定事例、条例革去过，然后又建立新条例。可见，“例赎”的不稳定是从属于条例不稳定的，但由于“例赎”的“宽恤”与“适时”性，任何对赎刑条例的取消都是暂时的，并且各朝代在取消前代的赎刑规定后，还会根据实际需要制定新的赎罪条例，这样有些赎刑条例被继承下来继续发挥作用，条例日渐繁杂，“一事三四例者有之”，“以例代律”、“以例破律”者亦有之。面对这种复杂的混乱状况，朝廷中要求整理修改条例的呼声越来越高。孝宗弘治十一年下诏修订《问刑条例》，弘治十三年议定《问刑条例》，颁行天下与律并行，其后嘉靖和万历年间几次修订《问刑条例》，形成了“律以正文，例为附注”体例形式，确立了“立例以辅律，依律以定例”的立法指导思想。随着条例的系统化、正规化、条理化和稳定化的发展，“例赎”制度也逐渐完善和趋于稳定，各种条例之间的关系以及和律之间的关系也逐渐清晰和确定，比较弘治《问刑条例》、嘉靖《重修问刑条例》和万历《问刑条例》中有关赎刑规定的条款来看，基本规定一样，没有大的出入。可见，从弘治十三年以后，赎刑制度逐渐稳定和完善。所以，从总体上来看，赎刑制度在洪武三十年是确立阶段，到弘治年间这一段是迅速发展的不稳定阶段，而到弘治年间以后则逐渐稳定和成熟，明末的赎刑制度大多为清所继承。

就赎刑制度的具体内容来讲，“律赎”的发展变化不大，它的发展变化主要体现为：明律中所规定的赎罪钱钞数，由于大明宝钞的严重贬值造成了惩罚力度的减弱，尤其是和“例赎”中赎罪金额相比，相差更是悬殊，造成赎刑标准不一。如明初定律时，笞一十，赎钞六百文。宣德二年宣宗定笞杖赎钞例，笞一十，赎钞增至二十贯。景泰元年时，令内外法司问拟笞杖罪囚纳钞，笞一十竟增至二百贯之多。再如明律中定斩罪赎钞为四十二贯，而至永乐十一年之令“其情轻

① ［清］张廷玉：《明史》卷九十三，志第六十九《刑法》一，中华书局1974年版，第2286页。

者，斩罪赎钞八千贯”①。钞的贬值导致“律赎”与“例赎”之间的差异逐渐扩大，赎刑标准的不一必然导致司法判决的公正性失衡。又由于“律赎”为祖宗之制，不能直接更改其收赎钞数，所以只有通过制定条例来调整明律中赎刑规定。最先调整促使收赎作出改变的是在成化七年，“今后收赎过失杀人绞罪，每十贯内赎钞八贯、铜钱二贯，以四十二贯论之，赎钞三十三贯六百文，铜钱八贯四百文，与死者之家追给葬银十两，情理相当。”② 这时的明律中的过失杀人绞罪由全部收钞就转变钱钞兼收之制，由于钱的价值比钞高，所以在一定程度上缩小了“例赎”和“律赎”相差较大的现实。弘治十四年定“例难的决人犯并妇人有力者赎罪例”，定钱钞银折收之制，“笞一十该钞二百贯、折银一钱。如收铜钱，每银一两折七百文。其依律赎钞，除过失杀人外，其余亦照此数折收。”③ 可见，这时，律赎已经改变为过失杀人是钱钞兼收，其余收赎则是通过折银实现，但相差依然很大。对此，嘉靖七年，巡抚湖广都御史朱廷声曾有评论：“原定钱钞兼收。如笞一十，该钞二百贯，收钱三百五十文，其钞一千二百五十贯折银一两。今收赎律钞，笞一十，止赎六百文，比例钞折银，不及一厘。杖一百，赎钞六贯，折银不及一分，似太轻。”④ 于是，更改折算比例，提高收赎的折银比例，收赎钞一贯，折银一分二厘五毫，笞一十，折银七厘五毫，并且这一折银比例和制度适用于所有明律中有关“律赎”的规定。虽然和当时“例赎”中笞一十折银一钱还是有很大差距，但已经在很大程度上缩小了“例赎”和“律赎”在赎罪标准上的差距。嘉靖七年以后，“律赎”中的赎钞就全变成了折银收赎，这一制度被清朝所继承，清律中直接规定了赎银制度，并且仍然是嘉靖年的比例折算的结果，“笞一十，银七厘五毫”⑤。可

① ［明］李东阳等纂：《大明会典》卷一七六，刑部十八《五刑赎罪》，第2429页。

② 《皇明条法事类纂》卷一，五刑类，“过失杀人绞罪收赎钞三十三贯六百文铜钱八贯四百文例”。

③ ［明］李东阳等纂：《大明会典》卷一七六，刑部十八，《五刑赎罪》，新文丰出版公司（中华台北）1976年版，第2429页。

④ 《明世宗实录》卷九十六，嘉靖七年十二月辛巳条。

⑤ ［清］沈之奇：《大清律辑注》上，名例，在外纳赎诸例图。怀效锋、李俊点校，法律出版社1999年版，第44页。

见，明律中律赎的变化，主要体现为收赎钞、钱、银折算数额的变化：成化七年明律过失杀人绞罪赎全钞变为钱钞兼收；弘治十四年初过失杀人绞罪仍钱钞兼收外；明律其他数收赎均改为钱钞折银。嘉靖七年，“律赎”全部改为按新的折算比例赎银，直至明朝灭亡。

相对来说，“例赎”制度的变化比较大。就“例赎”的适用对象来讲，他的发展总体趋势是逐渐扩大的。洪武时期的赎刑条例规定的对象主要是官吏，如职官以俸赎罪例、官犯私罪者谪凤阳输作屯种赎罪例、粮长纳铜赎罪例、官员贪赃改为杂犯死罪许赎例、定官吏赎罪事例。此外就是规定的杂犯死罪以下力役赎罪，在这里一般没有提到适用对象，因为，这时的赎例发展还不成熟和完善，当缺少劳力时直接命罪囚参加劳役，而不是直接判决赎罪劳役。洪武三十年以后一直到成化年间，赎罪条例的适用对象一般扩大到官、吏、军、民等。例如宣德二年定南京赎米条例，“自死罪至笞一十分十八等，各自备米于南京仓上纳，百石至二石有差”。[①] 成化二年三月定妇人犯法赎罪例。弘治十三年《问刑条例》中的赎罪对象已经扩大到“军、民诸色人役、舍余、文武官吏、监生、生员、冠带官、知印、承差、阴阳生、医生、老人、舍人，军职诸色人等”[②]，一直到明朝灭亡，这一广泛的赎刑适用对象并没有大的改变。就“例赎”的适用刑罚来说，洪武三十年规定除真犯死刑外，杂犯死罪、徒、流、杖、笞都可赎，这一规定一直延续到明亡。需要提出的是，明代在五刑之外，还有充军、安置、迁徙、口外为民等惩罚措施，由于赎刑地广泛使用，导致传统五刑的惩罚力度减弱，为了弥补惩罚力度不足的问题，所以就产生了这些刑罚手段。随着赎刑范围的扩张，赎刑的范围也开始向这些刑罚措施延伸。迁徙刑首先被纳入赎刑范围。洪武三十年颁行《大明律》，朱元璋亲自作序说：“杂犯死罪、徒流、迁徙等刑，悉视今定赎罪条例科断。”同年所定“官吏赎罪例”中也有官吏和民迁徙赎

---

① ［明］王圻：《续文献通考》卷一百三十九，《刑考·赎刑》，现代出版社1986年版，考四零四四页。

② （弘治十三年）《问刑条例》，参见杨一凡的《中国珍稀法律典籍集成》（乙编）第二册，科学出版社1994年版，第230页。

罪记载："凡内外官吏犯笞、杖者记过，徒、流、迁徙者俸赎之。"①此外，永乐、宣德年间的赎刑条例中都有迁徙赎罪的记载。关于充军是否能赎问题，嘉靖年间，有人请开赎军例，世宗曰："律听赎者，徒杖以下小罪耳，死罪矜疑，乃减从谪发，不可赎。"御史周时亮复请广赎例，部议审有力折银十两，得赎三年以上徒一年，稍有力者半之。御史胡宗宪言："南方之人不任兵革，其发充边军者，宜令纳银自赎。"帝曰："岂可预设此例，以待犯罪之人。"复不允。万历二年给事中徐桓言："死罪杂犯准徒充军者，当如其例。"皆不允。崇祯十五年谕："欲令引例充军者，准其赎罪。"时天下已乱，议卒不行。② 关于安置和口外为民不见有可赎的记载。因军队直接关系到国家的存亡，又因赎罪的广泛运用到五刑之中，使其惩罚力度降低，所以必须保持充军刑的惩罚力度，故不允许赎罪。最后，例赎制度的发展变化主要表现为赎罪方式的发展变化，总体来看，洪武时期的赎罪形式主要为罚役赎罪。罚役赎罪最早出现在秦代，后来鲜见有此赎罪方法，但到洪武时期却得到广泛运用，主要是因为明初百废待兴，连年征战，劳力短缺，需要大量劳力直接投入到建设中去。所以这一时期主要出现屯田、运输、充当驿兵、营造、煎盐炒铁、造船、养马、充当国子监膳夫、种树等役赎形式。后因劳役赎罪组织和管理较为困难，再加之劳役为一时一地之需，普遍实施的局限性强，且从事劳役的种类不同，劳动强度不同，标准不一，所以在洪武后期，出现了纳实物赎罪方式，由于方式较为便利，减少了组织和管理环节，直接纳所需之物，因而很快被广泛采纳。再加上永乐遣都，漕运难以满足京师对粮物的需求；中国北疆边缘之地，生产条件较差，运米输作又因路途险峻而很难满足边境缺粮、马、草等物的需求。所以赎物在宣德、天顺、成化年间很快盛行起来。在这一阶段同时并行的还有在京的运砖和纳钞赎罪形式，但主要是纳实物为主。所纳实物的种类较为多样，有米、谷、豆、草、马等，但主要以米为主。弘治以后，逐渐

① ［明］王圻：《续文献通考》卷一百三十九，《刑考·赎刑》，现代出版社 1986 年版，考四零四三。

② ［清］张廷玉：《明史》卷九十三，志第六十九《刑法》一，中华书局 1974 年版，第 2302 页。

形成了在京做工、运米、运灰、运炭、运砖等赎罪方式，而在外纳米赎罪的格局。另外，由于钞的价值严重失实，再加之恶币（未足值的钱币）的泛滥，明代的货币市场一而再、再而三地波动变化，而赎刑也在这种变化中充当着调节作用，纳赎的货币形式也随之在不断变化。弘治年以后逐渐形成了折银赎罪制度，在京的劳役和在外的纳米都可按照一定的比例折银赎罪，这种制度一直延续到明代灭亡，并被清所继承。明代"例赎"的赎刑方式发展和特点，沈家本给予了较为精辟的总结："赎法至明，可谓繁矣，纳钱、纳马皆暂行于一时，不久即废，惟纳钞、纳米行之最久。纳钞者后改为纳钱，或钱钞兼收，后又改为折钱。纳米者或以麦豆抵。其无力或以工作，其应工作者或又折银。赎与役两法，每相辅而行。"① 从"例赎"的赎法发展进程来看，罚役赎刑出现较早，盛行于洪武时期，后逐渐和无力者以及其他形式的赎罪方式相结合而存在。纳钞赎罪较为普遍和长久，作为基本赎刑方法和标准贯穿于整个明代。纳实物的方法出现于洪武末年，盛行于永乐、宣德、正统、景泰、天顺、成化等年间，弘治年以后罚役和纳实物逐渐被折银或钱的形式所取代。

明代的"律赎"和"例赎"制度在明末时期就已经发展得比较成熟和完善，这种成熟和完善主要表现为："例赎"和"律赎"的关系逐渐协调和相对统一，赎刑各条例之间相辅相成、层次分明，赎刑与其他刑罚相互磨合，在赎刑影响下，具有明代特点的刑罚体系已经形成，赎刑的刑罚标准逐渐稳定和统一。正是明代赎刑具有的这些特点，才为清代所大部分继承，并对清代刑罚体系的形成和发展产生了深远的影响。

① ［清］沈家本：《历代刑法考》，刑法分考十六"赎"按语，中华书局1985年版，第474页。

第二章
明代“律赎”制度

按照《明会典》的说法，“赎法有二，有律得收赎者。有例得纳赎者。律赎无敢损益。而纳赎之例，则因时权宜”。[1] 可见，明代赎刑制度是由“律赎”和“例赎”两部分组成的，由于“例赎”和“律赎”这两部分在赎刑的适用对象和适用的刑罚以及赎罪的方式等方面都存在较大的差异，所以本书将“律赎”和“例赎”制度分开来论述，在执行和审判部分由于存在共性的地方较多，所以结合在一起论述。

第一节 明代“律赎”的概念

明代的“律赎”主要是指明律中有关赎刑的规定，确切来讲，

① ［明］李东阳等纂：《大明会典》卷一七六，刑部十八，《五刑赎罪》，新文丰出版公司（中华台北）1976 年版，第 2429 页。

主要是指《大明律》中有关赎刑的规定。“律赎”是相对“例赎”来说的，主要强调的是赎刑制度的立法来源。一个来源于明律中的规定，一个来源于条例中的规定。其实中国古代法律条文中，“律赎”一般叫做“收赎”，“例赎”一般叫做“赎罪”。“凡问收赎，依律收赎，不可云赎罪。杖如七十该收赎钞四贯二百文。若赎罪，则该一千五百贯，收赎云：依律。赎罪云：照例。”[①] 至于为什么叫“收赎”，清代法学名家王明德认为：“收赎之名，不知始自何代，即命名之义，亦未有为之详及者。……或以凡犯五徒之人，皆放之于外，必俟年限满后，方为收充警迹。犯三流者，则放逐不收之人也。今独怜而悯之，使之得以自赎，是不应收而收，不能赎而委曲以使之赎，故曰收赎。”他认为起“收赎”之名的意义在于“示人以法不可犯，而凛人以不敢或罹于罪之惧也。”“故于此可矜可怜之人，宁宥以罪之实，而断不逭以罪之名”。[②]

《大明律》的制定和完善是一个过程。《明史·刑法志》中概括了《大明律》的制定过程，“草创于吴元年，更定于洪武六年，整齐于二十二年，至三十年始颁示天下。”[③] 所以《大明律》的形成经历四个阶段，颁行了四部《大明律》：即洪武元年律、洪武七年律、洪武二十二年律和洪武三十年律。而现在所流传下来的《大明律》，除何广著的《律解辩疑》所收之大明律是洪武十九年以前所颁布的，以及朝鲜版《大明律直解》所记录的为洪武二十二年颁行的律文之外，[④] 均是洪武三十年钦定颁行的大明律。所以，考察洪武三十年前的大明律中赎刑制度只有依赖于《律解辩疑》和《大明律直解》这两部著作了，而洪武元年律、洪武七年律和洪武二十二年律原文已经佚失。《律解辩疑》和《大明律直解》这两部著作所记载的律文中都有赎刑的条款，再加之《律解辩疑》所载条款为洪武十九年之前大

---

① 《刑名启蒙例》二，参见杨一凡的《中国珍稀法律典籍集成》（乙编）第一册，科学出版社1994年版，第652页。

② ［清］王明德：《读律佩觿》卷二，“收赎”，何勤华等点校，法律出版社2000年版，第49页。

③ ［清］张廷玉：《明史》卷九十三，志第六十九《刑法》一，中华书局1974年版，第2284页。

④ 见于杨一凡：《22种明代稀见法律文献版本述略》，收于《法律史论集》第一卷，法律出版社1998年版。

明律，所以所载条款很可能是洪武七年律，[1] 这也说明洪武七年律中依然存在赎刑制度。洪武元年律和洪武七年律都是因循唐律而制定的，且早期和洪武元年一同颁行的《大明令》中已有赎刑条款，所以当推洪武元年律中也存在赎刑条款。可见，律赎制度应当形成于洪武元年，并在洪武三十年随着《大明律》的修改完善而稳定下来并成为定制。

从洪武元年律、洪武七年律、洪武二十二年律和洪武三十年律的具体赎刑制度的发展变化来看，主要体现为以下几个方面：首先《大明律直解》中所载律与洪武三十年律中有关赎刑方面的规定最大不同在于“老小废疾收赎”条（《律解辩疑》所载此部分内容残缺），其中有三处不同：第一处《大明律直解》在“凡年七十以上、十五岁以下及废疾，犯流罪以下，收赎”的限制性收赎中，“其犯死罪及谋反、叛逆、缘坐应流，……不用此律”，洪武三十三年律改为：“其犯死罪及谋叛缘坐应流，……不用此律”，把“谋反、叛逆”合并为“谋叛”；第二处《大明律直解》中“八十以上、十岁以下，及笃疾，犯反逆、杀人应死者，议拟奏闻，取自上裁”，洪武三十三年律改为：“八十以上、十岁以下，及笃疾，犯杀人应死者，议拟奏闻，取自上裁。”删去了“反逆”两字；第三处《大明律直解》中“九十以上、七岁以下，虽有死罪，不加刑。犯反逆、缘坐应配役者，不用此律。”改为：“九十以上、七岁以下，虽有死罪，不加刑。九十以上犯反逆者，不用此律。”把“犯反逆、缘坐应配役者”改为“九十以上犯反逆者”。[2] 从以上更改整体上看，更改后明律用语更严谨，比如“反逆和叛逆”等词语含糊不清，改为“谋叛”就属于“十恶”不赦重罪之一。刑罚也更加宽恤，“犯反逆、缘坐应配役者”死罪要加刑，改后意味着“十五岁以下”犯反逆、缘坐应役者可以不加刑。除此之外就是“五刑赎罪”中所载赎刑方式的不同。《律解辩疑》所载明律“五刑赎罪”为赎铜。“流二千里，杖一百，该赎

① 参见何勤华：“明代律学的开山之作——何广撰《律解辩疑》简介”，《法学评论》2000 年第 5 期。

② 《大明律直解所载明律与洪武三十年律对勘表》，参见杨一凡的《中国珍稀法律典籍集成》（乙编）第一册，科学出版社 1994 年版，第 949 页。

（铜）八十斤；流二千五百里，杖一百，该赎（铜）九十斤；流三千里，杖一百，该赎（铜）一百斤。绞，该赎（铜）一百二十斤。”①《大明律直解》中所载为赎铜钱。“流刑三，二千里，杖一百。赎铜钱三十贯，准折五升布一百五十匹；二千五百里，杖一百。赎铜钱三十三贯，准折五升布一百六十五匹；三千里，杖一百。赎铜钱三十六贯，准折五升布一百八十匹。死刑二：绞；斩。流二千里，赎铜钱四十二贯，准折五升布二百十匹。”② 洪武三十年的《大明律》，除五刑赎铜钱后没有载“准折五升布多少匹”外，与《大明律直解》所载赎罪数额完全相同，“准折五升布”是朝鲜在引入中国的明律时，把明朝的铜钱折算成朝鲜的五升布罗列其后的结果。通过对比可以看出，《律解辩疑》所列赎铜数除追加“杖一百”外，与唐律收赎铜数相同。体现了明初明律对唐律的继承。不同的是《律解辩疑》中只列了“绞刑”，没有“斩刑”的赎铜数，而《大明律直解》所载明律和洪武三十年律中均有斩刑赎铜钱的条款。原因可能是因为明初在重刑思想指导下死刑——斩不许赎。从以上对比来看，明律有关赎刑规定部分变动不是太大，也许是资料有限，不能够清晰地分析出洪武三十年之前明律中赎刑制度的细微变化，但到洪武三十年的《大明律》颁布后，具有祖训的性质，就很难再有大的变化，其稳定性也为研究提供了方便。下面所探讨的《大明律》中的赎刑制度主要指的是洪武三十年律中有关赎刑的规定。

第二节

《大明律》中的赎刑制度

明代的“律赎”制度主要体现了对历代赎刑制度的继承关系，

① 《律解辩疑》卷一，《名例律·五刑》，《中国珍稀法律典籍续编》第四册，黑龙江人民出版社 2002 年版，第 29～30 页。

② 《大明律直解所载明律·名例律·五刑》，参见杨一凡的《中国珍稀法律典籍集成》（乙编）第一册，科学出版社 1994 年版，第 414 页。

尤其是对唐律的继承，但又具有一定的修订和改变，主要体现为对官吏适用赎刑采取了较为严格的限制措施，对官吏阶层的特权保护程度大为降低，而对于老幼废疾和妇人的赎刑适用较历代都更为宽松，“宽恤”的一面有所加强。这是明代律赎的两个典型特征。

《大明律》中的收赎方面的规定主要体现在如下几个条款中，为直观起见，以洪武三十年的《大明律》为蓝本，对明律中的赎刑具体条款、适用对象、适用的刑罚、适用的罪行以及收赎方法对比如表2－1。

表2－1　《大明律》中的赎刑制度

《明律》中赎刑条款	适用对象	适用刑罚	适用罪行	收赎方法
老小废疾收赎	年七十以上、十五岁以下及废疾者	笞、杖、徒、流、杂犯五年	除造畜蛊毒，采生拆割人、杀一家三人、家口会赦犹流者外	每笞杖十赎钱六百文递增至六贯；徒一年十二贯以三贯递增至二十四贯；流三十贯以三贯递增至杂犯五年四十二贯
犯罪时未老疾	犯罪时未老疾，而事发时老疾者；犯罪时幼小，事发时长大者	笞、杖、徒、流、总徒四年、杂犯五年	除造畜蛊毒，采生拆割人、杀一家三人、家口会赦犹流者外	每笞杖十赎钱六百文递增至六贯；徒一年十二贯以三贯递增至二十四贯；流三十贯以三贯递增至杂犯五年四十二贯
	徒年内老疾者	徒	除造畜蛊毒，采生折割人、杀一家三人、家口会赦犹流者外	合计其徒杖应赎之钱数，除去已经受过之杖赎钱数后，将其所徒年按月数均算出每月应该钱数，除去已经役过之月份，在其未满月份内算出自赎钱数
犯罪存留养亲	祖父母、父母老疾应侍，家无以次成丁者	徒、流	“非常赦所不原”	止杖一百，余罪收赎
文武官犯公罪	内外大小军民衙门官	笞	公罪	每笞十赎钱六百文递增至三贯

续表

《明律》中赎刑条款	适用对象	适用刑罚	适用罪行	收赎方法
文武官犯私罪	军官①	笞	私罪	附过收赎，每笞十赎钱六百文递增至三贯
工乐户及妇人犯罪	工匠、乐户；天文生习业已成、能专其事者；妇女	徒、流	除犯谋反逆叛缘坐应流及造畜蛊毒，采生拆割人、杀一家三人、家口会赦犹流及犯窃盗者外	各决杖一百，余罪收赎
诬告	诬告者	笞、杖、徒、流	告二事以上，轻事告实，重事招虚；告一事，诬轻为重者，未论决	笞、杖收赎，徒、流止杖一百，余罪亦听收赎
戏杀、误杀过失杀伤人	过失杀伤人者	笞、杖、徒、流、绞②	过失杀、伤人③	依律收赎，给付被杀、被伤之家
妻妾殴夫	夫殴伤妻，妻殴伤妾者	笞、杖、徒、流	殴伤，妻、妾自告，妻不愿离异者	验罪收赎
无官犯罪④	无官犯罪，有官事发者	笞、杖、徒、流	"非常赦所不原"公罪	收赎

---

① 据［明］陈永辑：《法家裒集》，四库全书存目丛书，齐鲁书社 1995 年版，子 37～497，"文武官犯私罪条前，即云：文武官犯私罪，后即云：军官私罪，既称武官又称军官，何也？答曰：武官乃都指挥以上，由才能而升者，军官乃世袭之官。"

② ［明］陈永辑：《法家裒集》，四库全书存目丛书，齐鲁书社 1995 年版，子 37～489，招议指南："某依过失杀人者，准斗杀人论，律绞，依律收赎。"知过失杀人适用于绞。

③ ［明］陈永辑：《法家裒集》，四库全书存目丛书，齐鲁书社 1995 年版，子 37～494，律难引用："卑幼过失杀伤大功以下尊长，妻妾过失杀伤于夫，律既无文合，当比附若卑幼犯者查比欧大功尊长条，妻妾犯者比期亲尊长条，各减本杀罪二等上请。"

④ ［明］雷梦麟：《读律琐言》卷一《名例》，"无官犯罪"后注释"盖有官犯公罪，笞收赎，杖以上论决、记录。今以其犯时无官，故不论决，虽杖以上，亦得收赎、记录，与有官犯罪有间矣。——其无官犯罪，有官事发者，照有官参提，仍以无禄人拟断"。薛允升《唐明律合编》卷二，关于"无官犯罪"条后"诸无官犯罪，有官事发者，流罪以下以赎论（犯十恶及五流者，不用此律）"条后注解"以上十一条明律亦略同，而无官当、减、赎及荫法"。怀效锋、李俊点校，法律出版社 2000 年版，第 8 页。

续表

《明律》中赎刑条款	适用对象	适用刑罚	适用罪行	收赎方法
已徒五年，再犯徒收赎①	已徒五年，再犯徒收赎	徒	徒罪	收赎

由于明律中的赎刑规定是沿袭唐律，所以通过对唐律相关赎刑条款规定的对比，更能显示出明代律赎制度的变化和特点。

首先，职官赎刑方面，唐律规定：职官犯罪，杖罪以下，俱以赎论。惟犯五流除名配役如法，其余均准收赎。并且官员之亲属也可以收赎，“诸应议、请、减及九品以上之官，若官品得减者之祖父母、父母、妻、子孙，犯流罪以下，听赎”，“诸五品以上妾，犯非十恶者，流罪以下，听以赎论”。② 而明律“应议者不许擅自勾问，先奏请议，议定奏问，取自上裁，并未减等及准赎之法”。③ 仅规定文武官犯公罪和私罪时的赎法，而且仅限于笞刑犯，并且在犯私罪时只须军官收赎。唐律规定七品以上职官亲属犯流以下，可以听赎，明律却规定其余亲属奴仆有犯罪加一等。可见，明律赎刑和唐律相比，在官吏收赎方面限制颇多。

其次，在“存留养亲”赎刑适用限制方面，明律较唐律更为严格。首先，明律规定“凡犯死罪非常赦所不原者，而祖父母、父母老疾应侍，家无以次成丁者……若犯徒流者，止杖一百，余罪收赎，存留养亲”。④ 同明律的限定“非常赦所不原”相对比，唐律在此条的限定只是“非十恶”，这样，明律“似较唐律为严”。唐律只言

① 此条见于《续文献通考》卷一百三十九，《刑考·赎刑》和《明史刑法志》里，但在洪武三十年《大明律》中不见此条文。

② ［清］薛允升：《唐明律和编》卷二，《唐律卷第二·名例二》，怀效锋点校，法律出版社 1999 年版，第 19 ~ 20 页。

③ ［清］薛允升：《唐明律和编》卷二，《唐律卷第二·名例二》，怀效锋点校，法律出版社 1999 年版，第 25 页。

④ 《大明律·名例律》卷一，“犯罪存留养亲”条，怀效锋点校，法律出版社 1998 年版，第 10 页。

“十恶”而不言杀人，所以谋、故、斗杀均属可上请、存留养亲而收赎，明律改为“非常赦所不原”，非特谋、故（过误犯罪、因人连累犯罪、官吏有犯公罪等）不准上请，即斗杀亦不在上请之列，即无关人命的才可上请留养。可见，“常赦所不原”除包括十恶外，还包括杀人、盗系官财物，及窃盗、放火、发冢、受枉法不枉法赃、诈伪、犯奸、略卖和诱人口等，故“常赦所不原”较“十恶”范围更宽。其次，“唐律以二十一以上为成丁，明律以十六以上为成丁”，[①] 可见，唐律因家无成丁而存留养亲的机会比明律更多。另外，唐律于死罪曰非十恶，于流罪曰非会赦犹流，则十恶与会赦犹流者之不得上请权留可知矣。明律无会赦犹流一层。而死罪则添“常赦所不原”一句。看似明律更为宽泛，其实不竟然。在这里存在一个问题，明律只规定死罪“非常赦所不原”，方可上请，而徒流直接杖一百，余罪收赎，存留养亲，那么徒流犯者的收赎及存留养亲是否也受“非常赦所不原”的限制呢？答案是肯定的，在清代律学家王明德撰写的《读律佩觿》一文中详细总结了不准赎刑所涉罪行，其中“满流不准折赎类”三十四条，“一等流不准折赎类”十三条，从中列举以下几条不准赎的条例：“凡设方略诱取良人为奴婢，及略卖良人与典人为奴婢，不分首从、已未卖，皆杖一百，流三千里者，系常赦不原，杖、流应俱不准赎。”“发冢，凡发掘他人坟冢，见棺椁，杖一百，流三千里者，系常赦不原，杖、流应俱不准赎。若卑幼发五服以内尊长坟冢，同凡人论，杖一百，流三千里者，系发冢，杖、流应俱不准赎。”可见，徒流的收赎、存留养亲也受死罪的“非常赦所不原”制约。这样看来，虽然明律未规定会赦犹流者不准收赎存留养亲，但显然“非常赦所不原”的制约较之更为宽泛。当然，在某些方面明律较唐律为宽。唐律规定死罪应侍家无期亲成丁者，方准上请，流犯存留养亲，仍须流配。明律删去“期亲”及“亲终”等语，则又较唐律为宽。

在“工乐户及妇人犯罪赎刑”方面。对工匠、乐户、天监、天

① ［清］薛允升：《唐明律和编》卷三，《唐律卷第三·名例三》，怀效锋点校，法律出版社 1999 年版，第 39 页。

文生等赎刑的规定，唐律和明律大体相同，只是在妇人犯罪适用赎刑方面有所区别。唐律规定妇人犯流罪适用留住拘役，而对妇人犯徒罪并未作具体规定，可见于男犯徒同；“而明律则徒流一概收赎，未免宽纵，无怪妇人犯法者之日益增多也。”①

老小废疾收赎及犯罪时未老疾条唐律与明律基本相同，可见唐、明律之间在赎刑方面的前后继承关系。过失杀人，唐、明律都规定可赎，只不过明律具体说明赎金的去处，即给付被杀、被伤之家，以为坟葬和医药之资。而唐律却没有具体说明。

最后，关于诬告方面。全诬——唐律诬告反坐并不加等（诬告尊长及本署府主始行加等），而且，应加杖及赎者止依杖赎法；明律笞罪加二等，杖罪以上俱加三等，较唐律为严。非全诬——但诬轻为重条款（唐律并无此条款）又显得较为宽。若所诬之人已经论决不许收赎，若未论决，其剩罪是笞杖者，依律收赎，“所剩止余笞杖可见得实者多，故许其全赎以宽之也，若剩徒一年以上，其所剩者多，可见得实者少，故不许全赎”。可见，诬轻为重条款明律的规定更具有合理性。“然人仅犯笞杖，而诬以徒流，以杖赎完结，究显未协。”②

通过对明律中“律赎”的总结可见，明代“律赎”适用对象主要为官员、老幼废疾、妇人、夫妻、天文生等特殊主体；从“律赎”适用的罪行来看，有诬轻为重、过失杀伤人罪。比较特殊的有针对“存留养亲”的收赎。从律义的角度来看，存留养亲收赎的规定有两层含义：一方面类似于老幼废疾收赎条款，本意是对老人这一特殊群体利益的维护，只不过是采用间接的形式而已；另一方面还类似于官员和夫殴妻或妻殴妾收赎的条款，体现了对尊长的优待和维护。中国传统社会“家国”一体化的结构，使对官员和家长以及尊者的保护成为法律的一项重要职能，而赎刑通过以钱物赎罪的方式，既在一定程度上维护了法律的尊严，又使这些人群享受了一定的法律特权。

---

① ［清］薛允升：《唐明律和编》卷三，《唐律卷第三·名例三》，怀效锋点校，法律出版社 1999 年版，第 42 页。

② ［清］薛允升：《唐明律和编》卷二十四，《唐律卷第二十四·斗讼四》，怀效锋点校，法律出版社 1999 年版，第 644 页。

"无官犯罪、有官事发"条，律义同于官员犯罪收赎条款，体现了对官员这一特殊群体的优待。老幼废疾和妇女犯罪而赎，则主要是出于对弱者的矜恤，体现了法律的宽恕仁爱的一面，这和中国传统法制的"慎罚"和"恤刑"原则相适应。对工匠、乐户、天文生的收赎，主要是出于其所从事的职业较为特殊来考虑的，正如《唐明律和编》注解中所说："天文生私习有禁，业成甚难，故习业已成者，其才可用，其人可惜，""难得专精之人，故科罪比各项稍轻"，[①] 而"工匠、乐户各犯徒者，虽皆应发配，但人有艺能，自当留用，各决杖一百，余罪收赎"[②]。对"诬轻为重"和"过失杀伤人"的收赎，主要从情有可衿可原的角度考虑的，体现了赎刑的恤刑功用。

通过同唐律相关规定逐条对比可以看出，明代律赎存在以下几个方面的变化：

一是对职官犯罪的赎刑适用较严（在这里只局限于律赎，例赎的范围有所扩大），是和《大明律》制定时期的"重典治吏"立法指导思想相适应的，同时也体现了赎刑在维护官吏特殊身份职能方面的弱化趋势。

二是赎刑适用对象和范围在逐渐扩大。唐律的赎刑适用对象局限于官吏、老弱废疾之人，而明律不但继受了以上对象，还扩大到工匠、乐户、天文生和妇人。

三是对"存留养亲"的"收赎"限制较严。赎刑主要体现为宽恕，体现为对犯人的亲属的怜悯之情，而非对犯人本身的宽恕。而不像老幼废疾收赎那样直接体现为对犯人本人的宽恕。对于"存留养亲"收赎的评价，薛允升是这样评说的："留养并非古法，不过出于事主一时之意见，后遂奉为成规，盖欲博宽厚之名，一或变更，恐人议其苛刻耳，""不立此律，未必有妨于善政"，"照律徒流准行，杀

① ［清］薛允升：《唐明律和编》卷二，《唐律卷第二·名例二》，怀效锋点校，法律出版社1999年版，第41页。

② ［明］雷梦麟：《读律琐言》卷一，"名例律""工乐户及妇人犯罪"条，怀效锋、李俊点校，法律出版社2000年版，第29页。

人之犯一概不准，亦可斩却无数葛藤矣，又见收养孤老。"① 可见当朝者对留养收赎之法能否体现赎刑对老人及家庭伦理道德的维护是颇有微词的，尤其是对死罪者的留养收赎更持否定态度，因为赎刑的本质就是体现为对疑罪和轻罪以及老弱废疾的宽厚本意，对老人的赡养似乎不必以牺牲对犯人的惩罚为代价，还可以如薛允升说的"收养孤老"的方式来解决，"存留养亲条恐犯人诈冒。多不及用之"。② 所以，收赎留养的限制也较唐律为严就不足为奇了。

四是不见"疑罪从赎"的条款。"疑罪从赎"是赎刑起源以来最具特点的一部分，历朝历代都继承了这一特点，唐律在第三十卷专列一条疑罪："诸疑罪，各依所犯，以赎论。"并在《疏议》中对"疑"的含义及适用做了较为具体的规定。而明律中却无此条，并且在赎刑条例中也没有"疑罪从赎"的规定，只出现了"例难的决"的概念，初见景泰四年正月更定赎罪例："其在京守卫操备官旗军校例难的决者，俱纳钞。"③ 这里仅指军职，此等人犯不能施以笞杖，以免身体伤残，耽误军职，故称例难的决者，但从万历《明会典》所附《在外纳赎诸例图》"赎罪例钞"规定所适用的对象看，仅限于妇女，并无军职。所以，此后妇女逐渐固定为"例难的决的人犯"，后来考虑到特权者的亲属利益和军职在国家中尤其是在战乱年代的重要作用，"命妇"、"军职正妻"也成为难以执行惩罚的对象，所以也被列为"例难的决"之人。所以"例难的决"的意思是难以执行之意，并非和疑罪等同。另外，在嘉靖年间，有人请开赎军例，世宗曰："律听赎者，徒杖以下小罪耳，死罪矜疑，乃减从谪发，不可赎。"④ 可见，至少在嘉靖年间，死罪有疑者，并不能赎，不像唐律明确规定：诸疑罪，以赎论。但在司法实践中确有令疑狱罪囚赎罪的记录："永乐四年十一月，法司进月系囚数，凡数百人，成祖谕吕震

① ［清］薛允升：《唐明律和编》卷三，《唐律卷第三·名例三》，怀效锋点校，法律出版社 1999 年版，第 39 页。

② ［清］薛允升：《唐明律和编》卷四，《唐律卷第四·名例四》，怀效锋点校，法律出版社 1999 年版，第 52 页。

③ 《明英宗实录》卷二二五；景泰四年春正月戊辰。

④ ［清］张廷玉：《明史》卷九十三，志第六十九《刑法》一，中华书局 1974 年版，第 2302 页。

曰：‘此等既非死罪，而久系不决，天气冱寒，必有听其冤死者。’凡杂犯死罪下约二百，悉准赎发遣。”[①]《明史·聂豹传》中也记载：“山西频中寇，民无宁居。豹令富民出钱，罪疑者赎，得万余金，修郭家沟、冷泉、灵石诸关隘，练乡勇六千守之”[②]。明代不在律令中对疑罪作出赎刑的规定，原因是因为明代设立的各级司法审判官，“辩疑狱”是其基本的职能，也是评价地方官好坏的标准。其次，中央也会派御史到各地清理疑狱，尤其在灾异之时。再者，明律中会审制度较为发达，大多疑难的决的案子都会奏请，而取自上裁。最后，由于明律令中没有疑罪收赎的规定，所以虽经“辩疑”，依然存在罪疑之事，“淹禁”现象在明代则非常普遍，即罪疑犯人因得不到决断而长期关押在监狱中，《盟水斋存牍》中曾记载的“盗窃何干悦、邓北桥”案，因为存疑却拖了三十七年。对于久拖不决的疑狱案，解决的办法之一就是令疑狱罪囚赎罪，既解决了“淹禁”现象，又体现了统治者对犯人的矜恤，但究其根本只是临时性规定而已。另外解决的办法就是对疑罪减等处理，尤其是死刑案件，《明大诰》中有矜疑减死一等的规定。由于存在上述诸多原因，所以明律中并未有疑罪从赎的规定，这是明代赎刑一个重大变化。

第三节

“律赎”的收赎方法

“律赎”的收赎方法，即罪囚以何种方式依律赎免所科之刑罚。明代的“律赎”方法大致可以分为两类：一类是怎样赎的问题；另一类是赎什么的问题。明律中由于有加杖之法和大诰减等之法，还有诬轻为重的徒流赎罪之法，以及徒限内老疾收赎之法，这些收赎制度的存在使得“律赎”的方法变得较为复杂，所以研究“律赎”的赎

① ［清］张廷玉：《明史》卷九十四，志第七十《刑法》二，中华书局1974年版，第2309页。
② ［清］张廷玉：《明史》卷二百二，列传第九十《聂豹传》，中华书局1974年版，第5336页。

罪方法，首先要弄明白明律中各种赎刑条款的赎法，解决怎样赎的问题；其次，明律的修订到完善是一个过程，再加之执行过程中会受到赎刑条例、货币等制度的影响，所以以什么赎免所科之刑，前后也会有变动，这也是这一部分所要探讨的问题。

一、“律赎”的赎法

“律赎”会根据身份和罪行的不同适用不同的赎法来赎免所科之罪。第一种是赎全罪，像“老幼废疾收赎”条：犯罪时未老疾，而事发时老疾者；犯罪时幼小，事发时长大者收赎款，它的赎法与“例赎”赎钱钞相同，都是赎的全罪。比如“老小废疾收赎”条，规定了每笞杖十赎钱六百文递增至六贯；徒一年十二贯以三贯递增至二十四贯；流三十贯以三贯递增至杂犯五年四十二贯，从笞一十到杂犯五年刑罚应赎钱钞数，并无必须先杖再赎的限定性条款。类似的还有文武官犯公罪和军官犯私罪，因为只能赎笞，所以无所谓赎余罪。第二种是赎“余罪”，就是指只能赎部分刑罚，即所谓“凡律所收赎者赎余罪也”①，所谓余罪是徒流死加杖之外的刑罚，因为，明律中规定，在五刑中的徒、流刑之外，还要根据刑级的不同加以不同数量的杖罚，而这些所加杖罚是不能赎的。所谓赎余罪就是指赎除去杖罚后的刑罚。适合余罪收赎的条款主要有以下几个：

第一，天文生和妇人的赎法。明律规定：“天文生习业已成、能专其事，犯流及徒者，各决杖一百，余罪收赎”；妇人“若犯徒、流者，决杖一百，余罪收赎”。② 如犯杖六十徒一年，全赎钞应十二贯，决杖一百，折合钞是六贯，剩下的六贯准赎，同样，如果犯杖七十徒一年半，全赎钞应十五贯，除去决杖一百折钞六贯，准赎钞九贯，剩下的以此类推。在这里要注意，虽然所犯刑罚之杖不到一百，也应先决杖一百，然后减去杖一百折合的钞数，剩罪才可赎。即所谓：“天文生、妇女犯徒、流，决杖一百，余罪收赎者，虽罪止杖六十，徒一

① ［清］张廷玉：《明史》卷九十三，志第六十九《刑法》一，中华书局1974年版，第2298页。

② 《大明律》卷一，名例律，“工乐户及妇人犯罪”条，怀效锋点校，法律出版社1998年版，第10页。

年，亦决杖一百，律所谓应加杖者是也。”①

第二，是诬告收赎条的赎法。诬告收赎条规定了两种情形：一是诬告二事，轻事实，重事虚的赎法；二是诬告一事，诬轻为重的赎法。“告二事以上，轻事告实，重事招虚，或告一事，诬轻为重者，……若已论决，全抵剩罪，未论决，笞、杖收赎，徒、流止杖一百，余罪亦听收赎。”② 具体规定为：如果诬轻作重到笞杖，告一人二事，一事该笞五十是虚，一事该笞三十是实，即于笞五十上准告实笞三十，外该剩下告虚笞二十，赎铜钱一贯二百文。在这里犯笞杖罪的赎“余罪”，主要是指拿“告虚”事应受笞、杖数减去“告实”事应受笞杖数后所剩的笞杖数。如果诬轻为重到徒，告人一事该杖一百徒三年是虚，一事该杖八十是实，即于杖一百、徒三年上准告实杖八十，外该剩下告虚杖二十、徒三年之罪，这里的“剩罪”是指“杖二十、徒三年”，赎法是先将徒三年折杖，徒五等折杖一百，即徒三年折杖一百，赎钱六贯，然后再加上杖二十，赎钱一贯二百文，该“剩罪”总数为一百二十杖，该赎钱总数为七贯二百文，“若计剩罪，过杖一百以上，须决杖一百讫，余罪方听收赎，”③ 所以在这里还不能全赎，只能赎决杖一百后的二十杖，即一贯二百文。但是如果剩罪不足百杖，就可以全赎，不再杖一百，这一点和天文生、妇女赎徒、流罪不同，天文生和妇女犯徒、流杖不足一百仍要杖一百，余罪方可收赎。如诬轻作重到流罪时，先将流准徒，再将徒折杖。如告人一事，该杖一百流三千里，其中只杖八十徒二年是实，先将流准徒四年，再将徒折杖一百四十，然后通计杖一百流三千里，该杖二百四十，在这该杖二百四十上，除去告实该杖八十和徒二年折杖八十，合计该杖一百六十，剩下来告虚杖八十，由于不足百杖，所以不需决杖一百，直接收赎。若告一事诬轻作重赎法与诬一人二事相同。

第三，徒限内老疾的赎法。明律规定，“犯罪时未老疾，而事发

① ［清］张廷玉：《明史》卷九十三，志第六十九《刑法》一，中华书局 1974 年版，第 2298 页。
② 《大明律》卷二十二，刑律五，“诬告”条，怀效锋点校，法律出版社 1998 年版，第 177 页。
③ ［清］张廷玉：《明史》卷九十三，志第六十九《刑法》一，中华书局 1974 年版，第 2297 页。

时老疾者，以老疾论。若在徒年限内老疾，亦如之”。[①] 此法条可以理解为“犯罪时”、“事发时”和“徒年限内”老疾都可收赎，但徒限内老疾者由于已经执行了一段时间，所以它的赎法同另外两种不同。在这里关键是怎样除去已经执行的刑罚，然后再赎“余罪”，这里的“余罪”不同于“诬轻为重”的“剩罪”（除去“告实”部分）、“余罪”（满百杖，决杖后的部分），也不同于“妇女和天文生”，“决杖一百”后的“余罪”，而是指决杖并执行徒一定期限后的“余罪”。具体赎法为：先把所犯徒罪折算应赎钱数，然后除去已经决杖该赎钱数，剩下的钱数按照一年三百六十日计算该科徒期限每天应赎钱数，然后减去已经执行的天数应赎钱数，剩下的为该赎钱数。例如，“如有人犯杖六十徒一年已行断罪，拘役五个月之后犯人老疾，合将杖六十、徒一年，总该赎钱一十二贯，除已受杖六十，准钱三贯六百文，该判徒一年赎钱八贯四百文。计算每徒一月该钱七百文，已役五个月准钱三贯五百文外，有未役七个月，该收赎钱四贯九百文”。[②]

第四，存留养亲的赎法。明律规定对待符合“存留养亲”的罪犯的赎法是“犯徒、流者，止杖一百，余罪收赎”。[③] “存留养亲”之赎法，是先“实杖以应杖之一百，不准折赎，却将其应徒应流之年限，一照老疾收赎之则例以赎之”。[④] 但又和老疾收赎之法不同，老疾收赎是赎全罪，即杖连同徒、流年限都可折为钱来赎，但存留养亲是必须“实杖以应杖之一百”然后才可收赎。这一点又和“天文生和妇人”以及“徒限内老疾”的赎法有所不同。以上所提两例的赎法虽然也是先杖后赎，但都是赎的“余罪”，即都除去了决杖所折合的钱数，而“存留养亲”虽“决杖一百”“不复除去实杖之一百以

① 《大明律》卷一，名例律，“犯罪时未老疾”条，怀效锋点校，法律出版社 1998 年版，第 12 页。

② 《大明律》卷一，名例律，“犯罪时未老疾”条，怀效锋点校，法律出版社 1998 年版，第 12 页。

③ 《大明律》卷一，名例律，“犯罪存留养亲”条，怀效锋点校，法律出版社 1998 年版，第 10 页。

④ ［清］王明德：《读律佩觿》卷二，“收赎”，何勤华等点校，法律出版社 2000 年版，第 51 页。

折算，则是较老疾收赎之本例又重矣。”[①] 比如犯杖一百、徒三年，存留养亲，决杖一百后，照老疾收赎，该赎钱二十四贯；天文生、妇人赎法则是决杖一百，全罪二十四贯除去决杖一百折合钱数六贯，应赎钱一十八贯；徒限内老疾，该赎钱二十四贯除去已决杖一百折合钱六贯，赎一十八贯，再减去已经劳役日或月贯数。所以，存留养亲的赎法更为苛刻，天文生和妇人所犯徒流虽不足一百也要按一百决杖，但毕竟是除去杖一百后再赎，而“存留养亲”则不除去而赎，这里的赎“余罪”实质上指赎的是加杖前的全罪。

除了赎全罪和余罪的分类外还有些较为特殊的赎法，那就是过失杀伤人的赎法。大明律规定：“若过失杀、伤人者，各准斗杀、伤罪，依律收赎，给付其家。”“给付其家”的含义是给付被杀、被伤之家，以为茔葬及医药之资。在这里此种赎法特殊只是体现为所赎钱钞给付被杀、伤人家，其实还不是具体赎法问题，具体赎法没有详细论述，就如清代法学名家王明德的评论一样：“惟至过失杀则别为所谓科法，惟统而概之曰：依律收赎，折银十二两四钱二分，给被杀之家茔葬，更别无所谓折算之法。”[②] 可见，一直到清代尚不清楚过失杀、伤人赎罪之法。但可以推理出，过失杀人的赎法同老疾的赎法。首先，凡明律中赎余罪的都有明确注明：“杖一百、余罪收赎”，如“工乐户和妇人犯罪”收赎条、“存留养亲”收赎条、“诬轻为重”收赎条，而直接标明“依律收赎”的条款如“老小废疾”收赎条，所以这里“依律收赎”，主要是指依照《大明律·名例律》中的“五刑”条款规定的数额收赎。另外，后来，由于“例赎”和“律赎”赎钱数额相差甚远，其中举到过失杀人赎罪条款，“凡问过失杀人绞罪，律该收赎钞四十二贯”。这一收赎数额同五刑规定赎罪数额一致，也同“老小废疾收赎”数额相一致。为便于直观，表2－2、表2－3附明律中的收赎钞图（据万历三十八年高举《大明律集解附例》而制）。

---

① ［清］王明德：《读律佩觿》卷二，“收赎”，何勤华等点校，法律出版社2000年版，第52页。

② ［清］王明德：《读律佩觿》卷二，“收赎”，何勤华等点校，法律出版社2000年版，第52页。

表 2－2　“老小废疾”及“妇人”收赎赎法表

赎法 五刑	老小废疾收赎	妇人余罪收赎	徒限内老疾收赎
笞一十	六百文		
二十	一贯二百文		
三十	一贯八百文		
四十	二贯四百文		
五十	三贯		
杖六十	三贯六百文		
七十	四贯二百文		
八十	四贯八百文		
九十	五贯四百文		
一百	六贯		
徒一年（杖六十）	十二贯（包杖在内）	六贯（除杖一百）	除杖外，徒该八贯四百文，计未役每日赎钞二十三文三厘三毫，每月赎七百文
一年半（杖七十）	十五贯（包杖在内）	九贯（除杖一百）	除杖外，徒该十贯八百文，计未役每日赎钞二十文，月赎钞六百文
二年（杖八十）	十八贯（包杖在内）	十二贯（除杖一百）	除杖外，徒该一十三贯二百文，计未役每日赎十八文三分三厘三毫四丝，月赎五百五十文
二年半（杖九十）	二十一贯（包杖在内）	十五贯（除杖一百）	除杖外，徒该一十五贯六百文，计未役每日赎钞一十七文三分三厘四丝，月赎五百二十文
三年（杖一百）	二十四贯（包杖）	十八贯（除杖一百）	除杖外，徒该一十八贯，计未役每日赎一十六文六分七厘，每月赎五百文
流二千里	三十贯		
二千五百里	三十三贯		
三千里	三十六贯		
总徒四年	三十九贯		
杂犯五年	四十二贯		

表 2-3 "诬轻为重"收赎赎法表

赎法 五刑	诬轻为重，已决全抵。剩余未决，笞杖收赎，徒流杖一百，余收赎
笞一十	
二十	
三十	假如告人笞三十，内止一十实，已决全抵，剩二十之罪未决，收赎一贯二百文
四十	假如告人笞四十，内止一十实，已决全抵，剩三十之罪未决，收赎一贯八百文
五十	假如告人笞五十，内止二十实，已决全抵，剩三十之罪未决，收赎一贯八百文
杖六十	假如告人杖六十，内止二十实，已决全抵，剩四十之罪未决，收赎二贯四百文
七十	假如告人杖七十，内止三十实，已决全抵，剩四十之罪未决，收赎二贯四百文
八十	假如告人杖八十，内止三十实，已决全抵，剩五十之罪未决，收赎三贯
九十	假如告人杖九十，内止四十实，已决全抵，剩五十之罪未决，收赎三贯
一百	假如告人杖一百，内止四十实，已决全抵，剩六十之罪未决，收赎一贯二百文六贯
徒一年（杖六十）	假如告人杖六十徒一年，内止笞五十实，已决全抵，剩杖一十徒一年之罪未决，徒一年折杖六十，并杖共七十，收赎四贯二百文
一年半（杖七十）	假如告人杖七十徒一年半，内止杖八十实，已决全抵，剩徒一年半之罪未决，徒一年半折杖七十，并一百四十，除杖八十，收赎三贯六百文
二年（杖八十）	假如告人杖八十徒二年，内止杖八十实，已决全抵，剩徒二年之罪未决，徒二年折杖八十，收赎四贯八百文
二年半（杖九十）	假如告人杖九十徒二年半，内止杖六十徒一年实，已决全抵，剩杖三十徒一年半之罪未决，徒一年半折杖七十，并杖三十共杖一百，收赎六贯
三年（杖一百）	假如告人杖一百徒三年，内止杖八十实，已决全抵，剩杖二十徒三年之罪未决，徒三年折杖一百，并杖共一百二十，止杖一百，余二十，收赎一贯二百文
流二千里（杖一百）	假如告人未决杖一百流二千里折杖一百二十，内止杖六十徒一年折杖六十实，剩杖一百，收赎钞六贯，已决准徒四年，除实外全抵，剩杖四十，徒三年
二千五百里（杖一百）	假如告人未决杖一百流二千五百里折杖一百三十，内止杖六十徒一年折杖六十实，剩杖一百一十，止杖一百，余收赎六百文，已决准徒四年，除实外全抵，剩杖四十，徒三年
三千里（杖一百）	假如告人杖一百流三千里准徒四年，内止杖一百六二千准徒三年实，已决全抵，圣徒二年未决折杖一百四十，除一百二十，剩二十，收赎一贯二百文
过失杀人	收赎钞三十三贯六百文，折银四钱二分，铜钱八千四百文，折银一十二两，共十二两四钱二分（给付其家）

二、“律赎”的收赎方式

“律赎”的收赎方式主要是指拿什么赎免所受刑罚的制度，由于明朝货币政策的变化，“律赎”的收赎方式经历了纳铜、纳钱和折银的转变过程。

（一）纳铜收赎

《大明令》中所载赎刑即为赎铜：“笞一十，赎铜半斤，杖一十，赎铜一斤。徒一年，赎铜一百二十斤。徒一年半，赎铜一百四十斤。徒二年，赎铜一百六十斤。徒二年半，赎铜一百八十斤。徒三年，赎铜二百斤。流二千里，赎铜二百二十斤。流二千五百里，赎铜二百四十斤。流三千里，赎铜二百六十斤。”① 可见，在《大明令》中是有赎铜记载的。《大明令》是洪武元年颁布的，是明初与律并行的综合性法令，共一百四十五条，与吴元年的《律》同时颁布，且与《律》相辅相成，并且令中所载准赎条与洪武三十三年所颁大明律规定相近。究竟洪武初年所颁《律》中是否赎铜，《律》现已经失传，无从确证，但我们可以从《令》中推出《律》中的赎刑方法也应是赎铜。因为在同一时间颁布的《律》应和《令》的赎刑方式相一致。再者，明初何广所撰《律解辩疑》所引《明律》“五刑赎罪”中有赎铜记载：“流二千里，杖一百，该赎（铜）八十斤；流二千五百里，杖一百，该赎（铜）九十斤；流三千里，杖一百，该赎（铜）一百斤。

---

① 《大明令·刑令·赎刑》。《唐律》的五刑赎：笞刑五：笞一十，赎铜一斤。笞二十，赎铜二斤。笞三十，赎铜三斤。笞四十，赎铜四斤。笞五十，赎铜五斤。杖刑五：杖六十，赎铜六斤。杖七十，赎铜七斤。杖八十，赎铜八斤。杖九十，赎铜九斤。杖一百，赎铜十斤。徒刑五：一年，赎铜二十斤。一年半，赎铜三十斤。二年，赎铜四十斤。二年半，赎铜五十斤。三年，赎铜六十斤。流刑三：二千里，赎铜八十斤。二千五百里，赎铜九十斤。三千里，赎铜一百斤。死刑二：绞、斩，赎铜一百二十斤。对比可知，大明令中的赎金较重。除笞一十比唐律轻半斤外，余皆重于唐律。《明会典》中也有记载：“凡赎铜洪武间令凡各处知府、知州、知县，有犯公罪笞四十以下者，许令赎铜，笞一十，赎铜半斤，杖一十，赎铜一斤。徒一年，赎铜一百二十斤。徒一年半，赎铜一百四十斤。徒二年，赎铜一百六十斤。徒二年半，赎铜一百八十斤。徒三年，赎铜二百斤。流二千里，赎铜二百二十斤。流二千五百里，赎铜二百四十斤。流三千里，赎铜二百六十斤。”

绞，该赎（铜）一百二十斤。”[①] 经考证，何广所纂《律解辩疑》所引《明律》是洪武十九年前所颁。[②] 另《明太祖实录》也记载了在洪武八年十二月太祖为优待粮长，特令：“自今粮长有杂犯死罪及徒流者，止杖之，免其输作”，“粮长有犯许纳铜赎罪。”[③] 所以，可以断定洪武十九年前确实存在以铜收赎的方式。

洪武三十年律之前，还存在洪武元年律、洪武七年律和洪武二十二年律，所以，洪武元年和洪武七年律中确定会有赎铜的赎刑方式，确切讲是哪一个，尚不能定论，因为洪武元年律、洪武七年律和洪武二十二年律，现已不得见，无从考证，但可以推论出洪武元年律确定为赎铜方式，而洪武七年律可能是以铜纳赎，而洪武二十二年是以钱纳赎。因为，洪武元年律是以《唐律》为蓝本制定的，朱元璋曾说：“命儒臣四人同刑官讲唐律，日写二十条取进，止择其可者从之。”[④] 且何广撰写的《律解辩疑》所引用的洪武十九年之前的《明律》中有关“五刑赎罪”的流、死罪内容，除各罪多出杖一百外，所赎铜的数目都与《唐律》相同。但以上还不能排除洪武七年律的赎铜的可能性，因为，洪武元年律和洪武七年律都是按照“一遵唐旧”的精神制定的，但因为《大明令》是和洪武元年律一同制定完成和颁布的，[⑤] 其赎铜的方式更应该是和洪武元年律相一致。所以洪武元年律赎铜应该比洪武七年更为确定。另外，从明朝的钱币制度发展进程也可以推出，洪武元年律赎铜也较为合理。洪武元年三月，政府已经开始铸造洪武通宝，所以会需要大量的铜材料来铸钱，而当时天下初定，铜源匮乏，所以不得不在民间征收铜器，《明太祖实录》洪武八年三月记载：“造大明宝钞时，中书省及在外各行省皆置局以鼓铸铜钱，有司责民出铜，民间皆毁器物以输官鼓铸，甚劳。”[⑥]《大明律直

① 《律解辩疑》卷一，《名例·五刑》，参见杨一凡的《中国珍稀法律典籍续编》第四册，黑龙江人民出版社2002年版，第29～30页。

② 见何勤华：“明代律学的开山之作——何广撰《律解辩疑》简介”，《法史论坛》2004年第5期。

③ 《明太祖实录》卷一零二，洪武八年十二月癸巳。

④ 《明太祖实录》卷三四，洪武元年八月己卯。

⑤ 《明太祖实录》卷二八记载：“（吴元年十二月）甲寅律令称，命颁行之。”

⑥ 《明太祖实录》卷九八，洪武八年三月辛酉。

引》所载洪武二十二年律也印证铜料紧缺这一事实，“其军民之家除镜子、军器及寺观庵院钟、磬、铙钹外，其余应有废铜，并听赴官中卖，每斤给价铜钱一百五十文，若私相买卖及收匿在家不赴官中卖者，各笞四十”。[①] 可见直至洪武二十二年铜料依然紧缺。又由于铜钱“颇不便”，洪武八年方开始“印造大明宝钞并与铜钱通行”，“每钞一贯准铜钱一千，银一两，其余皆以是为差，其等凡有六：曰一贯；曰五百文；曰四百文；曰三百文；曰二百文；曰一百文。禁民间不得以金银物货交易，违者治其罪”。[②] 可见，在洪武八年前赎铜有其存在的社会背景的。洪武七年律是根据洪武元年律修订的，颁布时间为洪武七年二月，存在上下继承关系，且公布时还存在使用铜材料铸造铜钱的社会背景（洪武八年后始印钞，即解除了用铜铸钱的危机），所以洪武七年律也存在赎铜的可能性，但也会根据实际情况有所修改。洪武元年的《大明令》赎铜比《唐律》重（《唐律》：流三千里赎铜一百斤，《大明令》：赎铜三百六十斤），可能是因为铜价上涨的缘故，也可能是因为明律严峻的结果。而《律解辩疑》中所载《明律》中加杖一百再赎铜的规定（流三千里赎，杖一百，该赎（铜）一百斤）说明该律已和《唐律》纯粹赎铜方式有所变化，更接近明后来的律，所以推知，《律解辩疑》中所载《明律》很可能是洪武七年律，且赎刑方式是铜。另据《明史·刑法志》载：“赎罪之法明初尝纳铜，成化间尝纳马，后皆不行，不俱载。”[③] 可见，明初确实存在以铜收赎的事实，并且只存在于明初，以后不见有此记载。

（二）纳钱收赎

洪武二十二年律中始出现纳铜钱赎罪方式，虽然洪武二十二年律现在已看不到，但朝鲜人金祈所撰《大明律直引》中所引律文被确认为是洪武二十二年律。该书记载的五刑赎刑方式为铜钱：“笞刑五：一十，赎铜钱千六百文，准折五升布三匹，二十，赎铜钱一贯二

---

① 《大明律直解》卷七，《户律·钱法》，参见杨一凡的《中国珍稀法律典籍集成》（乙编）第一册，科学出版社 1994 年版，第 486 页。

② 《明太祖实录》卷九八，洪武八年三月辛酉。

③ ［清］张廷玉：《明史》卷九十三，志第六十九《刑法》一，中华书局 1974 年版，第 2294 页。

百文，准折五升布六匹，……”[①] 所以洪武二十二年律已经确定是赎铜钱，但是否是赎铜钱起始律，还不能确定，因为洪武七年律也存在赎铜钱的可能性。《律解辩疑》所载明律赎铜的规定也有可能是洪武元年律，而洪武七年则改为赎铜钱，因为，洪武元年三月，政府已经开始铸造洪元通宝，[②] 洪武八年时开始印钞，但钞、钱具通行。所以，洪武七年律存在赎铜钱的客观条件。纳钱赎罪的方式确切的存在于洪武二十二年律和洪武三十年律中，但在实际运行中却屡屡受挫。自朱元璋受封吴国公至洪武八年颁行大明宝钞前的十四年间，实行大中、洪武钱与旧钱兼行的铜钱流通制度，并许民间余存元钞对铜钱的法定比价继续通行。由于铜材料短缺，再加之铜钱多有不便，于是开始借鉴宋、元的钞法，于洪武八年开始印钞，实行以宝钞为主，钞钱并行的货币流通制度，并不断缩小铜钱的适用范围[③]，降低铜钱的法定地位[④]。但由于宝钞发行中投放多，回笼少，造成迅速贬值，民间多用铜钱和实物流通交换，造成“钞法阻滞”，遂在洪武二十七年八月，“诏禁用铜钱”，“令有司悉收其钱归官，依数换钞，不许更用铜钱行使。限半月内，凡军民商贾所有铜钱悉送赴官，敢有私自行使及埋藏弃毁者罪之”。[⑤] 自此，开始了明前期的纯纸币流通阶段。所以，在这一阶段，洪武二十二年《明律》中以钱纳赎的方式在洪武二十七年后是不能实现的。在实际运用中，只能按“每钞一贯准铜钱一千，银一两”[⑥] 的比例折算成宝钞的形式来缴纳。这一点在《明大诰》中也得到印证，洪武十八年到洪武二十年，朱元璋连续发布四

① 《大明律直解》卷一，《名例》，参见杨一凡的《中国珍稀法律典籍集成》（乙编）第一册，科学出版社 1994 年版，第 413 页。

② 《明太祖实录》卷三一，洪武元年三月辛未。

③ 洪武八年，规定商税课程“一百文以下，则止用铜钱”（《明太祖实录》卷九八，洪武八年三日辛酉）；洪武十年，又令各省宝泉局“铸小钱与钞兼行，百文以下止用钱”（《续文献通考》卷一一《钱币五·明钱》）；洪武二十二年，又令“更造小钞自十文至五十文”，“以便民用”（《明太祖实录》卷一九六，洪武二十二年四月戊申），自此，只用铜钱的支付额度从一百文降为十文以下。

④ 洪武八年，规定“凡商税、诸色课程，钱钞兼收，钱十之三，钞十之七”（《天府广记》卷二二，《宝源局》）；洪武十年，又申令“商税兼收钱钞，钱三钞七”（《明史》卷八一，《食货五·钱钞》，中华书局 1974 年版，第 1962 页）。

⑤ 《明太祖实录》卷二三四，洪武二十七年八月丙戌。

⑥ 《明太祖实录》卷九八，洪武八年三月辛酉。

篇大诰（《大诰》，十八年八月；《大诰续编》，十九年三月；《大诰三编》十九年十一月；《大诰武臣》，二十年十二月），这四篇《大诰》中论及货币的有三十五条，其中只有在《大诰续编》“粮长妄告叔舅”和《大诰武臣》的“耿良肆贪害民”两条中的两处谈到铜钱，其他皆为钞。所以，虽然在洪武二十七年才明令禁止铜钱，实际上，在这之前，在实际运用中都会存在以钞赎罪的可能。《律解辩疑》中所引律文中除记载流死罪是赎铜外，还记载了徒罪赎钞的事实：

“如甲告乙杖八十，乙止该笞五十，乙却诬告甲杖一百，徒三年，甲止该笞四十，甲合反坐所剩笞三十，收赎钞一贯八百文，乙多告甲杖六十，徒一年，通计折杖一百六十，乙合止杖一百，余罪收赎钞三贯六百文。”①

如果《律解辩疑》中收之大明律是洪武十九年以前所颁布的律文的话，说明洪武十九年已存在以钞纳赎的情况。但为何在一篇引用中出现纳铜和纳钞两种不同的赎罪方式，是记载有误亦或是引用两个大明律版本，如果是后者，只能是引用了洪武元年律和洪武七年《明律》，而洪武七年之前还没有印制宝钞，所以只能引用的是洪武七年到洪武十九年之间的《明律》，这一阶段才比较符合当时的时代背景。但还存在一个问题，如果在洪武十九年之前就已存在纳钞赎罪的方式，为何还要在洪武二十二年律中规定以铜钱的形式赎罪，且当时宝钞已经流通，政府也鼓励使用宝钞。其一是因为《明律》修订和更改的限制较严，直至洪武三十年律还是规定的以铜钱收赎；其二是当时为推行宝钞的流通，采用多投放，少回笼的政策，而奖励和俸禄发钞、纳铜钱收赎的形式正是这种指导思想下的产物，这也是导致宝钞贬值的一个因素；其三是可以在实践中通过折算成宝钞（宝钞和铜钱是一比一的关系，即铜钱一贯，合宝钞一贯，等于钞一千文，也合铜钱一千文，但铜钱不能称贯，“钞法之行，皆云贯锭。铜钱之行皆云万千百文。若以钱云文数，一文至千百数万，可以言之。以钞

① 《律解辩疑》卷第二十二，《诉讼·诬告》，参见杨一凡的《中国珍稀法律典籍续编》第四册，黑龙江人民出版社 2002 年版，第 239 ~ 240 页。

云文数，并无奇零十文、五十文"[①]）的形式来实现明律中的纳铜钱收赎的规定。所以可以看出，在实践中，尤其是在洪武二十七年铜钱被禁以后的很长时间段内，主要是通过以钞收赎的形式来完成的，这一点在《刑名启蒙例》中也可得到印证，该书成书早于洪武三十年，[②] 书中不但存在以钞赎罪的规定："凡问收赎，依律收赎，不可云赎罪。杖如七十，该收赎钞四贯二百文。"[③] 而且还有以铜钱折钞收赎的记载："凡问过失杀人绞罪，律该收赎钞四十二贯。今奏过有例收钞三十三贯六百文，铜钱八贯四百文。每钞一贯该铜钱一千文，即八千四百文。给付死者之家，为莹葬之资。"[④] 虽然至少在洪武二十二年前钞和铜钱是共同流通的货币，[⑤] 但到洪武二十七年禁铜钱令，依律收赎只能通过折换钞来行使。这种情况历经永乐、宣德、正统诸朝，[⑥] 直至成化年间才有纳铜钱和纳钞并行收赎的记载："今后过失杀人绞罪，每十贯内赎钞八贯、铜钱二贯，以四十贯论之，赎钞三十二贯六百文，铜钱八贯四百文，与死者之家。"[⑦] 弘治十四年，出现了钞、银、钱三者折合比例收赎的规定。[⑧] 为了扶助白银的流通、缓解钞贬值造成的"律赎"和"例赎"的悬殊状况，弘治十六年明朝又恢复了铸钱活动，这为"律赎"纳钱提供了条件，以后的

---

① 《大诰续编》第五十八，"钱钞贯文"，参见杨一凡的《明大浩研究》，江苏人民出版社 1988 年版，第 315 页。

② 参见杨一凡的《中国珍稀法律典籍集成》总序，科学出版社 1994 年版。

③ 《刑名启蒙例》刑名启蒙例（二），《中国珍稀法律典籍集成》（乙编）第一册，科学出版社 1994 年版，第 652 页。

④ 《刑名启蒙例》刑名启蒙例（二），《中国珍稀法律典籍集成》（乙编）第一册，科学出版社 1994 年版，第 653 页。

⑤ 《大明律直解》所载二十二年律《户律·钞法》中有记载："凡印宝钞与洪武大中通宝及历代铜钱相兼行使。"

⑥ 《明英宗实录》卷一六六，正统十三年五月庚寅载："禁使铜钱……，又以铜钱交易者，擒治其罪。"

⑦ 《皇明条法事类纂》卷一《五刑类》，"过失杀人绞罪收赎钞三十三贯六百文铜钱八贯四百文例"。

⑧ "弘治十四年奏准，刑部、都察院问完例难的决人犯禀赋恩有理者，每杖一百，该钞二千二百五十贯、折银一两，每十以二百贯递减，至杖六十为银六钱。笞五十该钞七百五十贯、折银五钱，每十以一百五十贯递减，至笞二十为银二钱，笞一十该钞二百贯、折银一钱。如收铜钱每银一两折七百文。其依律赎钞除过失杀人外，其余亦照此数折收"（《大明会典》卷一七六，刑部十八《五刑赎罪》，第 2429 页）。

正德、嘉靖年代，实行的是钱钞兼收的赎刑制度。正德二年令囚犯赎罪照旧钱钞兼收："如杖一百该钞二千二百五十贯，折银一两，该折收铜钱七百文，今收钞一千一百二十五贯，收钱三百五十文，余四杖五笞，俱照原递减钞数，钱钞中半收受。"① 到万历年十三年修订《大明律附例》建立了全面的折银赎罪的规定："收赎钞三十三贯六百文，折银四钱二分，铜钱八千四百文，折银一十二两，共十二两四钱二分。"② 自此，"律赎"多改为折银，铜钱收赎慢慢退出。

（三）纳钞收赎

关于纳钞收赎起于什么年代，宝钞收赎只有在洪武八年发行明宝钞以后才有可能，洪武二十二年律和洪武三十年律记载的是以铜钱收赎，并且，《大明律》颁行之后，朱元璋下令后世永远遵守，不许改动："太祖之定律文也，历代相承，无敢轻改。"③ 因而可知，在律文中是没有纳钞"律赎"的规定的。然而现实中，在洪武八年发行大明宝钞以来，政府一直积极推行宝钞流通，但民间多以实物、铜钱和金银交易，造成宝钞臃滞不行，故在洪武二十七年颁布禁止铜钱流通令，永乐、宣德、正统诸朝都禁止铸钱，在这期间，明律中纳钱收赎之法只有通过纳钞来实现。最早关于"律赎"收钞的记录是在《律解辩疑》所引明律中（前文），而且在《刑名启蒙例》中也有关于"律赎"纳钞的记载（前文），这两者所引律均在洪武三十年前，且《律解辩疑》被认为所引律在洪武十九年前，所以"律赎"收钞应出现在洪武十九年前洪武八年后这段时间，并且一直延续到明朝后期，纳钞收赎才逐渐被折银所取代。并且在整个过程中纳钞收赎一直与其他收赎方式并行存在，是根本。《明史刑法志》和沈家本的《历代刑法考》中对这一点都有论述："赎罪之法明初尝纳铜，成化间尝纳马，后皆不行，不俱载。惟纳钞、纳钱、纳银常并行焉，而以初制纳

---

① ［明］李东阳等纂：《大明会典》卷一七六，刑部十八《五刑赎罪》第2430页。

② ［明］万历十三年舒化《大明律附例·例律赎钞图》，载自怀效锋点校的《大明律》附图，法律出版社1999年版，第470页。

③ ［清］张廷玉：《明史》卷九十三，志第六十九《刑法》一，中华书局1974年版，第2287页。

钞为本，故律赎者曰收赎律钞，纳赎者称赎罪例钞。”[①] 虽然收赎钞一直是本，但在实施中却屡屡受到钱和银的挑战，主要是因为，钞在发行过程中贬值严重，在永乐年间已经不只贬值十倍了，“则知钞法之弊，在永乐初年，已不啻轻十倍于洪武矣”。[②] 到弘治时期，“宝钞，今惟官府行之，然一贯仅值银三厘，钱二文。民间得之，置之无用”。[③] 这时候比洪武年间宝钞初发行时“钞一贯值钱一千文，银一两”贬值数百倍，所以到弘治年间，纸钞只在北京流通，地方已很少用。面对这种局面，弘治年间，又恢复铸铜钱；在弘治十四年，首次允许用白银折钞赎罪；“例赎”中提高了纳钞的数量。永乐十一年，纳钞赎罪例中记载：“除公罪依例纪录收赎，及律该死罪情重者依律处治，其情轻者，斩罪赎钞八千贯，绞罪及榜例死罪六千贯，流罪三千贯，徒罪二千贯，杖罪一千贯，笞罪五百贯。”[④] 但《大明律》是不能像例赎一样可以任意改变的，所以造成“律赎”纳钞和赎罪例钞之间赎钞数额悬殊，例如，“宣德二年定笞杖罪囚，每一十，赎钞二十贯”；“景泰元年令内外法司问拟笞杖罪囚，有力者纳钞，笞一十，二百贯”；“天顺五年令罪囚纳钞，每笞一十，钞二百贯”；“弘治十四年，例难的决人犯并妇人有力者，笞一十该钞二百贯”。而“收赎律钞”每笞一十，仅赎钞“六百文”，可见，“律赎”和“例赎”的纳钞数额相差数百倍，造成赎刑轻重严重失衡现象，使得“律赎”难以达到惩罚犯罪的目的。但“律赎”由于是“祖制”，虽知其严重脱离现实，也“无敢损益”，只有搁置不用。同时，“例赎”在这段时间则被广为运用。在成化元年，开始尝试改变这种因钞贬值引发的“律赎”困境，首先体现在对过失杀人绞罪的收赎的修改。成化元年七月十四日，刑部上言：

“且如过失杀人绞罪，收赎钞四十二贯，该银四十二两足矣。今

---

① ［清］沈家本：《历代刑法考》刑法分考十六·赎；《明史》卷九十三，《刑法》一，第2294页。

② ［清］张廷玉：《明史》卷九十三，志第六十九《刑法》一，中华书局1974年版，第2300页。

③ ［明］陆容：《菽园杂记》卷十，中华书局1985年版，第123页。

④ ［明］李东阳等纂：《大明会典》卷一七六，刑部十八《五刑赎罪》，新文丰出版公司（中华台北）1976年版，第2429页。

止追钞四十二贯与死者之家茔葬，以八贯折银一钱论之，止值银五钱二分有余，况以今日市井时价论之，但值银四、五分而已。其生者何幸而免祸，死者何甘而瞑目于地下耶？切以一人之命而值钱四、五分，何其贱哉！又如今日以马一匹值钞八百贯，骡一匹值钱五百贯，牛驴每头值钞二百五十贯，而人命之偿欲止于四十二贯，是数十人之命不如驴马、牛、骡矣。又若一猪一犬尚且估银二、三两，其一人之命止值银四、五分至于一两而止，亦反不如一猪一犬矣！此举其大概，其他似此不可胜言。颠倒错乱，变更旧制，莫此为甚。"①

由于太祖定制，不敢轻易更改，只能采用折中的办法，"在前，铜钱银两俱有禁例。所以法司问拟此等罪囚，止赎钞贯，今宝钞、铜钱以律相兼行使，合无准言，今后收赎过失杀人绞罪，每十贯内赎钞八贯、铜钱二贯，以四十二贯论之，赎钞三十三贯六百文，铜钱八贯四百文，与死者之家追给葬银十两，情理相当"。② 所以，到成化年间，由全收钞改成了钱、钞、银按一定比例收赎的形式，以缓解宝钞贬值所造成的法制不公，但这种改变也是有限的，四十二贯的总数没有改变，只不过是十分之二由赎铜钱代替，虽然在一定程度上提高了赎金（因为铜钱一贯的实际价值远远高于钞一贯的价值），但并未从根本上改变"律赎"中赎钞数额严重脱离实际的局面，并且这种钞、钱按比例兼收的制度仅限于过失杀人绞罪的收赎，但毕竟是一种面对问题的尝试，所以到弘治十四年时，以"例钞"的改革为契机，继续对"律赎"进行了改进：

"弘治十四年奏准：刑部、都察院问完例难的决人犯，并妇人、有力者，每杖一百，该钞二千二百五十贯，折银一两，每十以二百贯，递减至杖六十，为银六钱。笞五十，该钞七百五十贯，折银五钱，每十以一百五十贯，递减至笞二十，为银二钱，笞一十，该钞二百贯，折银一钱。如收铜钱，每银一两，折七百文。其依律赎钞，除过失杀人外，其余亦照此数折收。"③

---

① 《皇明条法事类纂》卷一五刑类，"过失杀人绞罪收赎钞三十三贯六百文铜钱八贯四百文例"。

② 《皇明条法事类纂》卷一五刑类，"过失杀人绞罪收赎钞三十三贯六百文铜钱八贯四百文例"。

③ ［明］李东阳等纂：《大明会典》卷一七六，刑部十八《五刑赎罪》，新文丰出版公司（中华台北）1976 年版，第 2429 页。

通过这次变革，确定了"例难的决人犯并妇人有力者"例赎的赎钞、钱折算银的比率，并且把这种"例赎"折算比率推广到"律赎"中去，实际上是进一步改变了"律赎"中赎钞数额的规定，也预示着在弘治十四年以后，通过宝钞收赎只存在于律文中，在现实中已名存实亡。改革后的"律赎"现状是，过失杀人的"律赎"依然是采用的钞钱二八分收赎，其他"律赎"都采用的是按照上述折算比率把钞折换成银或钱的形式来实现收赎的。所以，"律赎"收钞在弘治以后实际运用中已经逐渐被赎银或钱所取代。

（四）折银收赎

明初"律赎"主要是铜钱，由于铜料短缺，后极力推行宝钞的流通，但由于宝钞贬值严重，民间多用钱银交易，永乐和宣德年间遂禁止白银和铜钱等可替代货币的流通，① 在永乐之前的洪武三十年的《大明律》文中虽明确赎铜钱，并未禁止银的流通，并且在人命罪中有"追埋葬银"的规定。② 薛允升认为："埋葬银两，唐律所无，元代律文杀伤门内征烧埋银者不一而足，或五十两或倍之，或征半，殆即明律征埋葬银两之所由仿乎？"③ 明律中仅付被害人的埋葬费用银，这一规定可能是出于民间习惯，可能是继承了元律的规定，但由于中国在明代以前没有使用白银的传统，白银不会成为官方认可的货币，所以明律中采用了较为传统的铜钱和钞作为赎刑的货币手段。但到弘治、正德年间，纸钞贬值，铜钱私铸现象严重，质量低劣，不得已而用白银替代钱、钞的流通，英宗始开禁银之令，但也维护钱钞的流通，由于白银坚挺，迅速在全国流通，钞基本退出，钱成为白银辅助，这种态势一直延续到明亡。所以"律赎"也受此影响，在弘治十四年，除"律赎"中过失杀人罪仍按钞、钱二八分收赎外，其他皆改为按照

① 洪武三十年乃更申交易用金银之禁，仁宗曾下令："所增门摊课程，钞法通，即复旧，金银布帛交易者，亦暂禁止"。宣德初年"户部言民间交易，惟用金银，钞滞不行。乃益严其禁，交易用银一钱者，罚钞千贯，赃吏收银一两者，追钞万贯，更追免罪钞如之"（《明史》卷八十一，志第五十七，《食货五·钱钞》，中华书局1974年版，第1964页）。

② 《大明律》卷十九，刑律二，人命"车马杀伤人"："若于乡村无人旷野地内驰骤，因而伤人致死者，杖一百，并追埋葬银一十两。""窝弓杀伤人条"、"威逼人致死"条皆有"追埋葬银"的规定。

③ ［清］薛允升：《唐明律和编》卷十八，"窝弓杀伤人条"后辑注，第498页。

"例难的决人犯并妇人有力者"例赎的赎钞、钱折算为银的比率进行折算，实现了"律赎"中从赎钞、钱到赎银的转变。但由于"例赎"和"律赎"都按照相同的比例折算成银并不能从根本上解决"律赎"过轻的问题，例如律钞杖一百赎钞六贯，折银不到一分，而例钞要折银一两。所以到嘉靖七年时，巡抚湖广都御史朱廷声提出"律赎"过轻，因此律钞和例钞应按照不同的比例折算成银：

"收赎与赎罪有异，在京与在外不同。钞贯止聚都下，钱法不行于南方。故事，审有力及命妇、军职正妻及例难的决者有赎罪例钞；老幼废疾及妇人余罪有收赎律钞。赎罪例钞，原定钱钞兼收。如笞一十，该钞二百贯，收钱三十五文，其钞一百贯，折银一钱。杖一百，该钞二千二百五十贯，收钱三百五十文，其钞一千二百五十贯，折银一两。今收赎律钞，笞一十，止赎六百文，比例钞折银不及一厘；杖一百，赎钞六贯，折银不及一分，似为太轻，盖律钞与例钞，贯数既不同，则折银亦当有异，请更定为则，凡收赎者，每钞一贯，折银一分二厘五毫，如笞一十，赎钞六百文，则折银七厘五毫，以罪轻重递加折收。"①

"律赎"和例赎的赎银折算比例有所调整，但"律赎"还是比"例赎"轻的多，但这种折算比率被奏准并被应用，在万历十三年，又再次申明，就成为固定的制度。② 并且在这一年修订的《大明律附例》中，把钱钞折换成银收赎的方式应用到明律中的所有收赎规定中："过失杀人：收赎钞三十三贯六百文，折银四钱二分；铜钱八千四百文，折银一十二两，共十二两四钱二分。"③ 在这之前，这种钱钞折换成银收赎的方式只适应于除过失杀人的收赎，而过失杀人"律赎"依然采用的钱钞二八分的比例收赎，所以说，此后已全部改为纳银的形式，这种折银赎罪的方式一直延续到清朝。

---

① 《明世宗实录》卷九六，嘉靖七年十二月辛巳条。

② 参见《明史》卷九十三，志第六十九《刑法》一："其老幼废及妇人及天文生馀罪收赎者，每笞一十应钞六百文，折收银七厘五毫。于是轻重适均，天下便之。至万历十三年，复申明焉，遂为定制。"第2296页。

③ 《大明律》所载：万历十三年舒化《大明律附例·附律例钱钞图》，怀效锋点校，法律出版社1998年版，第470页。

第三章
明代的“例赎”制度

明代的赎刑制度除了大明律规定的条款外，还大量存在于条例中，并且条例中的赎刑制度比明律中的制度更为灵活和多样，它经常会根据时代的发展不断地变化，对较为稳定的“律赎”起到一定调节和补充作用，即“例以辅律”。尤其是到明朝中叶，时代的发展使得原有的“律赎”越来越不能适应当时经济、政治和法制的发展需要，但“定律不可改”，于是不得不重视通过条例的制定以缓解“律赎”与现实的矛盾，即“律例并行”。到了明朝后期，宝钞严重贬值，经济、政治出现的危机更需要通过司法的渠道来调节和缓和矛盾，而形式灵活和对象广泛的例赎则正好适应了当时社会的需要，所以，条例中的赎刑制度由一时权宜之计逐渐发展为正规化、系统化的法律条文，并且法律效力不断提高，甚至出现了“以例破律”的现象。另外，从条例中的赎刑在整个明代赎刑中的地位看，“律赎”主要体现为对前代赎刑的继授，而条例中的赎刑制度则更能体现出明代赎刑所具有的独特性。本章重点研究明代条例中赎刑的起源、发展、内容以及特点。

条例中的赎刑以下通称为“例赎”，所谓“例赎”，即根据历代制定的条例规定以一定的钱、物或其他形式赎免罪囚所科之罪的刑罚。“例赎”主要针对“律赎”来说的。明代的法律形式有律、令、诰、例、诏，律是明代的基本法，较为稳定，“历代相承，无敢轻改”①。明代的条例是在宋代的条例、段例和元代的条格、断例基础上发展而来的。条例是对皇帝发布的或中央政府发布的单行法律的汇编，经过皇帝批准颁行天下。相对于律来说，条例具有相当的灵活性和针对性，成为处理同类案件的典范，日久天长，它们由一时的权宜之计，而变为通行天下的法律。关于例和律之间的关系，以及例在法制体系中作用，清代律学家王明德认为：“例者，丽也，明白显着，如日月之丽中天，令人晓然共见，各为共遵共守而莫敢违。又利也，法司奏之，公卿百执议之。一人令之，亿千万人凛之。一日行之，日就月将，遵循沿习而便之，故曰例。”② 他认为律与例之间的关系是：“律自律，例自例，其不容即合为一也有如此。若律中名例则本乎历代所增损，上以仰鉴百王，下以曲体众志，中以克准乎礼法所应然，其审视周祥，固已无微不及。”然而，“律中条例，虽云尽本故明所渐增，然与本定律之初，不知几经酌订终不能为之尽删而必因者，盖以条例所在，乃极人情之变，用补正律本条所未详，采择而并行之”，“深觉律非例，则不可以独行，而例非律，又无由以共著。”③可见，律与例之间既具有相对独立性又相辅相成，即“律非例不行，例无律不著。”既然例的作用是律所不能替代的和不可或缺的，所以，明代的历朝都注重通过编例具体实施律文的规定和弥补律文的没有具体论及的事例，以适应现实的变化。

明初已有条例，据《明史·刑法志》记载：“（洪武）二十二年，刑部曰：‘比年条例增损不一，以致断狱失当，请编类颁行，俾中外知所遵守。遂命翰林院同刑部官，取比年所增者，以类附入。”④

---

① ［清］张廷玉：《明史》卷九十三，志第六十九《刑法》一，中华书局1974年版，第2287页。

② ［清］王明德：《读律佩觿》卷二，“例”，何勤华等点校，法律出版社2000年版，第18页。

③ ［清］王明德：《读律佩觿》卷二，“例”，何勤华等点校，法律出版社2000年版，第18～19页。

④ ［清］张廷玉：《明史》卷九十三，志第六十九《刑法》一，中华书局1974年版，第2281页。

“（洪武）二十五年，刑部言，律条与条例不同者宜更定，太祖以条例特一时权宜，定律不可改，不从。”① 可见，明初的条例不但早已存在而且和律的规定存在规定不一致的现象，并且同律相比，明初的条例还不够系统和稳定，有时还会被全部废止。永乐年间的明成祖曾对条例的适用做了严格的限制：“成祖诏法司问囚，一依《大明律》拟议，无妄引榜文条例为深文。”② 仁宗、宣宗、英宗、景帝即位时都曾颁诏将前朝所定事例、条例革去。至成化年间，宪宗“又令谳囚者一依正律，尽革所有条例”。③ 并制定新的条例，辅律而行，至此以后，逐渐形成了《问刑条例》，而且逐渐被系统化、正规化，其法律效力也不断提升，其“立例以辅律，依律以定例”的立法指导思想已经形成，例在律中地位以及两者之间关系已经得到确认。其中主要有弘治《问刑条例》、嘉靖《重修问刑条例》和万历《问刑条例》。

为了直观和便于考察明朝各时代赎刑条例的具体内容，以时代的变迁为顺序列表如表 3－1 至表 3－12。

表 3－1　　洪武年间的赎刑条例

	洪武五年	洪武六年	洪武八年	洪武十二年	洪武十五年
洪武时期的赎例	杂犯死罪免死输作④	职官以俸赎罪例⑤	1. 杂犯死罪以下及官犯私罪者谪凤阳输作屯种赎罪例⑥ 2. 粮长纳铜赎罪例⑦	定徒、流、笞、杖代农民力役赎罪例⑧	笞、杖罪囚送滁州种苜蓿⑨

① ［清］张廷玉：《明史》卷九十三，志第六十九《刑法》一，中华书局 1974 年版，第 2284 页。

② ［清］张廷玉：《明史》卷九十三，志第六十九《刑法》一，中华书局 1974 年版，第 2286 页。

③ ［清］张廷玉：《明史》卷九十三，志第六十九《刑法》一，中华书局 1974 年版，第 2286 页。

④ 《明太祖实录》卷七六，洪武五年九月戊子。“令杂犯死罪可矜者免死发临濠输作。”

⑤ ［明］王圻：《续文献通考》卷一百三十九，《刑考·赎刑》考四零四三：“以工部尚书王肃坐法当笞，太祖特为屈法许得以俸赎罪，遂著为令，后三十二年奏准，凡应罚官员月俸计十分为率，追罚一分入官，每俸一石，罚钞一百文。”

⑥ ［明］王圻：《续文献通考》卷一百三十九，《刑考·赎刑》：“每笞二十、杖一十，准役十日；徒流各计年准之；杂犯死罪罚戍边。”考四零四三。

⑦ 《明太祖实录》卷一零二，洪武八年十二癸巳。

⑧ ［明］王圻：《续文献通考》卷一百三十九，《刑考·赎刑》，考四零四三。

⑨ 《明太祖实录》卷一四三，洪武十五年闰二月甲辰。“上谓刑官曰：五刑，惟笞杖罪轻，然或肌肤伤残，因而致死，朕甚恻焉，自令犯者送滁州种苜蓿，笞十者十日，杖十者二十日，满日释放。”

续表

洪武时期的赎例	洪武十六年	洪武二十三年	洪武二十四年	洪武二十五年	洪武二十六年
	徒、流、笞、杖罪囚代农民力役[1]	殊死以下囚运粟北边自赎例[2]	在京杖罪囚充役[3]	令死囚输粟塞下[4]	官员贪赃改为杂犯死罪许赎[5]
	洪武二十九年	洪武三十年	洪武三十五年		
	吏民有犯流罪者甓京师城墙各一尺[6]	定官吏赎罪事例[7]	杂犯死罪以下输米赎罪[8]		

① 《明太祖实录》卷一五一，洪武十六春正月丁卯。"命刑部凡十恶真犯死罪者处决如律，余徒流笞杖者令代农民力役以赎其罪，在京犯者役十日、准笞二十，杖十徒流各计年准之，杂犯死罪者罚戍边，在外犯笞杖者就决，徒流死罪送京师详谳。"

② ［明］王圻：《续文献通考》卷一百三十九，《刑考·赎刑》（考四零四三）："二十五年复有此令，至三十年更定运米例：死罪一百石，徒流递减，力不及者，死罪自备米三十石，徒流罪十五石，俱赴甘州地方上纳，就彼充军。"另见《大明会典》卷一七六，刑部十八《五刑赎罪》载："洪武二十三年，令罪囚运米赎罪，除十恶并杀人者论死，余死罪运米北边。力不及者，或二人并力运纳。"第2430页。

③ 《明太祖实录》卷二零八，洪武二十四年夏四月戊寅载"刑部尚书杨靖奏：在京诸司应用皂隶，以民充之，恒不及数，宜将罪稍轻者罚役，少舒民力且以惩创犯者，可其奏命以杖罪者充役一年，满日释之。"

④ 《明太祖实录》卷二一五，洪武二十五年正月辛丑："宥死囚输粟于边，上谓刑官曰：先王法天道以修政令，朕为恻然，……若候时处决死者必多，……令（死囚）还乡里备赀输粟北边赎罪。于是重囚得宥死者，凡四百四十八人。"

⑤ 《诸司职掌》《刑部·杂犯死罪》，参见杨一凡的《中国珍稀法律典籍续编》第三册，黑龙江人民出版社2002年版，第289页。

⑥ 《明太祖实录》卷二四五，洪武二十九年三月庚午。

⑦ 《续文献通考》卷一三九，《刑考·赎刑》："凡内外官吏犯笞、杖者记过，徒、流、迁徙者俸赎之，三犯罪之如律。自是律与例互有异同，及颁行大明律御制序，杂犯死罪、徒、流、迁徙等刑，悉视今定赎罪条例科断，于是例辅律而行。"《明太祖实录》卷二五三，洪武三一年五月甲寅载："凡内外官吏犯笞、杖者记过，徒、流、迁徙以俸赎之，三犯罪之如律。杂犯死罪者自备车牛运米输边，本身就彼充军，民有犯徒流迁徙者发充递运水夫。凡运米赎罪者甘肃车一辆牛四头米十石山丹加一石，永昌加二石，西凉加三石。云南曲靖、普安如西凉之数。"另见《大明会典》卷一七六，刑部十八《五刑赎罪》载："（洪武）三十年，令罪囚运米赎罪，死罪一百石，徒流递减。其力不及者，死罪自备米三十石，徒流罪十五石，俱运赴甘州威虏地方上纳，就彼充军。"第2430页。

⑧ 《明太宗实录》卷十一，洪武三十五年八月丙寅。以北平军饷不继，令狱囚输米赎罪："除十恶、人命、强盗及笞罪不赎外，其杂犯死罪输米六十石，流罪三等俱四十石，徒罪一年十石，一年半十三石，二年十六石，二年半二十石，三年二十五石，杖罪五等：六十者四石，七十以上每等加五斗，输毕释之。"

"考洪武朝，官吏军民犯罪听赎者，大抵罚役之令居多，如发凤阳屯种、滁州种苜蓿、代农民力役、运米输边赎罪之类，俱不用钞纳也。"①

表 3-2　　永乐年间的赎刑条例

永乐二年	永乐三年	永乐十一年	永乐十七年
流发充恩军者劳役赎罪②	永乐三年七月定京仓纳米赎罪之例。令官民杂犯死罪以下量增赎罪米。③	1.（永乐）十一年五月，定赎钞例。④ 2. 令罪囚运米赎罪。⑤	永乐十七年六月诏杂犯死罪以下运砖赎罪。⑥

永乐年间的赎刑兼有劳役和运米两种方式，起承上启下的作用。并且根据粮仓的远近确定纳米的数量，为以后纳米赎罪的制定奠定了基础。

---

① ［清］沈家本：《历代刑法考》刑法分考十六"赎"，中华书局1985年版，第466页。

② "奏准徒流发充恩军者与长安左右门，造守卫官军饭食于汉赵二府牧马，不充军者充国子监膳夫，将军军伴土工，或于北京为民种田，遵化炒铁或自买船递运，或摆站、运盐，笞杖罪只铸钱准工"（《明会典》卷一百七十六，刑部十八《拘役囚人》）。

③ 《明太宗实录》卷四四，永乐三年三月壬寅："官民杂犯死罪以下，旧令于北京纳米赎罪，令议莫若令增其米，杂犯死罪纳米百一十石，流罪三等八十石，加役者九十石；徒罪三年六十石，二年半五十石，二年并迁徙者四十五石，一年半三十五石，一年三十石；杖罪九十、一百俱二十五石，六十至八十，二十石；笞罪十石。听于京仓赎纳。"另据《续文献通考》系于七月载："先是，帝以北平军饷不继，令狱囚输米赎罪，兼省馈运之劳。杂犯死罪六十石，徒流递减，输毕释之。"由于听于京仓上纳，免赴北京，所以，比先前杂犯死罪六十石增加米石数（《续文献通考》卷一百三十九，《刑考·赎刑》，考四零四三）。

④ 《续文献通考》卷一三九，《刑考·赎刑》（考四零四三）。"除公罪，以例纪录收赎及死罪情重者以律处治，其情轻者，斩罪八千贯，绞罪及榜例死罪六千贯，流、徒、杖、笞纳钞有差。无力者发天寿山种树。"

⑤ 《明会典》卷一七六，刑部十八，《五刑赎罪》，"流罪赎罪四十石，徒罪三年三十五石，余四徒减五十，杖罪十石，笞罪五石，俱于北京官仓给粮。自备车牛，运赴怀来上纳"。

⑥ "至是，法司言永乐中官吏犯笞杖徒流死罪罚运砖，毕日各还职役，军民省役宁家，是盖一时权宜，今宜有差等。帝令群臣会议，凡杂犯死罪以下有力者俱依永乐中例，如官吏犯赃死罪及徒流罪者仍发北京地方为民"（《续文献通考》卷一三九，《刑考·赎刑》刑五，考四零四四）。

表 3－3　　宣德年间的赎刑条例

宣德元年	宣德二年	宣德三年	宣德四年	宣德五年	宣德六年
1. 宣宗宣德元年正月诏赦死罪以下运粮宣府自赎①	1. 定有力罪囚赎钞，无力发天寿山种树例。②	1. 宣德三年三月，定陕西西安府纳米赎罪例。③	1. （宣德）四年正月分定南北纳米赎罪例：④	令在外罪囚赎罪，除真犯外，文武官员犯赃罪者送京师如律处治。军职犯死罪者，纳米赎罪，送京师调卫。非赃罪则不分轻重，俱纳米还职役。⑤	（宣德）六年七月，定四川纳米赎罪例。八月定万全诸卫纳米赎罪例。⑥

① ［清］沈家本《历代刑法考》刑法分考十六“赎”四七零页，引自《宣宗纪》并见《续文献通考》卷一三九，《刑考·赎刑》。《明宣宗实录》卷十三，宣宗元年正月癸丑“今岁事肇新春生伊始，见闻罪囚应从宽宥，除谋反、大逆谋叛子孙谋杀及殴骂祖父母、父母妻妾殴杀夫奴婢杀主，谋故及斗殴杀人蛊毒魇魅毒药杀人强盗窃盗三犯及真死罪轻重者不宥外，余皆宥罪，俾运粮赴宣府，其杂犯死罪自备粮食十五石运纳，文职官吏降用武职调卫，徒流迁徙罪运官粮十石，武官复职，文职官吏调用，杖罪运官粮五石各还职役，军民人等应运纳者，皆复役宁家，若吏典托故不赴京及在逃者，不分徒流杖罪运官粮三石，毕日皆发顺天府为民，官吏应笞罪及在外军囚、军伴、仪从、皂隶、人匠、厨役抵罪者俱免科复职役，若文职官吏犯赃者，不分轻重运粮完日，黜罢原籍为民”。

② “笞、杖罪囚，每一十赎钞二十贯。徒、流罪名，每徒一等折杖二十，三流并折杖百四十。其所罚钞，悉如笞杖所定。无力者发天寿山种树：死罪终身；徒流各按年限；杖，五百株；笞，一百株”（《明史》卷九十三，志第六十九《刑法》一，第 2294 页）。

③ “时以陕西去岷洮等卫路远，输粟延缓，敕法司加增米数，令于西安永丰仓上纳。于是死罪加至十六石，流以下皆递增之”（《续文献通考》卷一百三十九，《刑考·赎刑》，考四零四四）。

④ “令纳米赎罪者，北京法司并直隶河间等八府及河南、山东官吏军民人等俱于京仓。杂犯死罪五十石；流罪比死罪减十石；徒三年三十五石；以下四等递减五石；杖一百十石，以下四等递减一石；笞五十，五石，四十减一石，三十又减五斗，二十又减一石，一十又减五斗。南京法司及湖广、江西并南直隶太平等府州县官送北京，吏典军民人等俱于南京仓。浙江并直隶苏、松、常、镇四府及江北直隶凤阳等府州县官送北京，吏典军民人等俱于淮南仓。徐州于临清仓，俱以宣德二年纳米南京仓石数。其监守盗粮、兜揽货物与逃亡军囚、夫匠厨子等项及力不能纳米者，以律问断”。（《明会典》卷一七六，刑部十八《五刑赎罪》）；另据《续文献通考》系于正月载：“帝欲宽恤罪囚，令法司会议赎罪事例，于是御史顾佐等奏：南京水运良便，北京陆路颇难，请令北京法司云云。从之”（《续文献通考》卷一三九，《刑考·赎刑》考四零四四）。

⑤ ［明］李东阳等纂：《大明会典》卷一七六，刑部十八《五刑赎罪》，第 2431 页。

⑥ ［明］王圻：《续文献通考》卷一百三十九，《刑考·赎刑》，考四零四四。“时以四川松潘诸卫山路险远，粮饟难运，会川诸卫开矿需米，趱运不便，所司各请以属内罪囚纳米赎罪。于是部议，松潘去四川城千里，死罪二十石，流以下有差。会川去四川城道里倍于松潘，其米视松潘各减之，诏从其议。”从军都督府奏，“万全近边，粮饟为重，请令罪囚纳赎。部议有力纳米者，就近运赴独石等卫仓纳完，死罪十二石，流十石，徒八石，杖五石，笞三石。从之”。

续表

宣德元年	宣德二年	宣德三年	宣德四年	宣德五年	宣德六年
2. 四月更定运砖赎罪例。①	2. 南京法司罪囚入米赎罪例②	2. 五月更定纳米之例：令罪犯死罪以下官吏依例纳米，军匠力能纳者亦如之。若家远不能者，行原籍追纳，就彼官收贮。若非存留备操上工，递回纳米③	2. （宣德）四年二月，定陕西、宁夏诸卫加米赎罪例。旧例，宁夏犯罪者令于西安仓纳赎，时以宁夏仓无储偫，令于本处纳米，数准岷、洮二卫例加倍之。④		

① 《明宣宗实录》卷十六，宣德元年四月庚寅：“三法司言：永乐中官吏犯笞杖徒流死罪罚运砖，毕日各还职役，军民着意宁家是盖一时权宜，今宜有差等，上令群臣会议，至是，止议，凡杂犯死罪及徒流笞杖有力者，俱依永乐中所定运砖例，笞杖罪者官吏监生人材各还职役，闲吏送吏部制用，军职犯徒流罪者调卫，杂犯死罪者降用，文职官吏犯徒流并杂犯死罪俱拟原籍为民，军民人等俱著役宁家，若官吏犯受赃死罪并闲吏犯徒流罪者仍发北京地方为民，令如所议。”

② 《明会典》载是宣德二年，“令南京法司问拟监守自盗杂犯死罪以下，各自备米于南京仓上纳赎罪。死罪，官吏一百石，军民人等八十石；流罪六十石；徒三年、二年半递减十石，二年三十五石，一年半至杖九十递减五石；杖八十一十二石，七十、六十递减二石；笞五十，六石，四笞递减一石。”而《续文献通考》是载（宣德元年）：“七月令南京法司罪囚入米赎罪。”据《续文献通考》系于七月，按语云：“是时纳米者，赃罪得不死，徒流以下皆复用。不能纳者，虽笞杖，久系不释，往往致死。后以御史张纯言，贫人者罪轻者始免追系云”（《续文献通考》卷一三九，《刑考·赎刑》）。

③ ［明］李东阳等纂：《大明会典》卷一七六，刑部十八《五刑赎罪》，第2430页。另据《续文献通考》五月载“时刑部奏：军卒工匠纳米者多有逋逃负欠”，所以才定以上条例（《续文献通考》卷一三九，《刑考·赎刑》考四零四四）。

④ ［明］王圻：《续文献通考》卷一百三十九，《刑考·赎刑》，考四零四四。

续表

宣德元年	宣德二年	宣德三年	宣德四年	宣德五年	宣德六年
	3. 宣德二年七月，定岷州、洮州、河州、临洮纳米赎罪例。岷州、洮州二卫，死罪十石，流以下有差；河州、临洮二卫，死罪十三石，流以下有差。①		3. 更定犯赃官吏运砖后皆还职役例②		
	4. 定罪囚照旧力役赎罪例③		4. 六月甲午，罢文吏犯赃赎罪例。④		

① ［明］王圻：《续文献通考》卷一百三十九，《刑考·赎刑》，现代出版社1986年版，考四零四四。

② 《明宣宗实录》卷五三，宣德四年四月辛卯，监察御史王翱等奏："往年诸司官吏及公差之人害民蠹政，赃犯滋甚。切见今运砖之例，不问轻重罪名、工满皆还职役，是贪黩有财者幸免，廉洁无私者获罪，何以劝惩？盖无分别。谨陈愚见，伏乞圣裁，凡犯赃官吏，见运砖未完及自今有犯赃私者运砖之后，杂犯死罪，文职官吏原籍为民，军职调卫，应徒流者文职降用，吏典改拨，军官还职，其笞杖罪名与非赃罪者皆还职役，庶几贪者革心，廉者励节。"

③ 《明宣宗实录》卷二五，宣德二年二月已酉。都察院右都御史王彰等奏："先令笞杖罪囚每一十赎钞二千贯，刑部续奏：逃军逃匠等无钞追纳，上令官吏有犯赎钞余依旧决遣，以后犯者至如之，今官吏监生等犯笞杖罪多无钞赎，监侯文之臣睹先例，文武职官监生人材犯笞杖罪俱准工，毕日，军官还职，文官笞罪还职，杖罪降用，监生人材等役，吏典犯笞罪准工，毕日，还役，凡杖罪者，惟因人连累读误依律决断还役，其受赃考满不给由，丁忧不起复，岁暮多余不赴部，避徒逃远及诈称疾病俱依永乐年间例，发北京附近州县为民种田，北京人发口外为民。请仍依此决遣，从之。"

④ 《明史·本纪》卷九，本纪第九，宣宗《明宣宗实录》卷五五，宣宗四年六月甲午："命法司文职官有犯赃罪者俱依律科断。先是，监察御史言：比年因营建宫殿，官吏有犯，不问轻重，皆令运砖赎罪，复其职役。其间犯赃者，若既令复职役，是明启贪污之路，谁复为善。如使犯赃罪律应死者，运砖毕，罢为民，徒流者官降用，吏改拨重历，非犯赃及笞杖者还职役，如是，庶有所劝惩而人思勉于善。……上曰：例者，所以权一时之宜，岂可常行，若久行之，使贪污者益肆其志，廉公者无所激励，其可乎？今后文职官吏犯赃罪俱依律。"

表 3－4　　正统年间的赎刑条例

正统元年	正统三年	正统六年	正统九年	正统十四年
1. 英宗正统元年二月，令杂犯死罪纳赎未完又犯死罪者，决杖一百，再收赎钞三十六贯，仍照先犯原拟发落，二犯奏请区处。① 2. 英宗正统元年九月，定兰州等处纳米赎罪例。先是，镇守陕西都御史陈镒、巡抚山西、河南侍郎于谦俱奏纳米麦豆赎罪。至是，部议兰县仓死罪三十石，流以下有差。黄河迤北庄浪等处宜稍减，死罪二十石，流以下有差。帝从之。②	1.（正统）三年八月，以陕西饥，令杂犯死罪以下输银赎罪，送边吏易米赈之。户部议定例，死罪纳银三十六两，三流二十四两，徒五等视流递减三两，杖一百者六两，九十以下及笞五等俱递减五钱。 2. 十一月，以大兴、宛平二县缺粮赈济，命罪囚纳米赎罪，死罪七十石，流罪五十五石，徒罪五等各以五石递减，杖每一十二石，笞每一十一十五斗。③	（正统）六年十二月，命广西吏典知印承差有犯赃罪者，免其解京运砖，就发昭平等递运所摆运，死罪五年，流罪四年，徒各照年限，笞杖纳米，完日疏放。④	正统九年十二月定纳草赎罪例：户部言民间刍草岁用不给，请令法司囚犯以四分为率，二分仍旧运砖运粮，二分输草，二死罪纳草一千八百束，三流并徒三年一千四百束，徒二年半以下依次递减从之。⑤	1. 令陕西西安、庆阳、延安等卫府官吏舍人所犯，不系赃罪笞、杖、徒、流，及军民人等，犯该笞杖，不该立功者，定拨各堡纳草。⑥ 2. 定通州运米赎罪例。⑦

① ［明］王圻：《续文献通考》卷一百三十九，《刑考·赎刑》，考四零四四页。

② ［明］王圻：《续文献通考》卷一百三十九，《刑考·赎刑》，考四零四四页。

③ ［明］王圻：《续文献通考》卷一百三十九，《刑考·赎刑》，考四零四四页。

④ ［明］王圻：《续文献通考》卷一百三十九，《刑考·赎刑》，考四零四四页。

⑤ ［明］王圻：《续文献通考》卷一百三十九，《刑考·赎刑》，考四零四四页；《明英宗实录》卷一二四，正统九年十二月庚戌；又见《明会典》：“前同，徒二年半，一千二百束。徒二年，一千束。徒一年半，八百束。徒一年者，六百束。笞杖者，每一十，四十束。每束重一十五斤”（《大明会典》卷之二十五，户部十二，《草料》，新文丰出版公司（中华台北）1976 年版，第 460 页）。

⑥ ［明］李东阳等纂：《大明会典》卷之二十五，户部十二，《草料》，新文丰出版公司（中华台北）1976 年版，第 460 页。

⑦ ［明］李东阳等纂：《大明会典》卷一七六，刑部十八《五刑赎罪》载：“令通州运米至京仓，杂犯死罪三百六十石；三流并杖一百徒三年者，二百八十石；余四等递减四十石；杖每一十，八石；笞每一十，四石。通州运至居庸关、隆庆卫等仓，杂犯死罪九十石；三流并杖一百徒三年，七十石；余四等递减十石；杖每一十，二石；笞每一十，一石。”新文丰出版公司（中华台北）1976 年版，第 2431 页。

表 3－5　　景泰年间的赎刑条例

景泰元年	景泰二年	景泰三年	景泰四年
问拟笞杖罪囚，有力者纳钞，笞十，二百贯，每十以二百贯递加，至笞五十为千贯。杖六十，千八百贯，每十以三百贯递加，至杖百为三千贯。其官吏赃物，亦视今例折钞。	景帝景泰二年七月，定成都、重庆二府运米赎罪例。自成都府支米运赴播州者，杂犯死罪二十五石，三流以下递减，自重庆府运至贵州者，死罪一十八石，三流以下递减。①	1.（景泰）三年三月令法司罪囚于京仓运米赴宣府、宣德仓赎罪，杂犯死罪四十五石，三流并徒三年，三十五石；余四等递减五石；杖一百，十石；余四等递减一石。② 2. 景泰三年十一月，定直隶等处纳米赎罪例。先是，御史邹来学奏定，永平、山海等处有犯轻重罪名，俱于本处备粮赎罪，死罪九十石，三流并徒三年七十石，其余四等徒递减十石，杖罪每等二石，笞罪每等一石，至是，命保定、真定等处赎罪则例一如邹来学所奏行之。③	1.（景泰）四年四月，以直隶灾，又更定纳赎例。死罪六十石，流以下有差。④ 2. 四年正月，更定输作赎罪例。时刑科言法司论笞、杖罪遣运粮、运石、运灰等项，俱依笞、杖数多寡定所运物多寡，惟输作者不论多寡，五笞概输作三月，五杖概输作六月，轻重未当，比者刑部有司论杖罪而或令纳钞或令纳粮运石，轻重亦未尽惬，舆论章下，三法司议当输赎者，笞罪纳钞，无力者输作，杂犯死罪及流徒杖罪运粮、运石，无力者煎盐炒铁输作，死罪，五年；流罪，四年；徒如本限；杖一百，六月；笞五十，三月；杖笞每降一等递减俱以半月为差。其在守卫操备官旗军校、例难的决者俱纳钞，无力者住俸输作，妇人坐诖误者，轻罪愿纳钞赎者，听俱从之。⑤

① ［明］王圻：《续文献通考》卷一百三十九，《刑考·赎刑》，考四零四四。

② ［明］李东阳等纂：《大明会典》卷一七六，刑部十八《五刑赎罪》，新文丰出版公司（中华台北）1976 年版，第 2431 页。

③ ［明］王圻：《续文献通考》卷一百三十九，《刑考·赎刑》，考四零四五。

④ ［明］王圻：《续文献通考》卷一百三十九，《刑考·赎刑》，考四零四五。

⑤ ［明］王圻：《续文献通考》卷一百三十九，《刑考·赎刑》，考四零四五。

表 3－6 景泰年间的赎刑条例

景泰五年	景泰六年	景泰七年
（景泰）五年五月命在京罪囚于通州运米赴宣化赎罪。斩绞四十石，流以下有差。①	1. 六年五月又以宣府道远难运，又令自备米运赴宣府，斩绞以下各减旧例之半，②令法司罪囚杖以上，自备米赴宣府上仓，绞斩罪二十石；三流并徒三年，十六石，徒二年半十三石五斗，徒二年十一石，一年半九石，一年六石五斗；杖每一十，四斗。 2. 又令在京法司并北直隶罪囚运米沿边赎罪，杂犯死罪九十石；三流并徒三年七十石，俱减二十石，杖九十徒二年半，六十石，减十五石；杖七十徒一年半，四十石；杖六十徒一年半，三十石，俱减十石；杖罪每一十，二石，减作一石五斗，笞罪不减。③	（景泰）七年三月，以山东诸省灾，令输赎者暂抵以麦豆。④

表 3－7 天顺年间赎刑条例

天顺五年	
英宗天顺五年二月命法司详定运砖运炭等例：官员与有力之人照例运砖运炭等物，每笞一十，运灰一千二百斤，砖七十个，碎砖两千八百斤，水和炭二百斤，石一千二百斤，余四笞五杖各递加之；徒一年运灰一万二千斤，砖六百个，碎砖两万四千斤，水和炭一千七百斤，石一万二千斤，余四徒三流各递加之；杂犯二死各运灰六万四千二百斤，砖三千二百个，碎砖一十二万八千斤，水和炭九千斤，石六万四千二百斤。⑤	令罪囚纳钞：每笞十，钞二百贯，余四笞，递加百五十贯；至杖六十，增为千四百五十贯，余杖各递加二百贯。⑥

① ［明］王圻：《续文献通考》卷一百三十九，《刑考·赎刑》，考四零四五。
② ［明］王圻：《续文献通考》卷一百三十九，《刑考·赎刑》，考四零四五。
③ ［明］李东阳等纂：《大明会典》卷一七六，刑部十八《五刑赎罪》，第 2432 页。
④ ［明］王圻：《续文献通考》卷一百三十九，《刑考·赎刑》，考四零四五。
⑤ ［明］王圻：《续文献通考》卷一百三十九，《刑考·赎刑》，考四零四五。与明会典所载同。
⑥ ［清］张廷玉：《明史》卷九十三，志第六十九《刑法》一，中华书局 1974 年版，第 2294 页。

表 3－8 成化年间的赎刑条例

成化二年	成化十四年
1. 宪宗成化二年令罪囚纳马赎罪：徒二年与二年半者纳马一匹，徒三年与流罪二匹，死罪三匹，余银不及市马一匹者送兵部会太仆寺收积。① 2. 令罪囚纳豆赎罪，死罪五十石，流以下有差。② 3. 三月定妇人犯法赎罪例：时广东按察司奏妇人犯笞杖并徒罪者例俱的决，但所犯多缘连累，甚为可怜，乞以纳钞事例为便，法司议，自后所犯奸盗、不孝并审无力与乐妇的决，余悉纳赎。③妇人犯徒、流除奸盗不孝与乐妇外，若审有力并决杖亦得纳钞赎罪。例每杖十，折银一钱为率，至杖一百，折银一两止。 4. 重定陕西纳草赎罪则例。④	令辽东二十五卫囚犯纳草赎罪，除笞杖并真犯死罪及例该充军等项并无力外，其余杂犯死罪，纳草三百五十束，徒三年纳草二百五十束，徒二年纳草二百束，徒一年纳草一百五十束，杖罪每一十纳草十束。⑤

表 3－9 弘治年间的赎刑条例

弘治四年	弘治十四年
令法司徒杖罪囚仍照旧例，不分军民人等但审有力，犯该杖六十徒一年，纳米十五石，余四徒递加五石。⑥	定折收银钱之制：例难的决人犯并妇人有力者，每杖百，应钞二千二百五十贯、折银一两，每十以二百贯递减，至杖六十为银六钱。笞五十，应减为钞八百贯，折银五钱，每十以百五十贯递减；至笞二十为银二钱；笞十应钞二百贯，折银一钱。如收铜钱，每银一两折七百文。其依律赎钞，除过失杀人外，亦视此数折收。⑦

① ［明］王圻：《续文献通考》卷一百三十九，《刑考·赎刑》，考四零四五页。又见《明会典》："令在京文武官吏军民人等犯该徒流等罪有力者，送兵部估算运灰脚价纳马"（《大明会典》卷一七六，刑部十八《五刑赎罪》，第 2432 页）。

② ［明］王圻：《续文献通考》卷一百三十九，《刑考·赎刑》，考四零四五。另见巡抚左践都御史奏："独石急缺料豆，诸如先年赎徒法将杂犯死罪一体定例纳豆，其法：死罪五十石，三流三十五石，徒三年三十石，二年半二十五石，二年二十石，一年半十五石，一年一十石，杖一百者六石，九十者五石五斗，八十者五石，七十者四石五斗，六十者四石，笞五十者三石五斗，四十者三石，三十者二石五斗，二十者二石，一十者一石五斗，户部覆奏从之。"《明宪宗实录》卷二七，成化二年三月庚午。

③ ［明］李东阳等纂：《续文献通考》卷一百三十九，《刑考·赎刑》，考四零四五页。"除妇人余囚徒流皆决杖不赎，从弘治十三年，许乐户徒杖笞罪亦不的决云。"

④ "杂犯死罪一千束，三流五百束，五徒自四百束递减五十止二百束，俱送右副都御史陈价定揆、营分上纳，以花马池等处宿兵，故也"（《明宪宗实录》卷二七，成化二年三月巳末）。

⑤ ［明］李东阳等纂：《大明会典》卷之二十五，户部十二，《草料》，第 460 页。

⑥ ［明］李东阳等纂：《大明会典》卷一七六，刑部十八《五刑赎罪》，第 2431 页。

⑦ ［清］张廷玉：《明史》卷九十三，志第六十九《刑法》一，中华书局 1974 年版，第 2295 页。

表 3－10　　正德年间的赎刑条例

正德二年	正德七年
1. 定钱钞兼收之制。如杖一百，应钞二千二百五十贯，收钞千一百二十五贯，钱三百五十文。① 2. 议准罪人例，该纳米者每石折谷一石五斗，收预备仓备赈。②	令在外罪囚纸劄，二分纳纸，八分纳米谷，上仓备赈，不许折收银两。③

表 3－11　　嘉靖年间赎刑条例

嘉靖四年	嘉靖五年	嘉靖七年
奏准：陕西各边及近边军职犯罪，准徒立功，未经起解及已到配所者，俱许令纳米或折纳杂粮上仓赎罪，完日还职，仍于原卫所带俸差操。每徒半年，纳米一十石，折杂粮一十五石。其未到配所者亦照前数递减。④	奏准：大同、宣府、榆林、山西等处及宁夏等处，凡问军职立功，未经起解及已到配所愿纳赎者，照四年例折纳杂粮或折银，完日回卫所住，待年限满日带俸。若本镇钱粮不乏，有犯者仍令立功，不准赎。⑤	更定钱钞折银比率：凡收赎者，每钞一贯，折银一分二厘五毫，如笞一十，赎钞六百文，则折银七厘五毫，以罪轻重递加折收赎。⑥

① ［清］张廷玉：《明史》卷九十三，志第六十九《刑法》一，中华书局 1974 年版，第 2295 页。

② ［明］李东阳等纂：《大明会典》卷一七六，刑部十八《五刑赎罪》，第 2431 页。

③ ［明］李东阳等纂：《大明会典》卷一七六，刑部十八《五刑赎罪》，第 2431 页。

④ ［明］李东阳等纂：《大明会典》卷一七六，刑部十八《五刑赎罪》，第 2432 页。

⑤ ［明］李东阳等纂：《大明会典》卷一七六，刑部十八《五刑赎罪》，第 2432 页。

⑥ ［明］王圻：《续文献通考》卷一百三十九，《刑考·赎刑》，考四零四五～四零四六。与《明史·刑法志》记载同。

表 3 - 12　　嘉靖七年重修后的赎刑条例

嘉靖七年（重修条例，奏定赎例）① 在京				
做工：	运囚粮	运灰	运砖	运水和炭
每笞一十，做工一月，折银三钱。至徒五年，折银十八两。	每笞一十，米五斗，折银二钱五分。至徒五年，五十石，折银二十五两。	每笞一十，一千二百斤，折银一两二钱六分。至徒五年，六万斤，折银六十三两。	每笞一十，七十个，折银九钱一分。至徒五年，三千个，折银三十九两。	每笞一十，二百斤，折银四钱。至徒五年，八千五百斤，折银十七两。
在外				
有力（颇有力）				稍有力（次有力）
1. 视在京运囚粮每米五斗，纳谷一石。初折银上库，后折谷上仓。 2. 妇人审有力，与命妇、军职正妻，及例难的决之人，赎罪应钱钞兼收者，笞、杖每一十，折收银一钱。其老幼废疾及天文生余罪收赎者，每笞一十，应钞六百文，折收银七厘五毫。				视在京做工年月为折赎

注：弘治十三年《问刑条例》、嘉靖二十九年《重修问刑条例》以及《万历问刑条例》中所载赎罪条款将在附录中一一列出，在此不再赘述罗列。

第一节

明代“例赎”适用的对象

明代“例赎”的适用对象同“律赎”相比，范围较大。“律赎”中适用对象仅限于官员、老幼废疾、妇人、天文生等特殊主体，而例赎中的适用对象到后来几乎扩大到所有群体。具体发展过程表现为，洪武时期的例赎适用对象的限制相对还是较严，因为这一时期的例赎主要体现为罚役，并且多为临时性规定，并未在全国普遍性适用，所以在适用对象上还是以律赎的规定为主，只是在被科断后临时代民力

① ［清］张廷玉：《明史》卷九十三，志第六十九《刑法》一，中华书局 1974 年版，第 2295 ~ 2296 页。

役、笞杖罪囚送滁州种苜蓿、令死囚输粟塞下等，其余都是对官吏、粮长等特殊群体罚俸和赎铜的赎罪规定。在洪武间可考的赎例中，除在洪武二十九年的《明太祖实录》中记载令“吏民有犯流罪者甓京师城墙各一尺”的罚役赎罪中有“吏民”的规定外，其他不是没有明确的条文规定“例赎”的具体适用对象，就是规定的都是有关官吏的“例赎”规定，如职官以俸赎罪例、官犯私罪者谪风阳输作屯种赎罪例、粮长纳铜赎罪例、官员贪赃改为杂犯死罪许赎例、定官吏赎罪事例。这和律赎中的适用对象是一致的，只是在适应刑种方面有所扩展，扩展到杂犯死罪。没有明文规定适用对象的赎例是否都可以罚役赎罪？关于这一点，虽未明文可考，但据推测，由于明初的赎例，只是临时性规定，法律效力有限，要求也较为严格，尤其像代民力役、谪风阳输作屯种、甓京师城墙等赎例，根本不可能在全国推广适用，即使这一部分所规定适用所有身份、职业的群体，也不能体现赎刑适用对象的拓宽，直至洪武三十年时，大明律修成，太祖亲自作序：“杂犯死罪并徒流迁徙笞杖等刑，悉照今定赎罪条例科断。编写成书，刊布中外，使臣民知所遵守。”[①] 这样就提升了赎罪条例的适用范围和法律效力，到后来树立的适用对象扩大到几乎所有的人群。永乐三年七月定京仓纳米赎罪之例中的适用对象是所有“官民”；宣德二年“南京法司问拟监守自盗杂犯死罪以下，各自备米于南京仓上纳赎罪例”规定：死罪，官吏一百石，军民人等八十石；宣德三年五月“更定纳米之例”的适用对象是死罪以下官吏和军匠力能纳者；宣德四年“令纳米赎罪例”中适用对象是官吏军民人等；宣德五年，“令在外罪囚赎罪”例规定的是军职犯死罪者纳米赎罪的规定；正统六年，“命广西吏典知印承差有犯赃罪者，免其解京运砖，就发昭平等递运所摆运”的规定；正统十四年“令陕西西安、庆阳、延安等卫府官吏舍人所犯不系赃罪，笞、杖、徒、流及军民人等犯，该笞杖不该立功者，定拨各堡纳草”；成化二年三月定妇人犯法赎罪例；弘治四年“令法司徒杖罪囚仍照旧例，不分军民人等”。其余所有在弘治十三年之前可考的赎例适用对象皆无明文限制。到弘治十三

① 《大明律·御制大明律序》卷首，怀效锋点校，法律出版社 1998 年版。

年《问刑条例》中所载例赎的适用对象已涉及“军、民诸色人役、舍余、文武官吏、监生、生员、冠带官、知印、承差、阴阳生、医生、老人、舍人，军职（总小旗、千百户、指挥官），内官、内使、小火者、阍者，皇陵户、黄陵卫军、旗守卫军、守卫上直操备官旗舍余、将军校尉、勇士力士、运粮驾送皇马快船官旗，僧道官，两京孝陵、长陵等陵祠祭署奉祀祀丞、太常寺典薄、神乐观提点、协律郎、赞礼郎、司乐等官、乐舞生”等人群。嘉庆二十九年的《重修问刑条例》和万历十三年的《问刑条例》中所载赎例的适用对象规定更为详细，涉及人群更为广泛，还涉及养牲官军、养像军奴、沿边沿海旗军舍余、内府匠作、在京军民各色匠役、两京工部各色作头、太常寺厨役、乐户等人群的赎罪条例，并且对律赎中的“天文生，钦定监官、妇人老幼废疾”等适用对象做了补充规定。从明代“入户以籍为定”的制度来看，明代的军、民、驿、灶、医、卜、工、乐等诸色人户，赎例中几乎都有涉及，可见，明代的“例赎”与“律赎”的适用对象有很大不同，这一不同也体现出明代的赎刑与以往历朝历代赎刑的区别，显示出明代赎刑独特特征。

当然，为什么“例赎”在适用对象上会和“律赎”及其他朝代的赎刑有较大出入，主要是因为：

首先，明代的“例赎”原则与目标已和“律赎”及以往的赎刑有很大不同，“例赎”因时而定，明代的“律赎”继受了前代赎刑的原则，体现为对特殊身份人群的保护，如对官吏身份地位的保护，对老幼废疾人群的体恤，体现了“明德慎罚”的立法精神。但“例赎”作为“律赎”的必要补充，它的出现一开始就体现出了同“律赎”不同的特性。“律赎”具有普遍性，稳定性，而“例赎”具有因时因地的灵活性和变通性；“律赎”讲究原则性，“例赎”侧重现实有效性和实用性；“律赎”侧重从政治制度层面维护统治阶级的地位和利益，而“例赎”更侧重于从经济利益角度来维护统治阶级的统治，必然就会逐渐淡化赎刑对人的身份地位的保护，适用对象会扩展到所有的群体，这样就会解决更多的现实问题。

其次，明初的“例赎”常为罚役，后来一直存在的输作、屯田、运米、运炭、运灰、运砖等赎刑方式，同前代赎刑单纯赎铜或钱相比较，这种赎刑方式并不能体现出更多的优越性，有时甚至比原替代刑罚方式笞、杖、徒、流等更为辛苦，如杂犯死罪虽可以免死，但多要劳役终身，笞、杖、徒、流者有时需要自备车牛运米，而运米地点都为道路崎岖、偏远的戍边或缺粮的偏僻地带。而后来的纳米、纳钱和折银等方式，虽然有所改善，但金额和数量往往较“律赎”高得多，所以，通过“例赎”实现对某些特殊群体的保护已经不可能，而且也没有必要，因为“律赎”可以实现这一功能。

另外，“例赎”还可以通过具体规定来进一步维护官吏的特殊地位，如洪武六年正月，“工部尚书王肃坐法当笞，太祖曰：‘六卿贵重，不宜以细故辱。’命以俸赎罪”。① 这是明代官吏以俸赎罪的开端，以后各朝都有俸赎之例，在当时普遍实施以役罚赎的形式下，允许官吏以俸赎罪，这无疑体现了对统治阶级身份特权的维护，并且官吏犯笞、杖、徒、流以至于杂犯死罪也都可以以俸赎罪，突破了“律赎”中对官吏只准赎笞、杖公罪的严格限制。另洪武八年十二月，“定粮长纳铜赎罪例”②，也体现出了对粮长特殊身份的保护。所以例赎中扩大赎刑的对象并且把官吏和军民同等对待是出于例赎解决现实问题考虑的，有其存在的必然性。

第二节

明代“例赎”适用的刑罚

“例赎”适用刑罚同“律赎”相比，范围也不断扩大。“律赎”中适用的最高刑种是犯流罪以下，而“例赎”可扩展到杂犯死罪。早在洪武五年就有“杂犯死罪免死输作”的记载，这是首个死罪许赎的赎例。洪武八年有“杂犯死罪以下及官犯私罪者谪凤阳输作屯种赎罪例”；洪武二十三年有“殊死以下囚运粟北边自赎例”；洪武

① ［清］张廷玉：《明史》卷九十五，志第七十一《刑法》三，中华书局1974年版，第2329页。
② 《明太祖实录》卷一零二，洪武八年十二月癸巳。

二十五年有“令死囚输粟塞下”的赎例；洪武二十六年有“官员贪赃改为杂犯死罪许赎”的赎例。洪武三十年定“官吏赎罪事例”，洪武三十五年八月定“杂犯死罪以下纳米赎罪”例。并且，太祖曾“自洪武中年已三下令，准赎及杂犯死罪以下矣”。[①] 这些赎罪条例都把“例赎”的适用范围扩大到杂犯死罪，对于“律赎”来说是个突破。特别洪武二十六年的“官员贪赃改为杂犯死罪许赎”例，不但改变了律赎中职官犯罪仅限于笞、杖的严格限制，把官吏的赎刑范围扩大到杂犯死罪，而且还扩大了杂犯死罪的范围，把《大明律》中原属真犯、不准赎免官员“受枉法不枉法赃”罪改为杂犯死罪，从而得以赎免。洪武三十年的“官吏赎罪事例”，进一步明确了官吏杂犯死罪许赎规定：“凡内外官吏犯笞、杖者记过，徒、流、迁徙以俸赎之，三犯罪之如律。杂犯死罪者自备车牛运米输边，本身就彼充军，民有犯徒流迁徙者发充递运水夫。凡运米赎罪者甘肃车一辆牛四头米十石山丹加一石，永昌加二石，西凉加三石。云南曲靖、普安如西凉之数。”[②] 可见，在此规定中，对于官吏犯，徒、流、迁徙适用于罚俸赎罪，杂犯死罪适用于运米充军赎罪。对此，王圻在《续文献通考》中有详细评论：

“旧律：公罪应笞者，官照等收赎钱，吏每季类决之，各还职，役不记过，杖以上记所犯罪名，每岁类送礼兵两部候，九年满考，通记所犯次数，黜陟之吏典亦备铨选降叙。至于私罪，文官及吏典犯笞四十以下者，附近还职而不赎，笞五十者调用，军官杖以上皆的决，文官及吏杖罪并罢职不叙，至严也。至是，命部院议，凡内外官吏犯笞、杖者记过，徒、流、迁徙者俸赎之，三犯罪之如律。自是律与例互有异同，及颁行大明律御制序，杂犯死罪、徒、流、迁徙等刑，悉

① ［清］张廷玉：《明史》卷九十三，志第六十九《刑法》一，中华书局1974年版，第2293页。三下令：洪武“二十三年十二月癸亥，谕刑部尚书杨靖等曰：‘自今惟犯十恶及杀人者论死。其余死罪，节令输粟北边以自赎。力不给者，或二人、或三人并力输运，仍令还家备赀以行。’”《明史·太祖纪》二十五年正月，“辛丑，令死秋输粟塞下”。沈家本按：洪武时所准赎者杂犯死罪，其十恶及杀人者不在内。王圻《续文献通考》：洪武三十年六月谕问刑衙门，今后实犯死罪以下如罪，其杂犯死罪准徒收赎。

② 《明太祖实录》卷二五三，洪武三一年五月甲寅。

视今定赎罪条例科断，于是例辅律而行。”①

但是洪武三十年的赎罪条例规定杂犯死罪只适用于官吏，而对于民，仅犯徒、流、迁徙者才准罚役赎罪，到以后的赎例中，不但对官职人员赎例适用于杂犯死罪，对其他人员也适用。在洪武期间可考赎例中，除洪武十二年所定“徒、流、笞、杖代农民力役赎罪”例，洪武十五年所定“笞、杖罪囚送滁州种苜蓿”例，洪武十六年所定“徒、流、笞、杖罪囚代农民力役”例，洪武二十四年所定“在京杖罪囚充役”，洪武二十九年所定“吏民有犯流罪者甓京师城墙各一尺”例外，其所规定没有涉及杂犯死罪外，其他赎例都允许赎至杂犯死罪。而且在此后的诸朝代所有赎罪条例都列举了对杂犯死罪应赎的钱、钞、米或罚役的具体规定。如永乐三年七月定“京仓纳米赎罪之例”中“令官民杂犯死罪以下量增赎罪米，听于京仓上纳，免赴北京”；宣德元年正月“诏赦死罪以下运粮宣府自赎”；正统元年二月，“令杂犯死罪纳赎未完又犯死罪者，决杖一百，再收赎钞三十六贯，仍照先犯原拟发落”；景泰二年七月“定成都、重庆二府运米赎罪例”中规定“自成都府支米运赴播州者，杂犯死罪二十五石”；天顺五年二月“命法司详定运砖运炭等例”中规定“杂犯二死各运灰六万四千二百斤，砖三千二百个，碎砖一十二万八千斤，水和炭九千斤，石六万四千二百斤”；成化二年“令罪囚纳马赎罪”，“死罪三匹”；弘治十三年《问刑条例》、嘉庆二十九年的《重修问刑条例》和万历十三年的《问刑条例》中俱载有：“凡军民诸色人役及舍余审有力者，与文武官吏、监生生员、冠带官、知印承差、阴阳生、医生、老人、舍人，不分笞、杖、徒、流、杂犯死罪，俱令运灰、运炭、运砖、纳米、纳料等项赎罪。”所以，从以上可以看出，明代“例赎”中赎罪上至杂犯死罪，下至笞、杖罪都可以赎。

① ［明］王圻：《续文献通考》卷一百三十九，《刑考·赎刑》，考四零四三。

第三节

明代“例赎”适用的罪行和罪名

明代“例赎”中的限制性条款一般指“真犯死罪”，即凡属“真犯死罪”都不能赎，而真犯死罪之外的杂犯死罪和流、徒、笞、杖都可赎。所以说，明确“真犯死罪”和“杂犯死罪”分类标准并对两者所包括的罪名或罪行进行具体和明确的划分，是正确判断是否允许赦、赎、减免的重要依据和前提条件。“真犯死罪”是相对于“杂犯死罪”来说的，《唐律疏议》中曾对“真犯死罪”和“杂犯死罪”的区别做过较为概要的叙述：“其杂犯死罪，谓非上文十恶、故杀人、反逆缘坐、监守内奸、盗、略人、受财枉法中死罪者。”① 清人王明德在《读律佩觿》中也曾对“杂犯死罪”与“真犯死罪”的含义进行了较为具体的论述：“盖杂者，杂犯死罪，准徒五年，非真斩真绞也。杂，对真言，真犯死罪，自十恶而外，强盗、人命采生，拆割蛊毒魇魅诸项，凡为常赦所不原，即旧律内着以监侯，及立决者，皆是。”② 可见，“真犯死罪”指的是严重违反统治阶级的政权及统治阶级赖以维系的伦理道德的犯罪，这类犯罪为“常赦所不原”；而“杂犯死罪”则指某些影响不太严重的死罪，判刑后不是马上执行死刑，而要将犯人监禁起来，等候秋审、朝审时按具体情况再行处理，并可以减为流刑或当作五年徒刑以适用赎刑。虽然唐律中界定了“杂犯死罪”和“真犯死罪”的范围，然而较为概括，并且在具体死刑条款中，并没有明确注明是“真犯死罪”还是“杂犯死罪”，这样就为实际的判决带来很大的麻烦，尤其是到了明代，赎刑被广泛适用，哪些死罪可以赎，哪些不可以赎，急需明确“真犯死罪”和“杂犯死罪”的具体适用的罪行和罪名。明代通过不断颁布条例的方

---

① ［唐］长孙无忌等：《唐律疏议》卷二，中华书局1983年版。

② ［清］王明德：《读律配觿》卷二，杂，何勤华等点校，法律出版社2001年版，第27页。

式对“真犯死罪”和“杂犯死罪”进行界定，以期做到有法可依。为此，明代曾几次颁定、重修《真犯、杂犯死罪》条例，经洪武二十六年、洪武三十年的不断修订，到弘治十年进行了详定，后经嘉靖、万历年间完善后，其分类标准日渐清晰，内容逐渐丰富，后世即按此标准具体执行。正如《万历明会典》所云：“洪武间所定，真杂犯死罪并工役终身，及永乐间定迁发种田，与律不无异同。今问刑衙门俱遵依弘治十年所定，其嘉靖间奏定条例内斩、绞罪名，近又酌议奏准，俱附入本律下。”[①]“真犯死罪”的具体适用罪行和范围，历代有所不同，但总体趋势是在明初，真犯死罪在减少，杂犯死罪在扩大。洪武二十六年所定“真犯死罪”四十二条，而“杂死犯罪”十条，洪武三十年所定“决不待时”和“秋后处决”的“真犯死罪”共五十三条，而所定“杂犯死罪”工役终身四十条，到永乐年间所定“杂犯死罪”多达八十三条。但到了明朝中后期，真犯死罪越来越多，杂犯死罪越来越少。弘治十年奏定真犯死罪决不待时者，凌迟十二条，斩三十五条，绞十三条；真犯死罪秋后处决者，斩九十五条，绞七十五条。所定“真犯死罪”总数多达二百三十条，而“杂犯死罪”只有十一条。到清朝时期继续沿用明朝的赎罪区分标准：“国朝之律，沿自前明。顺治时律例内真正死罪凡二百三十九条，又杂犯绞三十六条”[②]。为了便于决定是否赎免，清代首次在律典死刑后明确注明是否为“杂犯死罪”，这对明代单列“杂犯死罪”和“真犯死罪”的做法无疑是一种进步。

真犯死罪和杂犯死罪虽然是明代区分是否能赎的标准，但是在明初，真犯死罪和禁止赎刑之间并非完全等同，也并非所有的杂犯死罪都能听赎，所以，为了进一步明确哪些死罪可赎，从洪武二十六年起，又先后将有关《大诰》条目列入《真、犯杂犯死罪》条例，以充实真、杂犯死罪的具体内容，在此基础上，又于洪武三十年颁《大明律》时，将载有关于准赎死罪和不准赎死罪规定的《钦定律诰》附于《大明律》后，并在卷首的《御制大明律序》中训诫臣民

① ［明］李东阳等纂：《大明会典》卷一七三，罪名一，第2397页。
② ［清］沈家本：寄簃文存历代刑法考（四），中华书局1985年版，第2024～2025页。

严格遵守："胜有天下，仿古为治，明礼以导民，定律以绳顽，刊着为令，行之已久，奈何犯者相继，由是出五刑酷法以治之，欲民畏而不犯，作大诰以昭示民间，使知所趋避，又有年矣。然法在有司，民不周知，特敕六部都察院官，将大诰内条目，撮其要略，附载于《律》，其递年一切榜文与禁例，尽行革去。今后法司只依《律》与《大诰》议罪。……杂犯死罪并徒、流、迁徙、笞、杖等刑悉照今定赎罪条例科断。"[①] 这样，在《钦定律诰》中就明确了所有准赎的和不准赎的罪行和罪名，律、诰、赎罪条例之间构成了较为系统的赎刑体系，再加上明确的杂犯死罪和真犯死罪规定，使法司科断赎例有章可循、有法可依。颁行于洪武三十年的《钦定律诰》共一百四十七条，具体内容包括"不准赎死罪律"一百零二条，具体内容包括：十恶，强盗；劫囚，强奸，诈伪；魇魅蛊毒；失误军机，朦胧启奏；拒捕伤人；诈传诏旨，变乱成法……；[②] 死囚令人自杀，若见招服罪，而囚之子孙为祖父母、父母，及奴婢雇工人为家长者；官司差人追征钱粮，勾摄公事，及捕获罪人，聚众中途打夺，因而伤人及杀人，聚至十人为首。《诰》十二条，具体内容为：朋奸欺罔；说事过钱，代人告状；诡名告状；戴刑肆贪，空引偷军；医人卖毒药，臣民依法为奸；妄立干办等名；阻当耄民赴京；秀才断指诽谤；寰中大夫不为君用。"准赎死罪共三十三条"：《律》九条，具体内容为：军官犯死罪不请旨论功上议；内府缴纳余剩金帛，擅将出外，官吏受赃过满；若家先穿陷，及未殡埋，开棺椁见尸；盗仓库钱粮；盗内府财物，诈称冤枉，借用印信封皮；递送逃军妻女出京城；冲入仪仗，并诉事不实。《诰》二十四条：逸夫；居处僭分；闲民同恶；官吏下乡；擅差职官；揽纳税粮；冒解罪人；庆节和买；关隘骗民，滥设吏卒；长解卖囚；官民有犯；鱼课扰民；钱钞贯文；路费则例；造作买办；市民为吏卒；经该不解物，阻挡乡民除恶；僧道不务祖风；有司不许听事；不对关防勘合；有司逼民奏保；交结安置人。[③]

---

① 《大明律·御制大明律序》卷首，怀效锋点校，法律出版社1998年版。
② 此部分死罪同明律条目，故略。
③ 参见杨一凡："洪武三十年《大明律》考"，《中国社会科学院研究生院学报》1981年第5期。

这些条款集中反映了明朝赎刑的特点，凡是危及封建皇权和统治秩序的罪名，像“谋逆”之类，不分实疑，无论刑种，均不得赎，而只要是没有触犯到封建专制统治的，无论是何疑实罪名、刑种，哪怕是“杀人”之类，应当适用死刑的也在可赎之列。一句话，当时的刑源的核心是罪名，而罪名的关键又在于其是否具有危及封建统治的内容。

第四节

明代“例赎”适用的时间和空间效力

“例赎”不同于“律赎”的一个重要特点就是因时因地而设，律得收赎是朱元璋制定，定律不可改，“群臣有稍议更改，即坐以变乱祖制之罪”①，因此具有普遍、稳定的法律效力；而例得纳赎则因时权宜，经常变化，所以在研究“例赎”时就不能不研究各个“例赎”所适用的时间段以及同一事件各朝代赎例规定的发展变化，有些“例赎”的法律效力仅限于某一特定历史阶段而另一阶段则会被废除，有些“例赎”的法律效力仅限于某一区域，所以虽然“例赎”拓宽了适用的对象和适用的刑级，但还存在时间和空间效力的限制，这也是“例赎”灵活性、多样性、变动性的体现。下面主要探讨一下“例赎”的时间和空间效力问题。

“例赎”的时间效力。刑法志中曰：“纳赎之例则因时权宜，先后互异，其端实开于太祖云。”② 但“例赎”在推行中并非一帆风顺，

---

① ［清］张廷玉：《明史》卷九十三，志第六十九《刑法》一，中华书局1974年版，第2279页。

② “洪武六年，工部尚书王肃坐法当笞，太祖曰：‘六卿贵重，不宜以细故辱。’命以俸赎罪。以后百官有过者，皆许俸赎，盖始此。”洪武时曾几次下令让罪囚用力役赎罪。洪武三十年颁行《大明律》，朱元璋亲自作序说：“杂犯死罪、徒流、迁徙等刑，悉视今定赎罪条例科断。”并且亲御午门，面谕群臣：“除谋逆及律诰该载外，其杂犯大小之罪，悉以赎罪例论断。”可见明朝赎刑制度实发源于明太祖（［清］张廷玉：《明史》卷九十三，志第六十九《刑法》一，第2293页）。

“仁宗初即位，谕都察院言：‘输罚工作之令行，有财者悉幸免，宜一论如律。久之，其法复弛”。[1]“正统间，侍讲刘球言：‘输罪非古，自公罪许赎外，宜悉如律。时不能从。其后循太祖之例，益推广之。凡官吏公私杂犯准徒以下，俱听运炭纳米等项赎罪。其军官军人照例免徒流者，例赎亦如之矣。”[2] 宪宗“又令谳囚者一依正律，尽革所有条例”。[3] 并制定新的条例，辅律而行，成化元年，辽东巡抚滕照言：“大明律乃一代定法，而决断武臣，独舍律用例武臣益纵荡不检。请一切用律。”[4] 诏从之。嘉靖七年巡抚都御史朱廷声言：“收赎与赎罪有异，在京与在外不同，钞贯止聚于都下，钱法不行于南方。”[5]

皇帝因体恤罪囚临时赦免而赎，法律效力只适用于一事一例。如“永乐四年十一月，法司进月系囚数，凡数百人，大辟仅十之一。成祖谕吕震曰：‘此等既非死罪，而久系不决，天气冱寒，必有听其冤死者。凡杂犯死罪下约二百悉准赎发遣。”[6]“永乐十一年十月，遣副都御史李庆赍玺书，命皇太子录南京囚，赎杂犯死罪以下。”[7] 宣宗四年十一月，“以皇太子千秋节，下宽恤之令，敕行在刑部、都察院、大理寺、锦衣卫见监罪囚，除真犯死罪不宥外，余杂犯死罪以下，遍宽减令运砖赎罪，犯笞杖及枷令者、工匠锁镣者，悉宥之，复还职后挟妓饮酒者，仍罚俸三年”。[8] 此类“例赎”，时间效力最短，只适用于某一具体事例，往往事例过后，法律效力就自动失去。

有些“例赎”是因解决某一问题而设，所以问题解决了就不再使用。洪武八年令杂犯死罪以下及官犯私罪者谪凤阳输作屯种赎罪例，洪武十五年令笞、杖罪囚送滁州种苜蓿，洪武二十九年令吏民有犯流罪者甓京师城墙各一尺。正统九年十二月定纳草赎罪例：户部言

---

① ［清］张廷玉：《明史》卷九十三，志第六十九《刑法》一，中华书局1974年版，第2294页。
② ［清］张廷玉：《明史》卷九十三，志第六十九《刑法》一，中华书局1974年版，第2294页。
③ ［清］张廷玉：《明史》卷九十三，志第六十九《刑法》一，中华书局1974年版，第2286页。
④ ［清］张廷玉：《明史》卷九十三，志第六十九《刑法》一，中华书局1974年版，第2289页。
⑤ ［清］张廷玉：《明史》卷九十三，志第六十九《刑法》一，中华书局1974年版，第2295页。
⑥ ［清］张廷玉：《明史》卷九十四，志第七十《刑法》二，中华书局1974年版，第2309页。
⑦ ［清］张廷玉：《明史》卷九十四，志第七十《刑法》二，中华书局1974年版，第2310页。
⑧ 《明宣宗实录》卷五十九，宣宗四年十一月壬子。

民间刍草岁用不给，请令法司囚犯以四分为率，二分仍旧运砖运粮，二分输草，二死罪纳草一千八百束，三流并徒三年一千四百束，徒二年半以下依次递减从之。成化二年纳马赎罪。成化十五年八月定“笞杖罪囚例该做工者出备工价修理监墙庭库例”，“候修理完日，此例停止”。[①]《明会典》的《拘役囚人》篇中有如下记载：洪武二十六年，“凡遇修砌城垣街道，修盖官员房屋，及起筑功臣坟茔等项，其该衙门移文到部，照依工作处所，合用笞杖等囚，拨付监工人员，收领前去工役”。三十五年，“令拨徒罪囚人，充国子监膳夫，照年限拘役”[②]。可见，此类罚役例赎的时间效力只局限于某一工程完工或某一问题的解决，如草料、马匹已不再短缺，此类赎刑自然就失去了效力。

因客观情况有变而更改的例赎，其内容会有部分变化。如针对官吏的赎罪条例的规定也是在不断变化的。官吏许赎始终是历朝历代的通行惯例，体现了赎刑制度对统治阶级保护的本质。而明代的“例赎”开端也是针对国家官吏而设。明律只允许笞罪的官吏在犯公罪或部分私罪时准赎，但后来太祖很快将官员赎罪的范围扩大。洪武年间三次下令，将赎刑范围扩大到杂犯死罪以下。洪武六年定职官罚俸赎例，洪武二十六年定“官员贪赃改为杂犯死罪许赎”条例，允许官吏犯赃赎罪，突破了“律赎”犯赃不许收赎的限制；宣德元年正月，令文职官吏犯赃者，不分轻重运粮，完日黜罢原籍为民；宣德四年元年四月，凡犯赃官吏见运砖未完及自今有犯赃私者运砖之后，杂犯死罪，文职官吏原籍为民，军职调卫；但在宣德四年六月，以先前例赎为当时营建需要，所以不分轻重俱令运砖，现在此赎例已造成贪污之风，故罢文吏犯赃赎罪例，今后文职官吏犯赃罪俱依律科断；宣德五年，令文武官员犯赃罪者送京师如律处治，军职犯死罪非赃罪者则不分轻重，俱纳米还职役；但在正统年间又恢复了官吏犯赃许赎例，正统六年，命广西吏典知印承差有犯赃罪者，免其解京运砖，就发昭平等递运所摆运；成化年间，赃罪赎毕，原籍为民；弘治十三年

① 《皇明条法事类纂》卷之一，五刑类，笞杖罪囚例该做工者出备工价修理监墙庭库例。
② ［明］李东阳等纂：《大明会典》卷一百七十六，刑部十八《拘役囚人》，第2438页。

《问刑条例》中载，军职有犯监守常人盗受财枉法满贯律该绞斩罪者俱发边立功五年，满日还职，枉法不满贯者，该流俱运炭、纳米，完日还职。所以可见，官吏赃罪是否能赎？赎后怎样发落？完全与当时的统治阶级对当时时局的认识和惩治观念有关。

还有有关妇人赎罪的发展变化也是如此。“律赎”中许妇人犯徒流者，各杖一百，余罪收赎。成化二年三月定妇人犯法赎罪例：“因妇人犯笞杖并徒罪者例俱的决，所犯多缘连累，甚为可怜，自后所犯奸盗、不孝并审无力与乐妇的决，余悉纳赎。”但方法与金额不见记载。弘治十四年定例，准例难的决人犯并妇人有力者，笞杖罪囚可以折收银钱赎罪。万历十三年定妇人审有力与命妇、军职正妻及例难的决之人赎罪钱钞兼收之制。后妇人赎罪条例一直延续到明灭亡，并被清朝所采用。定妇人这一特殊群体的犯罪例赎，出发点有两个，一是主要体现对夫人的矜恤，解决明律过严的问题；二是达到例以辅律的目的，律赎的范围是属余罪，即先杖一百，然后才能赎杖刑以上的徒流刑，而例赎的范围正好是徒流之外的笞杖刑和杖一百，所以例赎与律赎相互补充，所赎金额分别计算。由于钞的贬值，所以律赎金额和例赎相比差别较大，笞十二百贯，每等递加一百五十贯，杖六十为一千四百五十贯，每等递加二百贯。到弘治十四年，例赎的重大变化就是准许以白银来折钞，并且这一许银折钞的制度是先从例难的决和妇人罪囚这一特殊群体推广到普通群体的。正德二年，又做了修改，改为钱钞兼收，之后对因超额的折算比例进行了多次修改，但纳钞数额没有改变。妇人始终是赎刑中的适用对象，但各个时期所适用的罪行和具体赎罪方法会有所变化，但总体来说，明代对妇人赎刑的规定，“例赎”赎罪范围要比“律赎”宽泛而具体，“律赎”中只准赎徒流罪，到“例赎”时扩大到笞杖罪，这也符合明代整个“例赎”的特点。

另外，赎刑的赎法和赎额也会随具体条件而变化。如景泰三年十一月，定直隶等处纳米赎罪例：死罪九十石，三流并徒三年七十石，其余四等徒递减十石，但到景泰四年四月时，由于直隶地方有灾，更定了原纳赎例，死罪由九十石改为六十石，流以下有差。再如，例赎原为罚役，后改为纳钞，后来明钞贬值严重，所以所定的纳钞金额不断攀升，更定频繁，后终于钞法不行，遂改为纳实物，主要为纳米，后纳米赎罪多有不便，且输运困难，所以改为折钱或折银的形式来完成，到后来，做工、运炭、运砖、运灰和运水等诸多罚役也可折银来实现。正如王圻在《续文献通考》中概述的："例赎亦有二：一罚役，二纳钞。而例复三变，罚役者后多折工值纳钞，钞法既坏，变为纳银纳米焉。"① 折银的出现，使得例赎逐渐走向成熟和完善，标准统一，形式多样，且具有可选择性，并且折银赎罪一直延续到清代。所以到弘治年间、嘉靖年间以及万历年间都制定了具有长时间效力的例赎条例，并绘制出具体详细的例赎图，供司法人员科断。正如沈家本所云："赎法，明代最详，即纳米一端，初无一定之制，洪武输粟之法，史文不具。永乐以后，一地一例，一时一例，代有损益，大抵以运道之险易分米石之多寡，故死罪一项多至六十石，少至十石。道险远则运费重，故减其数，亦宽恤之政也。"②

例赎的时间和空间效力是由当时的社会发展变化所决定的，洪武时期多以赎役为主，因为国家初建，急需大批劳工投入建筑的修缮和废弃、荒芜土地的屯田劳动，到中期，社会趋于稳定，那些满足人们基本生活保障的米、谷和保障军队征战的马匹、草料就成为最急需的东西，所以这时期的赎刑多以纳米赎罪为主，另外由于偏远地区道路不便，就会出现诸如运米、运炭、运水、运砖等以输作为主的例赎。后来由于明钞贬值，又出现了折银钱赎罪的条例。所以说，"例赎"的时间和空间效力的限制是由具体的历史条件发展变化所决定的。

"例赎"的时间和空间效力是由"例赎"的赎法决定的。任何法律都会随时代的发展变化而变化，这是必然的，"例赎"作为"律赎"的必要补充，其灵活性就体现为能够结合具体时代背景和具体地域作出及时的调整，但是明代前期"例赎"的复杂性和频繁变动还与前期的赎法有关，洪武初期的赎法采用罚役的形式，这种形式往往会根据实际需要派罪囚到某地力役，如屯田、种苜蓿、做工、摆站

① ［明］王圻：《续文献通考》卷一百三十九，《刑考·赎刑》，考四零四三。

② ［清］沈家本：《历代刑法考》刑法分考十六"赎"，按语，中华书局 1985 年版，第 473～474 页。

以及后来的运米、运灰、运炭、运水等项，这些劳役受时间和空间的限制很大，往往难以长时间实施，因为有些劳作会随时间的完工而消失，以后也就不会再有同类劳役。像运米、运灰、运炭、运水等项，难以形成统一的标准，因为输送的地点不同，路途的险易就会不一，有时还会令罪囚自备车牛输运，标准更是无法计算。也正是由于力役赎罪的出现，还会带来另外的问题，那就是各罪囚的身体力量不同，难以完成劳役，所以就会在科断时分出有力、无力者分别发落，有力者照常发落，无力者难以享受例赎的优待，同赎刑的宽宥性相悖，所以在后来，罚役赎罪逐渐被罚物赎罪代替。物是人类赖以生存的物质基础，所以物具有使用价值，作为农业国家，米是所有物种最基本的生活基础，所以纳米在洪武末年被确立为赎罪的标的物后，很快就成为“例赎”常法，尤其是它不会因钱钞的贬值而受影响，正如沈家本所评：“赎法至明，可谓繁矣，纳钱、纳马皆暂行于一时，不久即废，惟纳钞、纳米行之最久。”① 纳米赎罪最早见于洪武三十五年八月，定杂犯死罪以下纳米赎罪例；永乐年间赎钞和纳米俱行；到宣德年间，盛行纳米赎罪，从宣德二年到宣德六年都有纳米赎罪记载，并且每项例赎只记载纳米一种赎罪方法；正统元年九月，定兰州等处纳米赎罪例；景泰三年十一月，定直隶等处纳米赎罪例；弘治四年令法司徒杖罪囚仍照旧例，不分军民人等但审有力，犯该杖六十徒一年，纳米十五石，余四徒递加五石。弘治、嘉靖和万历的《问刑条例》中都有纳米赎罪的记载。但到后来纳米往往和运米相结合，纳米往往和折银、折钞相结合，所以说纳米赎罪是罚役赎罪和纳钞、纳钱和银相结合的产物。全国各地方的军、官、吏、民都需要米来维持生存，纳米具有比劳役更大的普适性，纳米例赎的时间和空间效力更广、更长远。但纳米赎罪也有局限性，那就是所缴纳米的运输和粮仓的选择，起初纳米是因为某地方缺粮，所以奏准某一地方罪囚纳米缓解矛盾，但后来纳米例赎普遍化后，就存在纳米的粮仓和运米问题，因而很多例赎不得不制定详细的纳仓地点和根据路途状况和自备车牛运送赎米的数量，有时还要考虑灾情情况更定赎米数量。而这时的有力者

---

① ［清］沈家本：《历代刑法考》刑法分考十六“赎”，按语，中华书局1985年版，第474页。

就纳米，无力者则罚劳役。由于米作为有价值的物品，它的出现可以克服钞的价值贬值带来的不断调整赎钞数额的问题，以及律赎和例赎数额相差悬殊问题，作为一般通用物，还可以避免劳役的不稳定性的限制。但米还不是高度抽象出的一般等价物，也具有局限性，到折银的出现，则统一了例赎的所有赎罪方式，把它们结合起来成为一个系统的整体，是例赎成为既具有灵活性，又有章可循、有法可依，又具有一定稳定性的法律规范。

第五节

明代“例赎”的赎罪方式

《明会要》中载：“赎例有二：一罚役，一纳钞。而例复三变，罚役者后多折工值。纳钞，钞法既坏，变为纳银、纳米。然运灰、运炭、运石、运砖之名尚存也。”① “律赎”的方式较为单一，主要是铜、钱和钞，但“例赎”的方式较为灵活，但总的说来主要分为以下三类：一类是罪犯亲身服役，称为罚役；一类是罪犯缴纳一定数量的财物抵罪，称为纳实物；一类是纳钞、折银或钱钞歉收。纳赎始终贯穿于整个明代。从时间上来看，罚役赎刑出现较早，盛行于洪武时期，后逐渐和无力者以及其他形式的赎罪方式相结合而存在。纳钞赎罪较为普遍和长久，作为基本赎刑方法和标准贯穿于整个明代。纳实物的方法出现于洪武末年，盛行于永乐、宣德、正统、景泰、天顺、成化等年间，后期逐渐被折银或钱的形式所取代。

一、罚　役

所谓罚役赎刑就是指以一定形式的劳役来替代原可刑罚的一种赎罪方式。罚役一般出现在明初的洪武时期，因为在这一时期，经历了20年的战争严重破坏之后，人口锐减，土地荒芜，城池被毁，百废

① ［明］龙文彬：《明会要》卷六七，刑四，中华书局1956年版。

待兴，所以急需大量的劳力投入到国家建设中去。而罪囚可以弥补劳力的不足。所以，明代前期赎罪以罚役屯田为主，后来劳动力的增加使得屯田种植的迫切性有所缓解，此时的罚役主要是以那些无力纳赎的罪犯为主，形式也有所变化，除屯田之外还有运输、充当驿兵、营造、煎盐炒铁、造船、养马、充当国子监膳夫、种树等等。

（一）屯田

罪犯罚役的形式最初多为屯田，而屯田又分为民屯与军屯，《明史》说："（屯田）其制，移民就宽乡，或召募，或罪徙者为民屯。"另一类是具有军屯性质，称之为"谪屯"。[①] 民屯在洪武时期主要集中于凤阳地区。凤阳是朱元璋的老家，起义的根据地，经过战争洗刷后已是"十年之间，耕桑之地变为草莽"，"长淮以北鞠为茂草"[②]。为使凤阳地区的经济尽快得到恢复和发展，朱元璋在洪武八年二月定"杂犯死罪以下及官犯私罪者谪凤阳输作屯种赎罪例"，具体为："凡杂犯死罪者免死输作终身，徒流限年输作，官吏受赃及杂犯死罪当罢职役者，谪凤阳屯种。民犯流罪者，凤阳输作一年，然后屯种。"[③] 洪武九年，"时官吏有罪者，笞以上悉谪屯凤阳"。[④] 而周边临濠地方也有类似情况，"临濠，朕故乡也，田多未辟，土有遗利"[⑤]。朱元璋一方面遣无田产者前去开种耕作，另一方面，在洪武五年，"令杂犯死罪可矜者，免死发临濠输作"[⑥]。永乐时随着都城的迁移主要集中于北平、顺天等地。永乐元年八月，"定罪囚北京为民种田例"，具体为："凡徒流罪除乐工匠拘役老幼残疾收赎，其余有犯，俱免杖编成里甲并妻子发北京、永平等府州县为民种田，定立年限，纳粮当差，杖罪除官吏不该罢职役者及民单丁有田粮者，依律科断，余皆如之。"[⑦] 永乐二十二年十一月，"命刑部、都察院，凡吏犯杖罪应罢

① 王毓铨：《明代的军屯》，中华书局1965年版，第2页。
② ［清］冯煦修：光绪《凤阳府志》卷五，《帝语篇七》，江苏古籍出版社1998年版。
③ 《明太祖实录》卷九七，洪武八年二月甲午。
④ ［清］张廷玉：《明史》卷一三九，《韩宜可传》，中华书局1974年版，第3983页。
⑤ 《明太祖实录》卷五三，洪武三年六月辛巳。
⑥ 《明太祖实录》卷七六，洪武五年九月戊子。
⑦ 《明太宗实录》卷二二，永乐元年八月己巳条。

者，令就北京为种田”。[①] 而军屯的地点主要集中在辽东、辽东以外的九边及云贵地区，其中规模较大的当数辽东地区。

屯田赎罪主要产生于明代早期，因为当时，元残余势力尚未完全扑灭，军队作战需要大量人力，另外，经过连年征战，田地荒芜，人口锐减，劳动力紧缺，利用罪囚屯田，既避免了：“力役伤农”，[②] 又保证了田地垦辟和充足粮食供给，为恢复生产提供了充足的劳动力。永乐年以后，随着经济的发展，人口的增加，罪囚屯田赎罪逐渐被其他形式的赎罪所取代，史料已不见有屯田赎罪条例。

（二）输作

输作赎罪主要是指通过运输物品来赎所科之刑罚的一种形式。运输的种类较多，有运粮食、运砖、运炭、运灰、运水、运石等，但主要以运粮为主。

粮食运输主要运往边远地区作军需或运往备荒仓做储备，如“洪武二十三年，令罪囚运米赎罪，除十恶并杀人者，论死，余死罪，运米北边。力不及者，或二人并力运纳”。[③] 洪武二十五年正月“令（死囚）还乡里备赀输粟北边赎罪”。[④] “（洪武）三十年，令罪囚运米赎罪，死罪一百石，徒流逐减，其力不及死者，自备米三十石；徒流罪十五石，俱运赴甘州威虏地方上纳，就彼充军。”[⑤] “永乐十一年，令流罪运米四十石、徒罪三年三十五石，余四徒减五石，杖罪十石、笞罪五石，俱于北京官仓给粮，自备车牛，运赴怀来上纳。”[⑥] “正统十三年九月乙巳，命法司今后罪囚应赎者俱于通州仓关领粮料运赴开平等处以备边饷。”[⑦] “正统十四年令通州运米至京仓，杂犯死罪三百六十石，三流并杖一百徒三年者，二百八十石，余四等递减四十石，杖每一十，八石，笞每一十，四石。通州运至居庸关、隆庆卫等仓，杂犯死罪，九十石，三流并杖一百徒三年，七十石，余

① 《明仁宗实录》卷四（上），永乐二十二年十一月辛巳。

② 《明太祖实录》卷七六，洪武五年九月戊子。

③ ［明］李东阳等纂：《大明会典》卷一七六，刑部十八《五刑赎罪》，第2430页。

④ 《明太祖实录》卷二一五，洪武二十五年正月辛丑。

⑤ ［明］李东阳等纂：《大明会典》卷一七六，刑部十八《五刑赎罪》，第2430页。

⑥ ［明］李东阳等纂：《大明会典》卷一七六，刑部十八《五刑赎罪》，第2430页。

⑦ 《明英宗实录》卷一七零，正统十三年九月乙巳。

四等递减十石，杖每一十，二石，笞每一十，一石。”[①] 景泰二年七月，“定成都、重庆二府运米赎罪例。自成都府支米运赴播州者，杂犯死罪二十五石，三流以下递减，自重庆府运至贵州者，死罪一十八石，三流以下递减”。[②] 景泰三年二月，“命法司论断罪囚于京仓运米赴宣府宣德仓赎罪；杂犯死罪四十五石；三流并徒三年三十五石，余四等递减五石；杖一百十石，余四等递减一石。”[③] 景泰六年，令法司罪囚杖以上自备米运赴宣府上仓，[④] 嘉靖七年重修问刑条例中依然存在运囚粮赎罪方式。

此外，还存在运砖、运炭、运灰、运水、运石等劳役赎罪形式。“永乐十七年，令见发做工笞杖徒流罪囚，有愿并工运砖者，每人日运四个，各照所犯计算。杂犯死罪囚，亦准并工，每人运砖一万个。”[⑤] 洪熙元年二月，“刑部、都察院言，军民犯笞杖者，宜令运砖赎罪，从之，遂命官吏犯笞杖者，皆运砖赎罪”。[⑥] 宣德朝继续采用永乐所定运砖例，宣德元年四月，“令杂犯死罪及徒流笞杖有力者，俱依永乐中所定运砖例。”[⑦] 宣德四年“因营建宫殿，官吏有犯不问轻重皆令运砖赎罪，复其职役，”[⑧] 可见，明宣宗年代，运砖赎罪运用较为广泛，在京运砖赎罪成为一种通例，正统九年所定纳草赎罪例中二分仍旧运砖运粮。景泰四年，令杂犯死罪及流徒杖罪运粮、运石，无力者煎盐炒铁输作。天顺五年，“令官员与有力之人，照例运砖炭等物。每笞一十，运灰一千二百斤，砖七十个，碎砖两千八百斤，水和炭二百斤，石一千二百斤，余四笞五杖各递加之；徒一年运灰一万二千斤，砖六百个，碎砖两万四千斤，水和炭一千七百斤，石一万二千斤，余四徒三流各递加之；杂犯二死各运灰六万四千二百斤，砖三千二百个，碎砖一十二万八千斤，水和炭九千斤，石六万四

① ［明］李东阳等纂：《大明会典》卷一七六，刑部十八《五刑赎罪》，第2431页。
② ［明］王圻：《续文献通考》卷一百三十九，《刑考·赎刑》，考四零四四页。
③ 《明英宗实录》卷二一三，景泰三年二月庚寅。
④ ［明］李东阳等纂：《大明会典》卷一七六，刑部十八《五刑赎罪》，第2431页。
⑤ ［明］李东阳等纂：《大明会典》卷一七六，刑部十八《五刑赎罪》，第2432页。
⑥ 《明仁宗实录》卷七上，洪熙元年二月庚戌。
⑦ 《明宣宗实录》卷一六，宣德元年四月庚寅。
⑧ 《明宣宗实录》卷五五，宣德四年六月甲午。

千二百斤。”[①] 嘉靖七年重修条例中定在京做工、纳米、运灰、运砖、运炭和水、运石六等。

从输作罚役产生的原因来看，主要是因为，在古代交通运输工具落后，运输始终是一项艰巨的工作，正因如此，统治者以运输作为对罪犯的一种惩罚方式，既避免了运输所需要耗费的巨大人力、物力，又有效地惩治了犯罪，不失为两全齐美的方法。故明代的赎例中大量运用输作罚役。早期的输作罚役主要是运粮，粮是人们生活的必需品，而且中国产粮地区较为集中，边塞偏远地方紧缺，所以利用罪囚运粮赎罪就成为普遍形式。运粮的数额和所犯罪轻重成正比，如永乐十一年，流罪运米四十石、徒罪三年三十五石，余四徒减五石，杖罪十石、笞罪五石。另外运量数额还由运途远近及险易情况而定，一般来说路途遥远和艰险地方以及自备用具会有所见减轻。如正统十四年从通州运米至京仓，杂犯死罪要运三百六十石。而从通州运送到居庸关杂犯死罪九十石。正如沈家本所云：“赎法，明代最详，即纳米一端，初无一定之制，洪武输粟之法，史文不具。永乐以后，一地一例，一时一例，代有损益，大抵以运道之险易分米石之多寡……道险则运费重，故减其数，亦宽恤之政也。”[②] 而运砖、运炭、运灰、运水、运石等赎罪形式主要是为满足京城的营造需要设立，嘉庆年间，运砖、运炭、运灰、运水、运石等赎罪形式可以折合银来赎罪。

（三）充当驿户

明代采用“入户以籍为定”的制度，对每个人的户、籍和从事的职业的划分非常细，要求非常严，一般来说主要存在“军、民、驿、灶、医、卜、工、乐等诸色人户”，而驿户排在军、民之后位列第三，可见统治阶级是比较重视这一群体的作用的。驿户的主要的任务是飞报军务、传递文报、运送贡赋、赏赐和运送大批物资、乘送来往公差官员、朝贡官员、运送囚犯等等。驿户居住于全国各个驿站，这些驿站主要有水驿与马驿。为了更好地加强统治，明代建立了庞大

① ［明］李东阳等纂：《大明会典》卷一七六，刑部十八《五刑赎罪》，第 2432 页。

② ［清］沈家本：《历代刑法考》刑法分考十六“赎”，按语，中华书局 1985 年版，第 473～474 页。

的驿站网络，这些驿站大多地处偏僻，生活艰苦，而且所需的设备费用都必须由驿户自己来解决。故一般的户民不愿意从事这项工作，只能用罪囚来充役。洪武二十三年，令刑部、都察院“于徒囚内审有丁粮者，每二名，买马一匹，杖囚一名，充水夫一名，十名，造船一只，常川走递；其用车去处，徒流囚四名，共办一辆”。[①] 永乐十五年规定死罪的应役标准：“杂犯死罪囚，审有力者，每二名买马一匹，并随马铺陈什物，终身走递。”[②] 景泰元年，“命内外法司论囚犯无力者，笞杖军旗舍余民人俱的决，杂犯死并徒流，军旗舍余及军职立功哨备，民人、阴阳人等遣充驿递，悉如正统五年议例”。[③]

（四）营造、充当国子监膳夫

在京的做工罚役主要是为官府营造公廨、军队营房、驼马象房及充当国子监膳夫等后勤基础工作以赎罪。洪武二十九年令“吏民有犯流罪者甓京师城墙各一尺”[④]。工部规定：“凡在京文武衙门公廨，如遇起盖及修理者，所用竹木、砖瓦、灰石、人匠等项，或官为出办、或移咨刑部都察院，差拨囚徒，著令自办物料人工修造”。[⑤] “凡在京各卫军人营房、及驼马象房，如有起盖修理，所用物料，官为支给，若合用人工，隶各卫者，各卫自行定夺差军；隶有司者，定夺差拨囚徒或用人夫修造。”[⑥] 国子监是明代的最高学府，国子监膳夫的工作就是为学校提供卫生、饮食等后勤服务，充当国子监膳夫的罪囚一般犯罪较轻，洪武三十五年“令拨徒罪囚人、充国子监膳夫、照年限拘役”，[⑦] 后国子监膳夫由罪囚充当逐为定制。

（五）煎盐炒铁

盐、铁在古代生活中有着重要的地位，“煮海之利，历代皆官领之”。[⑧] 而铁是兵器制造的主要原材料。明初即立盐铁法，置局设官，

① ［明］李东阳等纂：《大明会典》卷一四八，兵部三十一，《驿传四·驿递事例》，第 2064 页。
② ［明］李东阳等纂：《大明会典》卷一四八，兵部三十一，《驿传四·驿递事例》；第 2064 页。
③ 《明英宗实录》卷一二九，景泰元年五月庚戌。
④ 《明太祖实录》卷二四三，洪武二十九年三月庚午。
⑤ ［明］李东阳等纂：《大明会典》卷一八七，工部七，《营造五·公廨》，第 2554 页。
⑥ ［明］李东阳等纂：《大明会典》卷一八七，工部七，《营造五·营房》，第 2560 页。
⑦ ［明］李东阳等纂：《大明会典》卷一七六，刑部十八《拘役囚人》，第 2438 页。
⑧ ［清］张廷玉：《明史》卷八十，志五十六，食货四，中华书局 1974 年版，第 1931 页。

广开盐场、铁厂。盐场、铁矿工作艰苦却需要大量的劳动力，让罪囚服役是对罪囚犯罪的一种较重的惩罚方式，洪武十四年定“煎盐炒铁”例，“命刑部更定徒罪煎盐炒铁例。凡徒罪煎盐者，福建、广西之人发两淮，河南、广东之人发两浙，直隶江南、浙江之人发山东，直隶江北之人发河南，湖广之人发海北；凡徒罪炒铁者，江西之人发泰安、莱芜等处，山西之人发巩昌，北平之人发平阳，四川之人发黄梅，海南、海北之人发进贤、兴国”。[①]《大明律·名例律》“徒流迁徙地方”条除载“煎盐炒铁”的数量要求：“徒役各照所徒年限，并以到配所之日为始，发盐场者，每日煎盐三斤。铁冶者，每日炒铁三斤。另项结课。”还载了不同地方的人员所发地方。景泰四年令“杂犯死罪及流徒杖罪运粮、运石，无力者煎盐炒铁输作，死罪，五年；流罪，四年；徒如本限；杖一百，六月；笞五十，三月；杖笞每降一等递减俱以半月为差”。[②] 天顺四年，“诏云南三司审见问罪囚人杂犯死罪并徒流罪有力者纳米，无力者解发各场煎盐，死罪五年，流罪四年，徒罪各依所犯年限，满日疏放”。[③]

煎盐炒铁一般为重罪犯所役，（嘉靖）《问刑条例》“五刑”条亦载：“情重者，煎盐炒铁。”从役的罪囚生活亦苦不堪言。如“时蓟州遵化县杂造局炒铁囚徒在厂者百六十余人，既耗囚粮，而瘐死相望，守者亦苦之”。[④] 另外，煎盐炒铁还适用于无力犯。

（六）种树

此役种，出现于明初，永乐十一年令无力运粮者，发天寿山种树。死罪终身，徒罪年限有差，杖罪每等种树五百株，笞罪一百株。[⑤] 天寿山为明十三陵所在地，故发天寿山种树是营造皇陵的需要而已，不为常制。

罚役赎罪的量化标准一般分为两类。一类以劳役的对象为标准，主要根据劳役对象的种类而定，如输作主要根据运输的对象和运途的

① 《明太祖实录》卷一三五，洪武十四年二月癸酉条。
② ［明］王圻：《续文献通考》卷一百三十九，《刑考·赎刑》，考四零四五。
③ 《明英宗实录》卷三一三，天顺四年三月辛卯。
④ 《明穆宗实录》卷五四，隆庆五年二月甲辰。
⑤ 《明太宗实录》卷一四零，永乐十一年五月庚辰条。

远近以及险峻难度有关，嘉靖七年对在京运砖、运炭、运灰、运水、运石的具体数额有具体的规定（下文折银部分有专列图，这里不再赘述）。此外还有种树为“杖罪每等五百株，笞罪一百株”。另一类是以劳役的时间为标准，主要是根据时间的长短来确定惩罚的力度，一般杂犯死罪劳役终身，徒流各按年限，而笞杖计日月，如洪武八年，“令杂犯死罪者免死，工役终身，徒流罪，照年限工役……犯流罪者凤阳工役一年”。[①] 洪武十五年，“令笞杖罪囚，悉送滁州种苜蓿，每一十，十日”。洪武十六年，“令徒流笞杖罪囚代农民力役赎罪，役十日准笞二十，杖一十，徒流各计年准之”。[②] 洪武三十五年规定：“罪囚工役，笞罪每等五日，杖罪每等十日，徒罪准所徒年月，加以应杖之数，流罪三等，俱四年一百日，杂犯死罪工役终身。”[③] 宣德五年对无力运砖罪囚“杂犯死罪准杂工五年，徒流各依年限准工，杖罪准工十个月，笞罪五个月”。[④] 正统五年令罪囚无力赎罪者摆站，“军职、旗军、舍余笞、杖的决，杂犯死罪五年，流罪四年，徒罪照徒年限”。[⑤] 天顺四年，“令云南罪囚杂犯死罪并徒流罪囚无力者，解发各场煎银，死罪五年，流罪四年徒罪各照年限”。[⑥] 后来罚役赎罪的按年限计算就成为定制，到嘉靖七年重修条例时，笞、杖、徒、流、死的做工赎罪时间有了统一的标准，即笞一十到五十五等，做工一个月到三个月，每等递加半月；杖六十到一百五等，从四个月到六个月，每等递加半月；徒照年限，流罪四年，杂犯死罪五年。后来的万历年间条例也照此年月计算做工赎罪时间。

除以上罚役方式外，还有其他一些临时性的罚役方式，本书不作一一列举。

二、纳实物

纳实物赎罪方式形成于洪武后期，盛行于宣德、天顺、成化年

① ［明］李东阳等纂：《大明会典》卷一七六，刑部十八《拘役囚人》，第 2437 页。
② ［明］李东阳等纂：《大明会典》卷一七六，刑部十八《拘役囚人》，第 2437 页。
③ ［明］李东阳等纂：《大明会典》卷一七六，刑部十八《拘役囚人》，第 2438 页。
④ ［明］李东阳等纂：《大明会典》卷一七六，刑部十八《拘役囚人》，第 2438 页。
⑤ ［明］李东阳等纂：《大明会典》卷一七六，刑部十八《拘役囚人》，第 2438 页。
⑥ ［明］李东阳等纂：《大明会典》卷一七六，刑部十八《拘役囚人》，第 2439 页。

间，在这一阶段同时并行的还有在京的运砖和纳钞赎罪形式，但主要是纳实物为主。政府根据实际需要，采用较劳役更为灵活的方式来满足当时社会的需要，纳实物与劳役刑相比的优势在于：劳役赎罪只能满足一时一地之需，罪囚的组织和管理以及劳役的种类存在很大的变数，且劳役赎罪与所做役种有很大关系，所以不易大规模推广使用。而赎实物和劳役的本质是一致的，主要是获得囚犯的劳动力所创造的剩余价值，劳役赎罪需要政府组织管理者以剩余价值生产的过程，而纳实物赎罪则直接获取蕴含于实物中的由劳动力所创造的价值，所以行为较为隐蔽，方式较为便利。另外，中国北疆边缘之地，生产条件较差，运米输赎罪之例又因路途险峻而很难满足边境缺粮、马、草等物的需求，再加上永乐迁都，漕运难以满足京师对粮物的需求，所以采用纳实物来逐渐替代劳役就成为必然的选择。弘治以后，由于纳钞、钱和折银的盛行，纳实物赎罪除纳米还继续存在外，其他纳实物形式逐渐退出赎罪条例。所纳实物的种类较为多样，有米、谷、豆、草、马等，但主要以米为主。

（一）纳米、谷

明代初期官员的俸禄、军晌主要以米、麦、谷等实物为发放标准，没有其他形式的辅助补贴。另外，为了赈灾之需而建立的预备仓，也需要大量的米谷来储备。政府对米的需求促使了罚赎纳米的产生。

洪武时期以劳役赎罪为主，但也出现了纳米赎罪条例，所以说洪武时期是纳米赎罪的产生时期。如洪武二十三年定"罚米赎罪"条例，许死罪外以"罚米赎罪"。洪武三十年，赎罪制度应用于死罪犯，当时规定犯死罪者许纳米"一百石"至北边，国家不供运费及口粮，死罪犯自备米三十石，死罪即可豁免。洪武三十五年，以北平军晌不继，出狱囚输米赎罪以给之。但这一时期的纳米赎罪还没有普遍推广和大规模的应用，还主要体现为依附于运米赎罪。

永乐年间是纳米赎罪的发展时期。永乐三年所定"罚米赎罪条例"，对五刑罚米赎罪石数作出明确规定。永乐十一年又对三年所定罚米石数略作减免，徒罪变为四十石，直至笞罪五石。

宣德至天顺年间是纳米赎罪的繁荣时期，对纳米的具体数量和地点都做了详细的规定，而且这种赎罪方式在全国具有普遍应用。“宣德中，以边储不给，而定为纳米赎罪之令，其例不一。”①

下面是宣德年至天顺年间各地罪囚缴纳赎罪之米的详细地点：宣德二年七月戊戌，令陕西杂犯死罪并徒流罪以下皆赴泯州等卫所纳米赎罪。宣德二年七月丙午，令各犯自备米于南京仓输纳赎罪；宣德三年七月，山东、河南及北京八府杂犯死罪以下，俱令纳米京仓赎罪，八月令非军匠无力者于原籍追纳。宣德四年正月令南京及湖广、江西并直隶太平等府州县纳米于南京仓，浙江并直隶、苏、松、常、镇四府及江北直隶、凤阳等府州县纳米于怀安仓，徐州纳米于临清仓。②宣德六年七月，令四川松潘、会川属内罪囚非文职官吏坐赃及真犯死罪者，纳米于二处赎罪。宣德九年正月，江西、湖广、福建罪囚于南京仓纳米赎罪者，量加米数，改发本布政司缺粮去处收受。四月，北直隶罪囚纳米于各府仓，山东纳米于济宁、德州、临清仓。正统四年，改陕西兰州仓纳米赎罪囚犯于凉州仓纳米。正统十年五月，广西囚犯纳米赎罪者旧于桂林仓收改赴庆元府为便从之。八月，山西除真犯死罪外俱令纳米大同仓赎罪。正统十一年三月，令广东罪囚纳米赎罪者发于钦州并灵山县仓缴纳，景泰三年十一月，定直隶等处罪人纳米赎罪地方，保定、真定、顺德府卫所属俱纳米于倒马关仓，河间、大名、广平、顺天府纳米于紫荆关仓。景泰四年正月，纳钞赎罪者暂如旧例纳米，死流徒发大同府大有仓，笞杖太原府并汾州所属发太原府大盈仓。景泰五年十二月，广东巡按并司府州县卫所罪囚俱发广西平乐府官仓纳米，广东廉州府并附近雷州、高州、琼州四府罪囚俱发钦州仓纳米。天顺三年十二月，陕西诸司所问罪囚自永昌以西俱发兰州官仓纳米赎罪，凉州以东俱发凉州纳米赎罪，改凉州纳米者赴镇番卫纳米。

从以上纳米赎罪的地点来看，纳米赎罪最频繁出现的地点是九边、京仓、南京仓等重点米仓。九边地区主要是保证军事所需，如宣德九年，以云南按察副使徐训言：“云南军多逃亡，粮饷不给”，“命

① ［清］顾炎武：《日知录》卷一一，文渊阁四库全书影印本，第858册，子部。
② 《明宣宗实录》卷五零，宣德四年正月丙子。

云南罪囚依在京例纳米赎罪。"[1] 景泰四年十一月，"巡抚山西右佥都御史萧启以边储不足，请令军民纳钞赎罪者暂如旧例纳米"。[2] 京仓以及南京仓主要是满足京都官员的俸禄以及大量人员的口粮问题。其他地方主要遵循就近原则，靠近京都的河南、山东以及北京八府罪囚俱于京仓缴纳，而靠近南京的湖广、江西、福建并直隶太平俱于南京仓缴纳，而边远的地方像贵州、云南、广东、广西、四川等地区缺粮严重，所以定纳米赎罪以满足本地所需，并且地方的具体纳米地点会根据所缺粮的程度而更定纳米地点。如宣德九年正月，"江西、湖广、福建罪囚于南京仓纳米赎罪者，量加米数，改发本布政司缺粮去处收受"。[3] 宣德九年五月，贵州按察使应履平言："贵州所辖地方悉是蛮夷，刀耕火种纳粮不多，军卫屯田储积亦少，官仓所储不支半年，虽四川播州等处重庆等府转输馈给不能依期而至，……"令罪囚纳米赎罪。[4] 正统十年五月，"广西囚犯纳米赎罪者旧于桂林府仓收，至是有司言桂林府积粮既多，今庆元府蛮贼窃发，宜改赴庆元府为便从之"。[5] 正统十一年三月，"先是各处囚犯于本地纳米赎罪，至是广东布政司奏边境缺粮，宜令囚犯赴钦州并灵山县宜积粮之处纳米"。[6] 景泰元年二月，按察使王宪奏本地米贵各卫缺粮，定贵州囚犯减轻纳米例。[7] 景泰五年，"广东廉州府奏，本府所辖钦州接连交织，瑶獠出没不常，而本州积粮储不多，恐有缓急调集官军供给，乞将本府及并附近雷州、高州、琼州四府罪囚俱发钦州仓纳米，庶使边储有满，而盗贼不得窥伺"。[8] 天顺三年，因"镇番卫仓廪虚竭，请该于凉州纳米者，改赴镇番卫纳米"。[9] 可见，纳米赎罪地点的选择主要是根据重点地带和边防需要而定，并且根据缺粮的具体情况会有

① 《明宣宗实录》卷一一五，宣德九年十二月戊申。
② 《明英宗实录》卷二二五，景泰四年正月辛巳。
③ 《明宣宗实录》卷一零八，宣德九年正月丁酉。
④ 《明宣宗实录》卷一一零，宣德九年五月已卯。
⑤ 《明英宗实录》卷一二九，正统十年五月辛卯。
⑥ 《明英宗实录》卷一三九，正统十一年三月癸巳。
⑦ 《明英宗实录》卷一八九，景泰元年二月壬寅。
⑧ 《明英宗实录》卷二四八，景泰五年十二月戊子。
⑨ 《明英宗实录》卷三一零，天顺三年十二月丁卯。

所调整。

从纳米的数量来看，主要是根据道路的远近、险易程度和所犯罪行程度而定。具体来讲，所犯罪行越重，纳米数额越多，其中死罪一般是一百石左右，流罪八十石左右，徒三年到一年一般六十石减至三十石，杖罪二十五石至一十石，笞罪一十石至一石不等。如永乐三年“令官民杂犯死罪以下量增赎罪米，听于京仓上纳，免赴北京。杂犯死罪纳米一百一十石，流罪三等八十石，加役者九十石；徒罪三年六十石，二年半五十石，二年并迁徙者四十五石，一年半三十五石，一年三十石；杖罪九十、一百俱二十五石，六十至八十二十石；笞罪十石”。[①] 宣德二年，令南京法司问拟监守自盗杂犯死罪以下，各“自备米于南京仓输纳。死罪官吏米一百石，军民人等八十石；流罪米六十石；徒罪三年米五十石，二年半米四十石，二年米三十五石，一年半米三十石，一年米二十五石；杖罪一百米二十石，九十米十五石，八十米十二石，七十米十石，六十米八石；笞罪五十米六石，四十米五石，三十米四石，二十米三石，一十米二石”。[②] 宣德六年，“行在罪囚杂犯死罪纳米一百石，流罪减二十石，徒五等，三年七十石，二年半至一年递减十石，杖五等，一百者二十石，九十至六十递减二十，笞五等，五十者七石五斗，四十者六石，十者四石五斗，二十者三石，一石者减二十之半”。[③] 景泰三年，“定直隶等处罪人纳米赎罪地方，……杂犯死罪九十石，三流并徒三年七十石，余徒四等递减十石，杖罪每一十二石，笞罪每一十一石”。[④] 以上纳米数额都是指在南京、北京、直隶等具有代表性的地方纳米具体数额。实际上，纳米具体数额也是根据每一时期米粮的多寡、米价的高低以及纳米的具体地点而有所变动的。如，洪武时期：死罪运米一百石，徒流递减，力不及者，死罪自备米三十石，徒流罪十五石，俱赴甘州地方上纳。宣德二年，“行在刑部都察院奏定岷州、洮州、河州、临洮纳米赎罪例，岷州、洮州二卫所，死罪十石，流八石，徒六石，杖三石，笞一

① ［明］李东阳等纂：《大明会典》卷一七六，刑部十八《五刑赎罪》，第 2430 页。

② 《明宣宗实录》卷二九，宣德二年七月丙午。

③ 《明宣宗实录》卷八五，宣德六年十二月甲午。

④ 《明英宗实录》卷二二三，景泰三年十一月甲申。

石五斗；河州临洮二卫，死罪十三石，流十石，徒八石，杖五石，笞三石”。[①] 宣德六年，“四川松潘、会川属内罪囚非文职官吏坐赃及真犯死罪者，纳米于二处赎罪。松潘去四川城一千里，其米每笞一十五斗，杖亦如之，徒一年六石，每等加一石，徒三年及三流皆十石，杂犯死罪二十石，会川去四川城道里倍于松潘，其米视松潘则笞杖每一十减二斗，徒流减二石，杂犯死罪减五石”。[②] 四川松潘诸卫山路险远，粮饟难运，会川诸卫开矿需米，趱运不便，所以纳米数额会有所减少。景泰元年二月，因贵州米贵及各卫缺粮，所以规定：“三司及所属卫所府州县官吏军民舍余人等，除真犯死罪强盗外，其余笞杖徒流杂犯死罪俱比旧减轻纳米赎罪杂犯死罪纳米二十五石，流罪二十石，徒五等递减二石，杖一百九石，余四等递减一石，笞五十三石五斗，余四等递减五斗。”[③] 另外，纳米地点的改变也会因运途的变化而更改纳米具体数额。如宣德四年二月，宁夏罪囚最初纳米于西安府仓，后由于宁夏仓缺储备粮，所以定陕西宁夏诸卫所罪人加米赎罪于宁夏例。[④] 宣德九年，江西、湖广、福建罪囚旧于南京仓纳米赎罪，改发本布政司缺粮处收受，所以路途较原先便利，故赎罪数额就会增加，“杂犯死罪及徒三年、二年半者各加米二十石，徒二年加十石五斗，一年半加十石，一年加五石，杖一百者加五石，九十加三石，八十、七十、六十各加二石，笞五十者加一石五斗，四十加一石，三十、二十、一十各加三斗”。[⑤] 正统二年，“命罪囚于龙门守御千户所仓纳米，杂犯死罪者三十三石，三流并徒三年者二十七石，……笞五十者二石，余四等递减五斗”。[⑥]

天顺年以后，由于赎刑方式的复杂多样，赎钞和赎钱以及折银制度的成熟和完善，在明中后期，纳米已不再是主要的赎刑方式，但纳米赎罪依然存在于各个朝代，主要是弥补预备仓的不足。在明中后

① 《明宣宗实录》卷二九，宣德二年七月戊申。
② 《明宣宗实录》卷八一，宣德六年七月庚午。
③ 《明英宗实录》卷一八九，景泰元年二月壬寅。
④ 《明宣宗实录》卷五一，宣德四年二月甲午。
⑤ 《明宣宗实录》卷一零八，宣德九年正月丁酉。
⑥ 《明英宗实录》卷二八，正统二年三月己亥。

期，预备仓因管理不善，米谷来源渐少。另外，边境各卫所和各盐场预备仓的米谷来源也面临着同样的问题。明政府对此采取了许多措施，以增加预备仓粮的积贮数额。其中令罪囚纳米便是其中最主要的一项。弘治四年，令法司徒杖罪囚仍照旧例，不分军民人等但审有力，犯该杖六十徒一年，纳米十五石，余四徒递加五石。[①] 除了米还有纳谷和杂粮的赎例，“（弘治）十八年议准：在外司府州县问刑应该赎罪等项赃罚等物，尽行折纳，籴买稻谷上仓，以备赈济，并不许折收银两，及指称别项花销”。[②] “正德七年，令在外问刑衙门。凡问拟囚犯该纳纸札者，二分纳纸，八分折米谷上仓，不许折收银两。”嘉靖四年奏准：“陕西各边及近边军职犯罪，准徒立功，未经起解及已到配所者，俱许令纳米或折纳杂粮上仓赎罪，完日还职，仍于原卫所带俸差操。每徒半年，纳米一十石，折杂粮一十五石。其未到配所者亦照前数递减。”[③] 嘉靖五年奏准：大同、宣府、榆林、山西等处及宁夏等处，凡问军职立功，未经起解及已到配所愿纳赎者，照四年例折纳杂粮或折银，完日回卫所住，待年限满日带俸。若本镇钱粮不乏，有犯者仍令立功，不准赎。[④] 嘉靖七年重修条例中规定：京外有力罪囚视在京运囚粮每米五斗，纳谷一石。初折银上库，后折谷上仓。万历十五年二月，“令府、州、县自理罚赎，俱令折谷，不许纳银。有徒杖不能全完者量减石数，其充军罪重情轻者亦许纳赎”。[⑤] 总之，纳米赎罪在整个明代始终是赎刑制度中比较重要的罚赎形式。

（二）马、豆、草

古代马具有极高的使用价值，运输、乘驾、作战都离不开马，故历代统治者都极为重视，明代亦不例外。明初便有纳马赎罪之例，主要是为建立各地驿站网络的需要，洪武十六年，就曾释“刑徒七十七人，发河南归德、永城诸驿，人入马一匹传递，以赎其罪”。[⑥] 成

---

① ［明］李东阳等纂：《大明会典》卷一七六，刑部十八《五刑赎罪》，第 2431 页。
② ［明］李东阳等纂：《大明会典》卷二二，户部九《仓庾二·预备仓》，第 407 页。
③ ［明］李东阳等纂：《大明会典》卷一七六，刑部十八《五刑赎罪》，第 2432 页。
④ ［明］李东阳等纂：《大明会典》卷一七六，刑部十八《五刑赎罪》，第 2432 页。
⑤ ［明］王圻：《续文献通考》卷一百三十九，《刑考·赎刑》，考四零四六。
⑥ 《明太祖实录》卷一五六，洪武十六年九月乙丑。

化二年，因军队缺马，令：“有杂犯死罪及徒流杖罪，愿纳马者，宜依运砖、纳豆等例，改定马数，听其赎罪。”① 同年定纳马赎罪例：“令在京文武官吏军民人等，犯该徒、流等罪，有力者，送兵部估算运灰脚价纳马，徒二年，约脚价银一十三两三钱，二年半，约一十六两六钱，俱纳马一匹；三年，约二十两，三流，约二十三两三钱，俱纳马二匹，杂犯死罪，约银三十五两六钱，纳马三匹。每马一匹，准银十两。外剩脚角银两，不够买马一匹者，追收在官，会太仆寺委官随时买马。”② 除此之外，纳马也适用于边远地区的少数民族。永乐、宣德时边夷有犯，就有听赎马例。

豆和草为马的主要粮食，明代极为重视养马，尤其是军马，在战争年代起了重要作用，所以在马粮草短缺的时期，就会通过纳豆赎罪来弥补马料不足。在正统、景泰、天顺和成化年间，《明实录》中记载了大量陕西、北京、北直隶独石等地缺乏军马草料的实情。为解决上述问题，就出现纳豆、纳草条例。纳豆出现之初是与纳米同例，景泰元年重定山西所属罪囚于大同纳米豆赎罪例：“杂犯死罪纳米豆四十石，三流并徒三年减十石，徒一年半以下，每等递减五石，杖一百纳米豆八石，余四等递减八斗，笞五十纳米豆二石，余四等递减四斗。”③ 后天顺、成化年间定为独例：天顺七年，“命法司论断罪囚应徒者于独石仓纳豆赎罪，徒一年者十石，余四等递加五石”。④ 成化二年定杂犯死罪以下纳豆收赎例，巡抚左佥都御史奏：“独石急缺料豆，诸如先年赎徒法将杂犯死罪一体定例纳豆，其法：死罪五十石，三流三十五石，徒三年三十石，二年半二十五石，二年二十石，一年半十五石，一年一十石，杖一百者六石，九十者五石五斗，八十者五石，七十者四石五斗，六十者四石，笞五十者三石五斗，四十者三石，三十者二石五斗，二十者二石，一十者一石五斗，户部覆奏从之。”⑤ 纳草和纳马、纳豆一样都出现在成化时期，因这一时期马匹

① 《明宪宗实录》卷三三，成化二年八月辛丑。
② ［明］李东阳等纂：《大明会典》卷一七六，刑部十八《五刑赎罪》，第 2432 页。
③ 《明英宗实录》卷一八八，景泰元年闰正月戊申。
④ 《明英宗实录》卷三四九，天顺七年二月辛未。
⑤ 《明宪宗实录》卷二七，成化二年三月庚午。

缺失而受到格外重视。成化十四年，“令辽东二十五卫囚犯纳草赎罪，除笞杖并犯死罪及例该充军等项并无力外，其余杂犯死罪纳草三百五十束，徒三年纳草二百五十束，徒二年纳草二百束，徒一年纳草一百五十束，杖罪每一十纳草十束”。[①] 纳草在成化年以后不见有赎例出现。

除以上实物外，明代还有麦、盐、铁、石、木、瓦灰等，多根据当时政府所需，实用性和临时性特征明显，体现了该时期的例赎方式灵活多样。

三、纳　银

（一）纳钞、纳钱、折银、纳银

明代的货币市场较为混乱，钱、钞、银共存于市与历代钱兼行，且大明宝钞未储备铜银为钞本，只以新钞为钞本，强行赋予它使用价值，这一违背了货币规律的做法，导致了钞的价值严重失实，扰乱了货币市场。加上恶币（未足值的钱币）的泛滥，明代的货币市场一而再再而三地波动变化。而赎刑也在这种变化中充当着调节的作用，纳赎的货币形式也随之在不断变化。

1. 从纳钞到折银和纳银。明初，《大明律》以铜钱为收赎的主要形式，“明例律”中规定了各刑种的赎罪铜钱数量。永乐、成化年间，为推行纸钞的流通，国家禁止白银与铜钱的流通，所以当时的货币赎例主要采纳钞赎罪的形式。永乐十一年，定纳钞赎罪：“除公罪依例纪录收赎，及律该死罪情重者依律处治，其情轻者，斩罪赎钞八千贯，绞罪及榜例死罪六千贯，流罪三千贯，徒罪二千贯，杖罪一千贯，笞罪五百贯。”[②] 永乐二十二年以钞法不通，两次再令纳钞赎罪。其后宣德二年、景泰元年、天顺五年皆诸令为纳钞赎罪，且纳钞数额不断攀升，永乐十一年笞罪五百贯，到宣德二年时据都察院右都御史王彰等奏：“先令笞杖罪囚每一十赎钞二千贯，”以至于“逃军逃匠

---

① ［明］李东阳等纂：《大明会典》卷二十五，户部十二《草料》，第460页。
② 《明太宗实录》卷一四零，永乐十一年五月辛亥。

等无钞追纳"，不得不"令官吏有犯赎钞余依旧决遣"。[①] 景泰元年，笞五十仍为千贯，可见，纸钞贬值严重，其实，在正统和成化时期，宝钞已绝迹于民间流通，而政府却极力推行，在赎刑方面，不断提高赎钞的额度，但由于钞贬值速度快，额度大，通过赎钞来惩罚罪犯虽然比律赎来说较为有力，但从政府的收入和相对其他形式的惩罚来看，依然大打折扣。所以，在此期间，虽然仍有纳钞赎罪，但通行的却是纳实物的形式来赎罪。后纳实物逐渐转变成更为方便的折银的形式来赎罪，迫使统治阶级开始重视并寻求通过折银的方式来逐渐改变当时纳钞赎罪的困境。弘治十四年，首次出现"例难的决者"纳钞折银条例："奏准刑部、都察院问完例难的决人犯并妇人有力者，每杖一百该钞二千二百五十贯，折银一两，每十以二百贯递减，至杖六十为银六钱，笞五十该钞七百五十贯，折银五钱，每十以一百五十贯递减，至笞二十为银二钱，笞一十该钞二百贯，折银一钱。"[②] 值得注意的是，和纳米折银相比，最大不同在于，纳米折银是根据米的时价来确定折银的数额，而纳钞折银并不是根据纳钞的数额来者确定该折银数额，而是直接以刑罚确定银数，所以，通过折银来纠正钞的贬值的目的性很强，也为纳钞折银转化为纳银赎罪打下了坚实的基础。在正德二年，曾出现过短暂的钱钞兼收制度："如杖一百该钞二千二百五十贯，折银一两，该折收铜钱七百文，今收钞一千一百二十五贯，收钱三百五十文，余四杖五笞，俱照原递减钞数，钱钞中半收受。"[③] 到嘉靖七年十二月时，诏定赎罪与收赎钱钞则例，采纳巡抚湖广都御史朱廷声的建议，"例钞"和"律钞"一律折银，且分别采用不同的折银等则，"例钞"重，"二千二百五十贯，折银一两"；"律钞"轻，"每贯折银一分二厘五毫"[④]。通过折银条例的制定，一方面解决了钞遭到抵制的困境，另一方面也在一定程度上缓解了"例钞"和"律钞"相差悬殊的状况。"律钞"是祖宗之制，不容改变，而"例钞"则根据贬值的状况急剧增加，为解决两者之间的矛

① 《明宣宗实录》卷二五，宣德二年二月己酉。
② ［明］李东阳等纂：《大明会典》卷一七六，刑部十八《五刑赎罪》，第 2429 页。
③ ［明］李东阳等纂：《大明会典》卷一七六，刑部十八《五刑赎罪》，第 2430 页。
④ 《明世宗实录》卷九六，嘉靖七年十二月辛巳。

盾，通过折银的方式相对提高“例钞”的折银比率，而相对降低了“例钞”的折银比率。由于折银比率并非是依据纳钞数而定，所以纳钞折银就转变为直接纳银的制度，在朱廷声的建议被采纳后，“是时重修条例，奏定赎例”，纳银制度得以普遍实施，一直沿用到明亡。

2. 从纳米到折银和纳银。纳实物赎罪盛行于宣德、天顺、成化年间，但纳实物赎罪存在运输难问题，不如代之以纳银以购买实际所需之物。其实最早出现的纳银也是为解决纳实物时运输不便的基础上产生的，早在正统三年，有司奏准：“湖广镇远、偏桥、平溪、清浪、铜鼓、施州六卫，俱临极边，不通舟楫，挽运军难，若请以湖广罪囚该纳米赎罪者，每米一石折银三钱，积至半岁，类送各卫与米相兼支给。”① 后来由于这种制度有很大便利之处，所以很快在一些地方得到推广和应用。正统四年二月，陕西按察使陈正伦言：“所属府县旱涝，边储不敷，河南山东民力颇舒，河南罪囚纳米赎罪者已行折银，类送陕西备用，山东等处亦宜照例。”遂奏准“更定山东等处罪囚赎银例”：“将山东、浙江、江西、直隶犯罪该纳赎米折银，死罪三十六两，流罪二十四两，徒罪三年二十一两，二年半一十八两，二年至一年递减三两，杖一百六两，九十五两五钱，八十至六十递减五钱，笞五十二两五钱，四十至一十递减五钱，俱本处官司收贮，半年一次差人类解陕西布政司交收，不愿纳银者照旧纳米，笞杖本处，徒流死赴府县，贫难者笞杖的决，徒流死煎盐备御，徒照年限，流四年，死五年，满日释放。”可见，当时出现的折银制度是为弥补纳实物运输不便而产生的。所以折银还是一种从属于纳实物赎罪方式，非独立的纳银赎罪方式。并且，如果不愿纳银还可以继续纳实物，并且在开始阶段这种折银制度还不成熟，折银的标准主要以米价为准，而各地的米价相差很大，所以造成各地纳银相差很大，而无法统一。正如山东按察司佥事薛瑄奏云：“山东每银一两买米五石，以银折米数多三倍有余，乞将赎罪银数照以时直，斟酌轻重，使之送纳，无力者，官吏解京做工，其余仍照旧例。”② 虽然折银的标准还没统一，

① 《明英宗实录》卷四五，正统三年八月辛巳。

② 《明英宗实录》卷五一，正统四年二月甲戌。

还非强制性规定，但由于折银制度具有纳实物无可比拟的便利性，使得这种制度很快在随后的景泰、成化、弘治年间得到较为广泛的实施。据《明实录》记载，景泰七年湖广犯赃等罪官吏于贵州镇远等仓纳米赎罪，每米一石追银一两。[①] 成化三年，命陕西杂犯死罪并笞杖徒流者俱纳粮草折银收赎；[②] 成化四年，定陕西附近、山西、河南问拟罪囚犯除真犯及官吏受财枉法例该充军外，杂犯死罪徒流杖笞罪囚纳米赎罪者俱照时价折银送部政司收用。[③] 成化十年，定南、北直隶、河南、山西等缺米处纳米赎罪囚可折银赎罪。[④] 此后，规定了在京和山东军职者、陕西延绥、云南等处罪囚可折银赎罪。弘治十年十月，许"陕西所属衙门徒流罪囚纳银米赎罪"；[⑤] 弘治十四年，令浙江和南直隶所属"徒流杂犯死罪囚犯俱照弘治十年事例纳银赎罪"；[⑥] 弘治十六年，命东宁"杂犯死罪以下俱准纳米收赎每米一石令筑墙五尺，不愿者，出银八钱雇役"；[⑦] 到弘治十六年陕西边镇有警，则直接命纳银。至此，纳银赎罪逐渐从纳米的依附和折价中解放出来，成为较为独立的赎罪方式。

3. 从罚役到折银和纳银。罚役赎罪方式盛行于洪武年，后逐渐被纳钞和实物所取代，但并未完全消失，因为在纳米的实施过程中会出现无力纳米的情形，如洪武三十五年九月，"上谓刑部、都察院臣曰，前敕法司，令囚人入米赎罪以省转输之劳。近闻有贫不能致米者，往往忧戚死。期欲生之乃速之死。自今凡人命、十恶死罪，强盗伤人者依律处决，其余死罪及流罪令挈家父北平种田，流罪三年，死罪五年，后录为良民。其徒罪令煎盐，杖罪输役如故，自愿纳米赎罪者听。"[⑧] 这样，这种较为灵活和可供选择例赎的方式，既是对纳米赎罪方式的一种有效补充，也使所有的情形都可以通过例赎获得相应

① 《明英宗实录》卷二六八，景泰七年七月癸酉。
② 《明宪宗实录》卷四一，成化三年四月已未。
③ 《明宪宗实录》卷五七，成化四年八月壬子。
④ 《明宪宗实录》卷一三二，成化十年八月甲申。
⑤ 《明孝宗实录》卷一三零，弘治十年十月癸酉。
⑥ 《明孝宗实录》卷一七五，弘治十四年六月戊戌。
⑦ 《明孝宗实录》卷一九七，弘治十六年三月癸酉。
⑧ 《明太宗实录》卷一二，洪武三十五年九月甲午。

的惩罚，增强了例赎的普遍性和可操作性。随后在永乐年间仍延续了对无力纳米者罚役制度，令死罪以下罪囚运米，“无力运粮者，发天寿山种树，死罪终身，徒罪年限有差，杖罪每等种树五百株、笞罪一百株”[①]。同时，对待无力纳钞者也采用劳役的形式来赎罪，永乐十一年，罪囚纳钞赎罪例中规定：“无资赎者，依前拟发遣种树。”[②] 另外，历代政府还会根据建造需要令罪囚做工、运水、运砖和煎盐等多种劳役，随着纳钞和纳米折银的出现，为使各种赎刑方式的标准统一，劳役折银也开始受到重视，所以在嘉靖七年的重修赎罪条例中规定了劳役折银的具体额度，同样劳役罪囚无力纳银者仍要服劳役，而对“有力”和“稍有力”者规定了纳银数额：“做工：每笞一十，做工一月，折银三钱，至徒五年，折银十八两。运囚粮：每笞一十，米五斗，折银二钱五分，至徒五年，五十石，折银二十五两。运灰：每笞一十，一千二百斤，折银一两二钱六分，至徒五年，六万斤，折银六十三两。运砖：每笞一十，七十个，折银九钱一分，至徒五年，三千个，折银三十九两。运水和炭：每笞一十，二百斤，折银四钱，至徒五年，八千五百斤，折银十七两。”[③] 万历十三年，仍实施“律钞”和“例钞”的折银制度，“复申明焉，遂为定制”，当然也出现过反复，由于缺乏实物，万历十五年二月，令府、州、县自理罚赎，俱令折谷，不许纳银，但只是短暂的一时的规定。万历十三年所定的做工、运灰、运砖、运水和炭折银的具体数额如表3－13至表3－16所示。

表3－13　万历十三年舒化《大明律附例》所载纳赎例

	笞一十	笞二十	笞三十	笞四十	笞五十	杖六十	杖七十	杖八十
在京								
做工折银	一个月	一月半	二个月	二月半	三个月	四个月	四月半	五个月
	三钱	四钱五分	六钱	七钱五分	九钱	一两二钱	一两三钱五分	一两五钱

① 《明太宗实录》卷一四零，永乐十一年五月庚辰。

② 《明太宗实录》卷一四零，永乐十一年五月丁亥。

③ ［清］张廷玉：《明史》卷九十三，志第六十九《刑法》一，中华书局1974年版，第2295～2296页。

续表

	笞一十	笞二十	笞三十	笞四十	笞五十	杖六十	杖七十	杖八十
运囚粮	五斗	一石	一石五斗	二石	二石五斗	六石	七石	八石
运灰折银	一千二百斤	一千八百斤	二千四百斤	三千斤	三千六百斤	四千二百斤	四千八百斤	五千四百斤
	一两二钱六分	一两八钱九分	二两五钱二分	三两一钱五分	三两七钱八分	四两四钱一分	五两零四分	五两六钱七分
运砖折银	七十个	一百零五	一百四十个	一百七十五个	二百一十个	二百四十五个	二百八十个	三百一十五个
	九钱一分	一两三钱六分五厘	一两八钱二分	二两二钱七分五厘	二两七钱三分	三两一钱八分五厘	三两六钱四分	四两九分五厘
运水和炭折银	二百斤	三百斤	四百斤	五百斤	六百斤	七百二十斤	八百二十斤	九百二十斤
	四钱	六钱	八钱	一两	一两二钱	一两四钱四分	一两六钱四分	一两八钱四分
在外								
有力	米五斗谷一石	米一石谷二石	米一石五斗谷三石	米二石谷四石	米二石五斗谷五石	米六石谷十二石	米七石谷十四石	米八石谷十六石
稍有力（折纳工价）	三钱	四钱五分	六钱	七钱五分	九钱	一两二钱	一两三钱五	一两五钱
稍次有力（折纳工食）①	一钱	二钱	三钱	四钱	五钱	六钱	七钱	八钱

① “稍次有力”项出自《大明律疏附例所载续例附考及新例·新例·名例例·五刑》，稍次有力最早见于嘉靖三年三月，都御史王荩题、佥事周期雍呈：“家道稍次者，折纳工食。因在外巡抚便宜处置，照前稍有力之数，量减一半。笞一十折银一钱五分，徒一年银一两八钱，徒五年银九两。似觉稍重，办纳不前。”后改为“徒罪每年该银一两二钱，杖罪以上每一十该银一钱，余皆依数准折”。嘉靖七年闰十月刑部奏称：“犯罪有力纳米，无力做工，俱有旧制。后因摆站瞭哨，监守卖放，不得实用，又奏添稍有力纳工价之例，颇亦便民。但今添稍次有力纳工食之说，则繁琐亦甚，且资出入之弊。所当禁革。”所以“稍次有力”折银赎罪出现于嘉靖三年三月，不行于嘉靖七年七月。《明史·刑法志》中除载有“稍次有力”还有“颇有力”，但“颇有力”之说出处无从考证，只知嘉靖七年和“稍次有力”一起被革除。

表 3-14　万历十三年舒化《大明律附例》所载纳赎例

	杖九十	杖一百	徒一年	徒一年半	徒二年	徒二年半	徒三年	徒四年	徒五年
在京									
做工折银	五月半 一两六钱五分	六月 一两八钱	三两六钱	五两四钱	七两二钱	九两	十两八钱	十四两四钱	十八两
运囚粮	九石	十石	十五石	二十石	二十五石	三十石	三十五石	四十石	五十石
运灰（斤）折银	六千斤	六千六百	一万二千	一万八千	二万四千	三万斤	三万六千	四万八千	六万斤
	六两三钱	六两九钱二分	十二两六钱	十八两九钱	二十五两二钱	三十一两五钱	三十七两八钱	五十两四钱	六十三两
运砖（个）折银	三百五十个	三百八十五个	六百个	九百个	一千二百个	一千五百个	一千八百个	二千四百个	三千个
	四两五钱五分	五两五钱	七两八钱	十一两七钱	一十五两六钱	一十九两五钱	二十三两四钱	三十一两二钱	三十九两
运水和炭	一千二十斤	一千一百二十斤	一千七百斤	二千五百五十斤	三千四百斤	四千二百五十斤	五千一百斤	六千八百斤	八千五百斤
折银	二两四分	二两二钱四分	三两四钱	五两一钱	六两八钱	八两五钱	十两二钱	十三两六钱	十七两
在外									
有力	米九石 谷十八石	米十石 谷二十石	米十五石 谷三十石	米二十石 谷四十石	米二十五石 谷五十石	米三十石 谷六十石	米三十五石 谷七十石	米四十石 谷八十石	米五十石 谷百石
稍有力（折纳工价）	一两六钱五分	一两八钱	三两六钱	五两四钱	七两二钱	九两	十两八钱	十四两四钱	十八两
稍次有力（折纳工食）	九钱	一两	一两二钱	一两八钱	二两四钱	三两	三两六钱	四两八钱	六两

表 3－15　《明会典》所载"在京"和"在外"纳赎诸例图①

	笞一十	笞二十	笞三十	笞四十	笞五十	杖六十	杖七十	杖八十
在京								
做工	一个月	一个半月	二个月	二个半月	三个月	四个月	四个半月	五个月
运米	五斗	一石	一石五斗	二石	二石五斗	六石	七石	八石
运灰折银	一千二百斤	一千八百斤	二千四百斤	三千斤	三千六百斤	四千二百斤	四千八百斤	五千四百斤
	一两八分	一两六钱二分	二两一钱六分	二两七钱	三两二钱四分	三两七钱八分	四两三钱二分	四两八钱六分
运砖折银	七十个	一百零五个	一百四十个	一百七十五个	二百一十个	二百四十五个	二百八十个	三百一十五个
	三钱	六钱	九钱	一两二钱	一两五钱	一两八钱	二两一钱	二两四钱
运水和炭折银	二百斤	三百斤	四百斤	五百斤	六百斤	七百二十斤	八百二十斤	九百二十斤
	四钱	六钱	八钱	一两	一两二钱	一两四钱四分	一两六钱四分	一两八钱四分
在外								
有力旧例折银上库今定折谷上仓	米五斗 谷一石	米一石 谷二石	米一石五斗 谷三石	米二石 谷四石	米二石五斗 谷五石	米六石 谷十二石	米七石 谷十四石	米八石 谷十六石
稍有力	工价三钱	四钱五分	六钱	七钱五分	九钱	一两二钱	一两三钱五	一两五钱

① 在京及在外"纳赎诸例图"除万历十三年舒化《大明律附例》所附之外，还见于万历《明会典》，亦见于《大明律》诸版本所附，沈家本在其《历代刑法考·刑法分考》中考证："嘉靖、隆庆二本，此图并与《明会典》同。万历三十四年本图，其目同，惟米曰运囚粮，灰至石并有"运"字。其做工，多折银一层。"

表 3－16　　《明会典》所载“在京”和“在外”纳赎诸例

	杖九十	杖一百	徒一年	徒一年半	徒二年	徒二年半	徒三年	流罪	杂犯死罪
在京									
做工	五个半月	六个月	照徒年限						
运米	九石	十石	十五石	二十石	二十五石	三十石	三十五石	四十石	五十石
运灰（斤）折银	六千	六千六百	一万二千	一万八千	二万四千	三万	三万六千	四万二千	六万四千二百
	五两四钱	五两九钱四分	十两八钱	十六两二钱	二十一两六钱	二十七两	三十二两四钱	三十七两八钱	五十七两七钱八分
运砖（个）折银	三百五十个	三百八十五个	六百个	九百个	一千二百个	一千五百个	一千八百个	二千一百个	三千二百个
	二两七钱	三两	四两	六两	八两	十两	十二两	十四两	十六两
运水和炭	一千二十斤	一千一百二十斤	一千七百斤	二千六百五十斤	三千五百斤	四千二百五十斤	五千一百斤	五千八百斤	九千斤
折银	二两四分	二两二钱四分	三两四钱	五两二钱	七两	八两六钱	十两四钱	十一两六钱	十八两
在外									
有力	米九石 谷十八石	米十石 谷二十石	米十五石 谷三十石	米二十石 谷四十石	米二十五石 谷五十石	米三十石 谷六十石	米三十五石 谷七十石	米四十石 谷八十石	米五十石 谷一百石
稍有力	一两六钱五分	一两八钱	三两六钱	五两四钱	七两二钱	九两	十两八钱	十四两四钱	十八两

摘自万历《明会典》所载《在京纳赎诸例图》、《在外纳赎诸例图》。①

① ［明］李东阳等纂：《大明会典》卷一七六，刑部十八《五刑赎罪》，第 2433 页。

舒化所载赎例图与《明史刑法志》所记载的嘉靖七年重修条例中赎例在条目和折银数额上完全相同。就此图而言，嘉靖七年所定折银数额相差很大，同是徒五年，运水和炭折银十七两，做工折银十八两，运囚粮折银二十五两，运砖折银三十九两，而运灰折银却高达六十三两，和最少的运水和炭相比，相差四十六两，正如《明史·刑法志》中所评价的那样：“运灰最重，运炭最轻。”[①]《明会典》所载赎罪条例和嘉靖七年条例相比，在运灰和运砖两项上作出了相应调整，虽然，运灰和运砖数量并无增减，但所折银两都有所下降：笞一十运灰一千二百斤折银一两二钱六分减为折银一两八分，徒三年运灰三万六千斤折银三十七两八钱减为三十二两四钱；笞一十运砖七十个折银九钱一分减为折银三钱。但是和在外纳银相比，在京纳银赎罪复杂且标准不统一，所以，在京所定折银在具体操作上很难实施，“至万历中年，中外通行有力、稍有力二科，在京诸例，并不见施行。而法益归一也”。[②] 可见到万历中年时，“在京”赎例方式已名存实亡，“在京”、“在外”都采用嘉靖七年所定“在外”纳银等则，分别按有力、稍有力纳银。至此，例赎方式最终都演化为纳银，赎刑方式也开始走向统一。

四、罚俸赎罪

罚俸是指依纳赎标准克扣犯罪官员相应数量俸禄以达到惩治罪犯目的的一种纳赎方式。是一种间接的纳赎，其罚赎对象为领取俸禄的官员。这是明代一种较早的罚赎方式，早在明初罚俸就已经出现。洪武六年，工部尚书黄肃坐法当笞。上曰：“六卿之职，不宜以细故加辱。命以俸赎罪。”[③] 后将其制为定制，洪武三十年命部院议定赎罪事例：凡内外官吏，犯笞杖者记过，徒流迁徙者俸赎之，三犯罪之如律。[④] 洪武三十五年定武官赎罪例：“凡武官犯死罪，情轻者夺俸三

① ［清］张廷玉：《明史》卷九十三，志第六十九《刑法》一，中华书局1974年版，第2296页。
② ［清］张廷玉：《明史》卷九十三，志第六十九《刑法》一，中华书局1974年版，第2300页。
③ 《太祖实录》卷七十八，洪武六年春正月丙辰。
④ ［清］张廷玉：《明史》，卷九十三，刑法志一，中华书局1974年版，第2293页。

年，流罪二年，徒罪一年，杖罪当罢职者夺俸六月，当降者三月”。[①] 弘治十三年的《问刑条例》中仍然载有罚俸的规定：“云、贵军职，及文职五品以上官，及各处大小土官，犯该笞杖罪名，不必奏提。有俸者照罪罚俸，无俸者罚米。”[②] 但并不是所有的罚俸都是赎刑方式，这里的罚俸赎罪特指以克扣俸禄的形式折抵所犯刑罚（如笞、杖、徒流、死）的方式，那些直接根据官吏所犯罪行而罚俸的形式则不属于赎刑的方式，是一种独立的刑种，类似于今天的罚款，只不过是以俸禄折抵所犯罪行的形式出现的，如《大明律》职官有犯条规定：“若府州县官犯罪，所辖上司不得擅自勾问，”但“其犯应该笞决、罚俸、收赎纪录者不在奏请之限”。[③] 可见在这里，罚俸与收赎是非包含关系，并且是和笞刑、收赎一样较轻的刑法，并非赎刑的一种赎罪方式，如《大明律集解附例》所载百司官吏“不能讲解、不晓律意者，官罚俸钱一月，吏笞四十”；[④] 官吏在应试时受财代替、夹带传递及纵容不举察捉拿者，官罚俸一年，[⑤] 这些罚俸没有和所犯刑罚相结合，直接和所犯罪行相结合，不属于赎罪方式。后罚俸赎罪为明统治者广泛应用，直至明亡。

沈家本对明代例赎的赎法发展和特点给予了较为精辟的总结：“赎法至明，可谓繁矣，纳钱、纳马皆暂行于一时，不久即废，惟纳钞、纳米行之最久。纳钞者后改为纳钱，或钱钞兼收，后又改为折钱。纳米者或以麦豆抵。其无力或以工作，其应工作者或又折银。赎与役两法，每相辅而行。”[⑥]

---

① 《明太宗实录》卷十二，洪武三十五年九月甲午条。

② 弘治十三年《问刑条例》，参见杨一凡的《中国珍稀法律典籍集成》（乙编）第二册，科学出版社 1994 年版，第 220 页。

③ 《大明律》卷一，《名例律·职官有犯》，怀效锋点校，法律出版社 1998 年版，第 4 页。

④ ［明］高举：《大明律集解附例》卷之三，《律·吏律·公式·讲读律令》，续修四库全书，上海古籍出版社 1995 年版，第 863～323 页。

⑤ 弘治十三年《问刑条例》，参见杨一凡的《中国珍稀法律典籍集成》（乙编）第二册，科学出版社 1994 年版，第 228 页。

⑥ ［清］沈家本《历代刑法考》刑法分考十六“赎”按语，中华书局 1985 年版，第 474 页。

第四章
明代赎刑的司法审判制度

明代赎刑的司法审判制度主要是指审判机关根据《大明律》或赎刑条例的规定，对符合赎刑构成要件的罪囚判决相应的赎刑、确定赎刑的种类和赎刑方式的过程。具体来讲，主要包括赎刑的审判机关和赎刑的拟定和决定程序。另外，本章还对一些疑难案件的审判进行了分析。

第一节 赎刑审判机关及程序

明代赎刑的审判前提是首先要确定罪囚应受到的刑罚，然后再根据具体情况决定是否采用赎刑。所以在第一个程序中，明代赎刑审判机关和普通审判机关相同，分为中央和地方两个审判机构。中央审判机构主要是刑部，大理寺为复核机构，都察院为法律监督机构。地方审判机构分为省、府、州县三级，省总督是当地最高司法审判官，具有本省案件的批准权和上报权，下设省布政使掌管本省刑、民案件，布政使下设提刑按察使为助手，可自行审理徒刑案件，流刑以上案件需报送中央刑部审理。知府为本府地区的最高司法审判官，拥有本府杖一百以下案件的裁决权，徒流刑以上案件需报送省布政司审理。知州和县令为州县的最高审判官，负责审理笞刑以上、杖刑八十以下的各类案件，遇杖九十、杖一百以上案件须上报府级审理。

由于赎刑是替代刑，所以赎刑的判决程序也要遵循以上审判程序来实施。具体来讲，在外赎刑审判决定程序是：对待符合赎刑适用条件的罪囚，如果是赎笞和赎杖则直接由州、县审判机关在判定刑罚的基础上同时初拟赎刑，如果罪囚本身无异议，该刑罚的判决和所附赎刑同时生效，而遇到赎徒、赎流、赎死案件则由初审机关初拟刑罚并附赎刑初拟意见，上报具有判决该刑罚权限的上级司法机关，由该司法机关最终判决相应的刑罚并作出其权限内的赎刑决定。省级按察使司有权决定赎流和赎徒案件，而对于赎死案件审理后上报中央刑部，刑部申详后由大理寺决定。

在京的审判决定程序是：对于京师内及京郊巡捕军校破获的刑事案件，赎笞、杖由刑部决定，赎徒、流、死由刑部初拟，大理寺决定。北直隶其余州县，赎笞、杖由州县直接决定，赎徒、流、死由州县初拟，经府审详刑部，大理寺决定。南京和应天府，赎笞、杖由南京刑部决定，赎徒、流、死由南京刑部初拟，南京大理寺决定，南直隶其余各州县赎笞、杖由州县直接决定，赎徒、流、死由州县初拟，经府审详南京刑部，南京大理寺决定。

第二节

赎刑的审判拟定制度

赎刑的审判拟定是指初审机关对罪囚进行审判时，在确定所应受刑罚的基础上，确定是否符合赎刑条件以及符合条件的哪一种情形、应该采取何种赎刑方式的审查和草拟，如果拟定赎刑为本机关权限范围之内的案件，则拟定为审判决定，如果为权限范围之外，拟定需要报送上一级机关审查决定。

一、是否能赎的条件审定

明代的赎刑判决是强制性规定，而非选择性规定，即对于符合赎刑条件的罪囚必须适用相应的赎刑来替代原应受刑罚。如果该收赎而未判决收赎，相关审判人员是要受到惩罚的。《大明律》对此有明确规定："凡断罪应决配而收赎、应收赎而决配，各依出入罪，减故失一等。"① 可见，赎刑的拟定首先需要审判机关明确赎刑适用的条件。对于"律赎"来说，要注意收赎的限制条款和许可条款，明代的赎刑范围除受罪囚的身份限制外，还受刑罚的刑种限制，通常"十恶不赦"、"常赦所不原"不许赎，其他符合《大明律》赎刑条款的都可赎。但这一规定十分概括，在具体拟定中还要具体问题具体分析，清代王明德在《读律佩觿》中云："十恶不赦、常赦不原二条，虽云所指，不分首从，只要关乎其中的，都在不赦不原之中，然而具体分析，又会对有关刑轻者变更为赎，定律之初并未直接明示，只在名例中统而括之，在赎例中也统而括之，这样就会相互矛盾。"② 为了便于审判，王明德详细地分析归纳了清律中笞、杖、徒、流、死中不许赎和许赎的具体条款。可见，要想准确的决定赎刑，在明确赎刑中《大明律》所载依据的同时，还要注意分析赎刑的限制条款以及具体的案件，这样才能使赎刑判决准确无误。

对于"例赎"的拟定则更是复杂，这是因为例赎条例繁多且变动非常快，所赎范围更加宽广，"除真犯死刑外，自杂犯斩绞以至于笞，无不各着以折赎、收赎各例，惟以无力、有力为赎与决配之差，迹而论之，似乎凡曰五刑，无不皆在所赎之中，而不知实有不概准折

① 《大明律》卷第二十八，刑律十一，断狱，断罪不当，怀效锋点校，法律出版社 1998 年版，第 223 页。

② ［清］王明德：《读律佩觿》卷七，怀效锋主编，何勤华等点校，法律出版社 2001 年版，第 260 页。

之异”。[1] 所以在审判例赎时，首先要看罪囚所犯是否为“真犯死罪”，此外要看罪囚是否具有赎刑的经济能力，经济能力强的称为“有力”，其次为“稍有力”，最后为“无力”。嘉靖朝曾出现过“颇有力”，“次有力”，后由于操作不便，“因御史言而革”[2]。由于“有力”“无力”和“稍有力”的判决结果不同，所以，初审司法机关在拟定时对待符合赎刑条件的罪囚还要进行“有力”、“无力”和“稍有力”的判定，而判定的标准主要看罪囚有无赎罪的经济能力，法司要经过询问罪囚本人、涉案者以及里老来确定罪囚的经济能力是否达到所赎罪行的标准，所以说“有力”和“无力”是个相对的概念，如果罪囚具有完成所犯笞罪应赎钞、米或银数额的能力，就属于“有力”，但不具有完成所犯“杂犯死罪”应赎钞、米或银数额的能力，就属于“无力”。可见，“有力”、“无力”以及“稍有力”设定目的是为了保证所判赎刑能够得到有效执行，正如曾任山西按察使吕坤所言：“凡审赃、审力，先看犯人力量，如果力量不堪，干证不肯保押者，多系贫难棍徒，入官给主之赃，不宜多坐，仍不宜逼认有力，以至追迫太苦，前件难完，上下俱不便也。”[3] 经过审查大致可以把符合赎罪条件的罪囚分为三类：“无力”，“有力”，“稍有力”。

而对于符合赎罪条件的“无力”罪囚，司法术语叫做“审无力”，对待这类罪囚，有两种拟定办法，一是取消实施赎刑的资格，直接按所犯刑罚的决。如正统五年，因犯笞、杖罪囚折合劳役不便，一改前期对无力笞、杖罪囚按月、日计劳役的形式，“令无力赎罪者，沿海边卫旗军、舍余照旧例的决”。[4] 而死罪和徒流依然按年限劳役。弘治十三年的《问刑条例》仍然将符合赎刑的无力笞、杖罪囚的决：“官吏人等，例该革去职役，与军民人等审无力者，笞杖的决，徒、流、杂犯死罪各做工、摆站、哨瞭、发充仪从，情重者煎盐

① ［清］王明德：《读律佩觿》卷七，怀效锋主编，何勤华等点校，法律出版社 2001 年版，第 260 页。

② ［清］张廷玉：《明史》卷九十三，志第六十九《刑法》一，中华书局 1974 年版，第 2296 页。

③ ［明］吕坤：《吕公实政录》卷六，《提刑事宜·听讼》，文史哲出版社 1971 年版，第 789 页。

④ ［明］李东阳等纂：《大明会典》卷一七六，刑部十八《拘役囚人》，第 2438 页。

钞铁。"[①] 嘉靖二十九年《重修问刑条例》也有类似规定："凡卫所舍人、舍余、总小旗，犯笞杖者，有力运炭、纳米等项外或纳钞，无力的决。""养象军奴，犯杂犯死罪无力做工，笞杖的决。""对天文生有犯，笞杖有力纳钞，无力的决。"[②] 可见，对待"审无力"的罪囚，虽然也符合赎刑的条件，但由于"无力"不便执行，所以直接的决。但从总体上看，这种情形只适用于笞、杖轻刑，并且也并非所有的无力笞杖罪囚都必须要适用的决，大部分依然是做工。二是对"审无力"罪囚拟定为劳役赎罪。劳役赎罪出现和盛行于洪武年间，后来逐渐被纳米和纳钞所取代，但纳米和钞赎罪在执行中会遇到一个难题，那就是对待没有经济能力的罪囚怎么办，所以，宣德年间，把劳役赎罪同纳米、纳钞赎罪结合起来，成为纳米和纳钞赎罪的必要补充，即无力纳米和钞者仍然实行劳役方式赎罪，这样就使赎刑方式较为完善和系统，既能适用于各种情形的赎刑罪囚，又有利于赎刑的执行和实施。而"无力"罪囚的劳役的种类早期有做工、屯田、种树等，后来主要有运砖、运灰、运石、运水和炭、煎盐炒铁、摆站、哨瞭、充当仪从等。劳役有的以时间区分各刑罚的惩罚程度。做工，杂犯死罪有的为劳役终身，后为五年，流罪四年，徒按年限，笞杖为一月到半年不等；有的以数量区分惩罚程度，如种树、运物料等，具体数量赎例中都有明确规定，可照此拟定。

对待符合赎刑条件的"审有力"罪囚，又分为"有力"和"稍有力"两项。"有力"是指完全有经济能力赎免所犯刑罚，对待有力赎罪的罪囚会直接根据明律或条例的规定依法拟定所应劳役、纳米或钞数。"稍有力"则介于"有力"和"无力"之间，略显勉强，而对待"稍有力"罪囚在拟定时会比附"有力"的基础上，降低纳米或钞的数额。

---

① 弘治十三年《问刑条例》，参见杨一凡的《中国珍稀法律典籍集成》（乙编），第二册，科学出版社 1994 年版，第 220 页。

② 嘉靖二十九年《重修问刑条例》，参见杨一凡的《中国珍稀法律典籍集成》（乙编）第二册，科学出版社 1994 年版，第 437 页。

二、纳赎具体方式的拟定

上文论及对“审无力”的罪囚拟定：一是对笞杖犯的直接的决；二是拟定为劳役。同时，对于“审有力”的罪囚也有直接拟定为劳役的，而有的则拟定为纳米、纳钞，那么采用何种标准或依据来确定“有力”罪囚的赎刑方式问题，就成为判定是否能赎以及有无经济能力赎以后所亟须解决的问题。明代赎刑方式多且前后变化大，有的又可以相互折抵和选择，所以，拟定时较为复杂，但也有相应的规律可循。首先是每一时代都有这一时代实施赎刑的较为普遍方式，如洪武时期主要采用的赎刑方式为劳役，而永乐到弘治年间采用的主要赎刑方式为实物，其后逐渐以纳钱钞、银为主，至嘉靖初年普遍采用纳银赎罪方式。在拟定具体赎刑方式时，首先，法司应根据“条例”规定而定，而各条例都有其适用的空间效力，即这种条例适用的范围并非像《大明律》一样适用于全国，而是某一具体地域，往往是“一地一例”，各地域的赎刑方式的规定并不统一，比如“在京”和“在外”赎罪方式差别很大。如洪武十六年，“命刑部，凡十恶、真犯死罪者处决如律，余徒流笞杖者令代农民力役以赎其罪，在京犯者役十日、准笞二十，杖十，徒流各计年准之，杂犯死罪者罚戍边，在外犯笞杖者就决，徒流死罪送京师详谳”。[①] 此条例中，在京以役赎罪，而在外就决，徒流死罪是否赎罪还要送京师审查决定。后来“一地一例”的规定逐渐走向规范化，到嘉靖七年重修条例时，只分为“在京”和“在外”两种情形。“在京”主要赎罪方式为劳役，主要有做工、运粮、运灰、运砖、运炭和水、运石等方式；而在外主要分为“有力”和“稍有力”两种情形，而“有力”主要是纳米或折谷，而“稍有力”主要是缴纳工价银。而到万历中年时，“在京”赎罪方式已名存实亡，“在京”、“在外”都采用嘉靖七年所定“在外”纳银，分别按“有力”、“稍有力”纳银。至此，赎刑方式也开始走向统一。可见，赎刑的拟定在前期更为灵活和复杂，在后期较为简便易行，尤其是在前期，在拟定时也要注意区分罪囚所属辖区以及条例

① 《明太祖实录》卷一五一，洪武十六春正月丁卯。

的适用范围问题。后来，“在京”罪囚的赎刑方式较为复杂，存在多种赎刑标准不一且赎罪数额相差很大的情形，在这些方式中如何选择，史料中并未有明确记载，但应当是根据当时实际需要而定。成化二年二月工部左侍郎霍等题，为紧缺物料事，虞卫清吏使案呈，“缘因人节次遇蒙赦宥，以致运炭数少，未运数多，不敷应用，”“该工部将办派炭料、奏准行移在京法司拨囚搬运”。[①] 当工部等部门等急需运物料时，就会奏请拨囚犯搬运，这时法司就要根据实际需要，拟定罪囚的赎刑方式。《诸司职掌》中也有记载：“凡在京文武衙门公廨，如遇起盖及修理者，所用竹、木、砖、瓦、灰、石、人匠等项，或官为出办，或移咨刑部、都察院差拨囚徒，着令自办物料人工修造。”[②] 因此，当文武衙门等需要工料时，便报刑部、都察院等司法机关，这样刑部、都察院在拟定具体赎罪方式时，则根据实际需要，拟定做工、运米、运灰、运砖、运碎砖、运水和炭、运石等具体赎罪方式。又如洪武二十六年，“凡刑部问拟刑名，除真犯死罪的决外、其余笞杖徒流杂犯死罪应合准工者，……开送河南部，……凡遇修砌城垣、街道，修盖官员房屋及起筑功臣坟茔等项，其该衙门移文到部，照依工作处所，合用笞杖等囚，拨付监工人员收领，前去工役”。[③] 成化二十一年奏准：“刑部、都察院问拟徒罪以下，俱送工部，其笞杖罪囚，免其运灰，量为收银，置办狱具。其修仓囚犯，亦令每日出银一分，按月送部，成造枷镣等具，以备法司取用，有可修理者，仍送部修理应用。”[④] 以上两例是根据实际需要，拟定罪囚做工，而做的具体事项也是根据当时的需要而拨付囚徒到所需之处做工赎罪，有的“修砌城垣、街道”，有的“修盖官员房屋”，有的“起筑功臣坟茔”，有的折纳银两以“置办狱具”，“修仓囚犯”改为折银赎罪，“成造枷镣等具”。

赎刑的拟定要求严格按照明律和条例的规定来拟定，如果有官员

---

① 《皇明条法事类纂》卷之一，五刑类，“有力囚人搬运水和炭例”。

② 《诸司职掌》《工部·公廨》，参见杨一凡的《中国珍稀法律典籍续编》第三册，黑龙江人民出版社2002年版，第294页。

③ ［明］李东阳等纂：《大明会典》卷一七六，刑部十八《拘役囚人》，第2438页。

④ ［明］李东阳等纂：《大明会典》卷一八七，工部七，《营造五·狱具》，第2561页。

拟定错误或不当，同样会受到惩处。如成化十五年十二月，“太子少保刑部尚书林聪、大理寺卿宋旻等以郎中吴琮问拟王府官罪，应纳钞误拟运炭为违例，并以失于查照服罪，命俱宥之，仍停琮俸一月”。[①]并且一旦按照当时需要和律例的规定拟定以后，就不许随意改拟。成化三年三月，工部左侍郎奏，“为事司史杜能被刑部贵州清吏司问拟减等杖一百、徒三年，送工部运水和炭，完日为民，为因家道贫难，无力运纳，转发南城兵马指挥司监追杖并，经今七个月不能完纳。在监患病，日逐乞食过日。今追前炭五千二百斤，无亲揭借送纳，实是双身艰难”，奏请改拟做工，后被驳回，不许改拟，理由一是因为“前项水和炭等料，系是内府兵仗局等衙门及本部军器等局紧用物料”，又因为“其拨运囚犯又系法司问拟有力人数。今杜能等奏称贫难，要行照例改拨做功”，实为“捏词妄奏，若复准令改拨做工，诚恐各项运炭等项囚犯一概比例，所有各该衙门合用灰炭等料，不无缺用误事”。[②]所以不但不允许改拟，而且还重申各法司要从实审问，有力者照例送发运灰、运炭、运砖等项，无力者做工，如捏称无力，要行改拨做工，送原问衙门从重问拟发落。同样，在成化四年三月，工部奏请，“该做工的也着运石”，但查得正统、景泰都是“审有力者方可拟送运石”，“若将贫难无力之人一概运石，未免两相耽误，合无仍照旧例准做杂工”。可见，一旦按照赎刑条款拟定，就不允许擅自更改，虽然，都察院也认识到“法司问拟囚人，罪名虽同，而赎罪运砖、运炭、运灰、运石所费轻重不一”[③]，但也不提倡法司在拟定后随意更改，而是通过“重新定拟则例”的方式来调节赎罪方式轻重不一的现实。

虽然赎罪方式的拟定较为严格，但是对于那些在外所犯较轻的笞杖犯，本地的法司在拟定赎刑方式时则具有很大的自主权，可以根据本地的具体需要拟定本地赎刑方式。如成化年间，因山西平阳府曲沃县民困地贫，但当地盛产大枣，所以该县知县便令罪囚缴纳大枣赎

① 《明宪宗实录》卷一九八，成化十五年十二月甲戌。

② 《皇明条法事类纂》卷之一，五刑类，“法司审定有力囚犯问拟运砖等项不许捏称无力奏要改拨做工例”。

③ 《皇明条法事类纂》卷之一，五刑类，“有力囚人运石则例”。

罪，储枣数万斤，后来赈粟不济，即继以枣，民才免受饥荒，[1]《粤剑编》也记载万历年间类似例子，当时广东生长一种名为冶葛的毒草，遍地都是，食之杀人，“粤俗轻生，与人争，不胜，每服此图赖，人死讼之于官，多有因而抵偿者。长乐张叔弢下令，民间凡服毒图赖者，其仇释不问，主者之家，有父兄则以故杀子孙罪之，有子弟则以弑逆罪子。仍欲拔除其根苗，……令笞杖者，每一十纳毒草五斤以赎，积而焚之。行之二年，县治数里内已绝此种矣”。[2] 以上事例不见于官方正规的典籍案例中，并且都是京外自赎案件，所以并不是经常的做法。

三、赎刑拟定的书写及案例

赎刑在拟定时通过对该罪行是否能赎、是否具备能力赎以及赎刑具体方式的审查与确定后，如果罪囚适用赎刑，则刑罚与赎刑措施同时拟定，就要草拟文书或备案或上报上一级审判机关。在赎刑的拟定中，一般要写明罪囚姓名、罪囚所犯罪行、罪囚所犯罪名、罪囚适用的刑罚、罪囚的身份、罪囚的经济能力（有力或无力）、适用的赎刑措施。在书写过程中，“例赎”和“律赎”的用词不同，“凡问收赎，依律收赎，不可云赎罪。杖如七十该收赎钞四贯二百文。若赎罪，则该一千五百贯，收赎云：依律。赎罪云：照例”。[3]

《律条直引》中记载了大量有关赎刑拟定的案例。如：

“赵甲依祖父母，父母在而别立户籍、分异财产者律，杖一百。钱乙依居父、母丧而别立户籍、分异财产者律，杖八十。具有大诰减等，赵甲杖九十，钱乙杖七十。系军民、无力的决，有力与官吏纳米等项，完日还职役宁家。”[4]

《律条直引》所列赎刑拟定格式较为规范，它是各法司判案应遵

---

① ［清］姚之骃：《元明事类钞》卷三五，《果木门·枣赎》，文津阁四库全书，商务印书馆2005年版，第293～188页。

② ［明］王临亨：《粤剑编》卷二，《志时事》，中华书局1987年版，第72页。

③ 《刑名启蒙例》二，参见杨一凡的《中国珍稀法律典籍集成》（乙编）第一册，科学出版社1994年版，第652页。

④ 《律条直引》卷四，户律一，“别籍异财”，参见杨一凡的《中国珍稀法律典籍集成》（乙编）第一册，科学出版社1994年版，第687页。

循的规范模式，所以用语较为简练和精辟。

《王恭毅公驳稿》中也载有大量刑部拟定的刑罚附以赎刑的案例，申呈大理寺：

"大理寺为印信事据右寺案呈，刑部云南清吏史发审犯人二十一名，玄冕龙玉所犯俱合依同盗而奸者罪，一如窃盗，临时有拒捕者律皆斩，俱秋后处决。刘政依越渡关津者律减等，杖八十。胡恭、魏敏、王忠、张旺、王甫通、尹广、李兴、赵迪、徐来善、田广俱以不应得为而为之事理重者律减等，各杖七十。刘政等八名，俱斗级，田广系门千，各的决。赵迪系职官，审有力，照例运水和炭，完日。徐来善，系徐兴宁男，依家人共犯免科。"①

《王恭毅公驳稿》中所载刑部呈送的赎刑拟定案例，文中除载有刑部的拟定事由、刑罚和赎刑外，还载有大量的大理寺对案件的评述以及对赎刑适用的批示和意见。文中所载主要为刑部呈送的拟定部分内容。

《盟水斋存牍》记录了明末崇祯末年推官的判语及公牍，里面也有大量的赎刑初拟案例：

"审得黎聪、李佐朝告争税屋，朝执有兑契印帖，并递年纳粮油票，一一可凭。据聪称买自伊云卿，上手钟应壁，已历三姓，向贴税与李氏仆手，情或有之。然官凭文断。在朝既有印帖粮票，而聪契虽存，已无显证，安得起九原而问之也？屋照印帖付李佐朝管业，前屋聪住有日，朝仆李德容延酿衅，应与聪之添词各杖以惩，聪年七十以上例应收赎。招详。"②

《盟水斋存牍》所载案例为地方推官所撰写，所以对案情的叙述较为详细，有些时候还夹有对罪囚所犯罪行的感情用语，所以文字语言较为灵活，对没有决定权的赎刑用语较为缓和，有些并不见拟定中写有赎刑方式的用语，但上级批示中又见"依拟杖赎"等用语，可见，原呈文中也有赎刑的拟定。

① ［明］王槩：《王恭毅公驳稿》卷上，子部，法家类，续修四库全书，上海古籍出版社 1995 年版，第 350～974 页。

② ［明］颜俊彦：《盟水斋存牍》，中国政法大学出版社 2002 年版，第 416 页。

《黄明疏钞》中也记载了成化年间刑部拟定赎刑的案例：

“刑部问得犯人刘槩合比以造妖言者律斩，秋后处决；汤鼐依风宪官受财，加其余官受财不枉法，有禄人一百二十贯二等罪止律，减等杖一百、徒三年；吉人依奏事诈不以实者律减等，杖九十、徒二年半，李文祥、邹智俱以不应得为而为之事理重者律，减等杖七十，俱职官，各照例运砖。”①

《明实录》中也存在大量“拟赎徒”、“拟赎杖”、“拟赎绞”的记载：“（弘治十八年正月，四川汉州、知州赵士元巡视桥道，其所亲吏设酒民家享之，有妄告边军二人不肯修道者，世元乘醉笞之五十。既而二人皆死。事闻，下训按御史逮问，拟赎徒为民。”②

以上所载赎刑拟定案例既有律赎的拟定，也有例赎的拟定，既有中央刑部的拟定，也有地方府、州、县的赎刑拟定，虽然文字风格有所不同，但基本上都要突出罪囚姓名，犯罪事由、罪名、刑罚依据、刑罚、身份、经济能力、赎刑方式等几个方面的内容。

第三节　赎刑的审判决定制度

赎刑的拟定权在初审机关，而决定权在终审机关。《盟水斋存牍》记录了明末崇祯末年广州府推官颜俊彦任职间所撰判语及公牍专集，里面记载大量赎刑决定批复的案例。推官职责是审理刑狱，本身没有赎刑决定权，可以定罪量刑，是否适用赎刑由上一级决定。中央的有都察院；省一级的有布政司、按察司、都司；介于省与府之间

① ［明］王恕：《讼刘槩罪疏》，见［明］孙旬编：《黄明疏钞》卷六四《刑狱》一，见刘兆佑的《中国史学丛书》第三编第二辑，台湾学生书局1986年版，第4838页。

② 《明孝宗实录》卷二二零，弘治十八年正月辛丑。

的有分守道、分巡道、兵备道、粮储道、海道；[①] 涉及生员的案件有提学道决定。由于颜俊彦是地方的府推官，所以下面的案例则更多地体现了地方赎刑决定的例子：

“审得黎恒简之子起发以疫死，而讼及康诚素，谓其凑伙生理疾病不相扶耳。不知天灾流行，骨肉不能相顾，况同伙乎，甚矣，其无赖也。既经悔息，各杖惩之，以免深求。招详。

布政司批；黎起发死于疾疫，其父恒简妄兴不根之词，康诚素亦乏友生之谊，致有此衅。既经悔息，姑依拟各杖赎发。库收缴。”[②]

一、明代赎刑决定的几种情形

对于拟定的赎刑案例，决定机关会首先对判决理由进行简要阐述，然后作出明确批复意见，大多情况是对原拟定赞同，然后书明：“依拟赎发”等语，但也有要求改拟的，在《盟水斋存牍》中也记载了一些上一级改拟初审机关拟定的惩罚和赎刑的案例，如“窝盗梁世伯斩改老赎”案例，便是如此：

“审得梁世伯以酒家而为盗薮，重拟何辞？特斗大浮肆，势难窝贼。贼奔望投，非出夙约，亦情理之可原也。若坐以勾引容留往来住宿，未见造意共谋分赃实迹。况囚锢多岁，已及八旬。照例收赎，或亦持三尺者之所许乎？恩出上台。繇详。

兵巡道批：梁世伯以老例衿之则可，若以窝盗情真而复原之，则不可。今按院行矣，无可转详。姑候新院按临缴。”[③]

以上案例详细记载了梁世伯因窝盗而罪当斩，但要求重新拟定，原因是梁世伯罪疑，再者，年老可衿应收赎，兵巡道的批复是梁世伯可按“老例衿之”判决，若是“真窝盗”，则不可收赎。对于类似初拟赎刑有异议的决定在《王恭毅公驳稿》中记载更为详细。《王恭毅公驳稿》主要记载了大理寺对刑部呈送拟定案件进行决定和批驳的

① 分守道是布政司的派出机构，专掌钱谷；分巡道是按察司的派出机构，专掌刑名；兵备道、粮储道、海道是专门道，负责一省某一方面的专门制度（《明史》卷七十五，职官四，中华书局1974年版，第1840～1844页）。

② ［明］颜俊彦：《盟水斋存牍》，中国政法大学出版社2002年版，第744页。

③ ［明］颜俊彦：《盟水斋存牍》，中国政法大学出版社2002年版，第290页。

详细内容，而且还详细阐述了大理寺终审各种类型初审案件的固定文书格式。其中有“驳正式”：

“大理寺为某事据左寺案呈：该刑部某清吏司发审犯人几名，某等几名，各某罪，系某等项发落云云，除审拟合律外，恭看得数内某犯该前罪合拟何如，为允今拟何如，欠当，缘罪无出入，就驳径自改正，某等几名俱如拟发落，今出某字、几号勘合回报执行。”

驳正式一般适用于“罪无出入”，只是“欠当”，直接改正的上报案件。

“违式式”一般是指违反了审判程序规定的批驳，如“某母缘系军职正妻，例该具本送审，今却牒送审录，事属有违，合驳另行具本送审”；“不服辨式”，主要是指“某人称冤不肯服辨”，处理办法“合驳再问明白送审”；“有词式”，主要指某犯“称如何等情”系“有词难以平允”，“合驳呈堂调问明白送审”；“恭看招式”，主要指“恭看的某明招如何，自有应坐正律，今拟前罪事属欠当，难以平允，合驳再问明白送审”；“查原发式”，主要指所告于所招供不一致，“查的卷内某认明告如何等情，今却招如何，比与原告情词全不相同，合通驳回再问明白送审”；“查别起驳式”，主要指事情相同却审判结果不一的批驳，“查先该本司问拟各犯送审，为因招情未明已驳再问去后，今又送审，查得先该本部某清吏史发审犯人，某招称如何等情，问拟某罪，做工满日，随住，已经审允发落去后，今某人所犯比与某人事情相同，却乃发落不一，事欠停当，合驳再行查问送审”；“照驳式”一般指所拟众犯，某犯“罪不合律”，“驳回再拟送审”，某犯“准拟某人徒罪，系操官，照例送顺天府纳米，完日还职”，“先行依拟摘发实行”；“调问式”，一般指大理寺对于驳回重拟或审的案件无丝毫改判，和原审案呈相同，“查得先该本部某清吏史问拟各犯送审，为因招拟不明已经二次驳问去后，今问某所犯仍依原拟某律云云，减等云云，某仍依原拟某律减等云云，俱照例做工，满日着役随住”，对于此类情形处理的办法是：“将各犯供词抄粘，照例行移都察院调问明白，议拟。”①

以上列举了“八种”驳式，其中“照驳式”和“调问式”两种在举例时都涉及了赎刑的决定，以上批驳方式都是对初拟有问题的案例的批驳，不但适用于普通刑罚也适用于赎刑的拟定，比如对赎刑的拟定和案呈也有程序上的要求，对于有力和无力的审查以及赎刑方式的拟定也会存在争议，所以“违式”和“不服辨”等情形，也会受到批驳。这“八种”再加上“依拟赎发”就是赎刑决定机关对赎刑拟定的决定结果。

二、明代赎刑的决定程序

明代赎刑的决定程序分为中央和地方两级。中央的赎刑决定程序一般是由刑部问拟，然后将判决意见及赎刑的初步拟定意见报大理寺，大理寺认为刑部所拟正确，遂作出赎刑正式决定，然后施行，如果大理寺认为所拟不当，有时会直接纠正，如果不合律或存疑等，会批复理由，驳回再问明白或重拟，重拟后再次送审由大理寺决定，若仍然不清，还可驳回重拟，如果刑部拟定和原拟定相同，大理寺会将各犯供词抄粘，照例行移都察院调问明白，议拟决定。《皇明条法事类纂》记载的案例显示出了赎刑决定程序：成化二十一年留守中卫致仕百户马贵，与在官舍余薛礼、邱福等人私卖耕牛宰杀贩卖，被东厂巡抚官校拿获，锦衣卫镇抚司问明，“具由送到部问拟”，刑部拟定“马贵等俱该已违例，减等杖九十，各照例枷号一月，满日发落；马贵系致仕军职，招年七十以上，依律收赎，邱副等各纳钞、的决”，并把判决意见和赎刑建议报呈大理寺，大理寺认为刑部所拟正确，遂作出赎刑正式决定，同时认为老幼不宜枷号，“况老幼罪既收赎，法宜从轻，合无将马贵免其枷号，准赎发落”。②

该赎刑决定程序在《盟水斋存牍》中也有类似记载，案例“讼债蒙朝顺杖”记载：

---

① （以上所引均出自）［明］王檗：《王恭毅公驳稿》卷上，《驳稿诸式》续修四库全书，上海古籍出版社1995年版，子部，法家类，第311～974页。

② 《皇明条法事类纂》卷三十，兵部类，“私宰耕牛老幼应收赎者免枷号职官奏请”。

“审得蒙朝顺故兄朝冕以田按周子韶，得银二十五两。朝顺自揭子韶二十两四钱，皆周邦俊为中，已经县审有案。朝顺欲扯故兄按田交易混赖己债，其如中契之了了，何且以嫂朱氏出名上控？问朱氏何在乎，无有也。其欲侥幸以免罪，情可知矣。应仍县断，朝顺杖惩，余人免科。招详。

分守道批：依拟，蒙朝顺杖赎发落，余如照追给，取库收领状缴。”①

该案的案情是朝顺想“混赖己账”，并以其嫂“朱氏控告”以免其罪，而朱氏不知，经县初审判决蒙朝顺杖刑，但蒙朝顺上诉于分守道，分守道将案件交付府审，府审仍按县审定蒙朝顺杖惩，并申呈交付案件至分守道，分守道“依拟”，判决蒙朝顺杖刑，同时作出赎刑决定。

对于初审法司有权直接决定的案件的决定程序，《吕公实政录》中有明确地记载：“地方法司以投到先后为序，不许吏书以收财多寡为先后，本日投到者本日即问，一问之后，即时书供，当堂分付某人应徒几年，某人应杖几十，审有力有无，填写印票，无力者，即时杖释，有力者，令其自限何日完纳，即将发落，单票付与干证，令其催纳，如果难完，干证至日改限，盖干证住居多与犯人相近，押保催纳最为便宜，不犹愈于皂快乎？”②

第四节

疑难赎刑案件的审判制度

嘉靖三十年，陈永辑所著的《法家哀集》中记录一些有关赎刑的拟定和判决的疑难案例，其中既有“律赎”的案例也有“例赎”的案例，下面选择一部分进行分析。

① ［明］颜俊彦：《盟水斋存牍》，中国政法大学出版社 2002 年版，第 523 页。

② ［明］吕坤：《吕公实政录》卷六，《提刑事宜 · 听讼》，文史哲出版社 1971 年版，第 788 页。

案例一："如两人相殴各成笃废等疾，疾事发到官，虽问殴罪，大诰后仍引拟名例律云：某某各殴成某疾，俱以犯罪时未疾而事发时疾者，以疾论，各依律收赎，如此，则律法至尽而招家不失也。"①

本案例涉及相互殴打成疾是否适用收赎问题。《大明律》明确规定："凡犯罪时虽未老疾，而事发时老疾者，以老疾论。"《大明律集解附例》在"老小废疾收赎"条后的纂注中对笃疾和废疾做了解释："废疾谓：瞎一目折一肢之类，笃疾瞎两目折两肢之类，"而《刑名启蒙例》中除对"笃疾"的概念作同样的解释外还对不准赎的疾病做了具体列举说明："其余残疾、风疾、痰疾、气疾等项，俱无力，不准收赎。"② 可见律例不载，未敢增损。由于废疾收赎的处罚相对较轻，"各囚往往有故伤眼目自残肢体，希图幸脱者"，所以制定条例加以遏制，"以后在京、在外重犯，但有以笃疾释放、生事、犯法验非笃疾者，俱比照矜疑逃回事例，仍坐原拟死罪"。③ 从这一条例的奏议缘由中可以看出，确实存在自残收赎的事件，后来才制定条例对此加以限制。对于因相互殴打成疾的情形，是否能依照老幼废疾条例收赎，律例中并未作出明确规定，为赎刑的拟定和判决带来困难，但本案例明确给出了结论：对于犯罪时相互殴打造成疾的，俱以犯罪时未疾而事发时疾者，以疾论，可以依律收赎。这样法律的规定就比较清楚，拟定、判决就相对容易，为同类案件的处理提供了依据。

案例二："如人犯该因人连累致罪，亦准罪人云何也，谓罪人，或自首，或容隐亲属首发，其连累之人亦同免也。谓如罪人老小笃废，连累之人亦同赎也；如妇人犯徒，止杖一百，余罪收赎，连累之人亦得同也。"④

本案例论及连累犯的拟定和审判问题。因罪人连累而犯罪的人，

---

① ［明］陈永辑：《法家哀集》一卷，"律难引用"，四库全书存目丛书，齐鲁书社 1995 年版，子 37～480。

② 《刑名启蒙例》二，参见杨一凡的《中国珍稀法律典籍集成》（乙编）第一册，科学出版社 1994 年版，第 652 页。

③ ［明］高举：《大明律集解附例》卷一，《名例》，"议处诈冒笃疾重犯以昭法纪、以杜奸欺事"。

④ ［明］陈永辑：《法家哀集》一卷，"律难引用"，四库全书存目丛书，齐鲁书社 1995 年版，子 37～480。

其犯罪与连累人有直接的关联性，所以如罪人因自身的特殊身份或属于老小笃疾之人，符合收赎的条件，那么虽然被连累罪囚本人不符合收赎的条件，也同样和罪人一样适用于收赎。此案例的判决依据是《大明律·名例律》“犯罪共逃”条款的规定：“其因人连累致罪，……若罪人自首告及遇赦原免，或蒙特恩减罪收赎者，亦准罪人原免减等赎罪法。谓因罪人连累以得罪，若罪人在后自首告，或遇赦恩全免或蒙特恩减一等、二等，或罚赎之类皆依罪人全免减等收赎之法。”① 可见，连累犯是因正犯连累而犯，如正犯可赎免，连累犯也应可赎免，如果不这样，连累别人的罪囚因收赎而减轻惩罚后比被连累的罪囚所受的惩罚还要轻，所以有违公允。故《大明律集解附例》对此规定的理由也做了较为客观的评价：“则首恶既恕，余可矜怜，故皆得照正犯全免、降、减、收赎，凡此皆以开自新之路、广缉盗之门而溥矜恤之恩也。”② 从此案例可以看出，适用赎刑收赎的罪囚并非都是符合收赎条件的人群，被连累罪囚也会因连累罪人的收赎而收赎。

案例三：问：“失出入罪与出入人罪赎钞相同？答曰：失出入人罪系失于详查真情不出，故相应依律收赎，故入人罪系明知有罪而出、无罪而入，不再赎钞之限，在外则纳米，在京运炭赎罪。”③

本案例涉及“律赎”和“例赎”适用问题。“失出入罪”的性质属于因过失而入罪，所以适用于《大明律》律赎规定，得“依律收赎”；而“出入人罪”则明知而故犯之，不能适用于明律的因过失而收赎的规定，而是适用于官吏犯真犯死罪以下的“例赎”的规定，即“在外则纳米，在京运炭赎罪”。虽然两者之间都可以适用赎刑，但由于所引法律不同，拟定的赎刑方式也不同，惩罚的结果和轻重也不同。“失出入罪”因过失而入罪，属情有可衿可原之情节，所以赎钞，处罚较轻；“出入人罪”属故意，应照例赎罪，较收赎重。所以说，拟定时不能把两者混同。

---

① 《大明律》卷一，名例律，“犯罪共逃”条。怀效锋点校，法律出版社 1998 年版，第 15 页。
② ［明］高举：《大明律集解附例》卷之一，名例律，律：“犯罪共逃”条。
③ ［明］陈永辑：《法家裒集》一卷，“律顾断法”，四库全书存目丛书，齐鲁书社 1995 年版，子 37 ~ 494。

案例四："妇人犯该杖一百徒三年，减等，杖九十，徒二年半，以后发落的决若干，答曰：虽减至九十徒二年半，发落之时亦云：某氏杖一百，余罪收赎，不可以九十言之，此盖名例加杖减徒之法。"①

本案例主要论及"律赎"的赎法以及决杖与减等之间关系问题。首先，"律赎"和"例赎"不同，"律赎"是"赎余罪"，而"例赎"是"赎全罪"，并且，就同属"赎余罪"，赎法亦有所不同。"天文生、妇女犯徒流，决杖一百，余罪收赎者。虽罪止杖六十，徒一年，亦决杖一百，律所谓应加杖是也。皆先依本律议其所犯徒流之罪，以《诰》减之。至临决时，某系天文生，某系妇人，依律决杖一百，余收赎。所决之杖并须一百者，包五徒之数也。"② 因为收藏有《诰》可以减等，所以妇人犯杖一百徒三年根据明律"加减罪例"规定可减为杖九十徒二年半，但根据明律针对妇人的赎法规定：临决时不管五徒或减等后应决杖数，都要杖一百，然后按照减后的应徒年限（不包括杖）收赎。此种收赎方法与"诬轻为重"的赎法不同，"诬轻为重"是先把所诬之徒折为杖，加上原徒应决之杖，减去告实部分所折之杖，余杖收赎。而"老幼废疾"收赎是直接把徒和杖俱折合钞收赎；"存留养亲"是先决杖一百（不管徒流年限俱决杖一百，同于本案例），后把徒流及杖（异于本案例）折钞收赎。可见，明律中规定的各种赎刑的赎法同中有异，异中有同，体现了赎法的轻重之妙。

案例五："驰骤车马条，止言乡村驰骤致死，不言伤罪，设或踏至笃疾以下，何断？答曰：乡村者，以为广野无人也，故致死则杖一百，追其埋葬。伤不言之有可矜也，设有犯者，问一过失伤罪，依律收赎，给为医药之资也。"③

此案例主要涉及律条中没有明确阐明项可比附已书律条科断的问题。明律规定："若于乡村无人旷野地内驰骤，因而伤人致死者，杖

① ［明］陈永辑：《法家裒集》一卷，"律顾断法"，四库全书存目丛书，齐鲁书社 1995 年版，子 37～497。

② ［清］张廷玉：《明史》卷九十三，志第六十九《刑法》一，中华书局 1974 年版，第 2298 页。

③ ［明］陈永辑：《法家裒集》一卷，"律顾断法"，四库全书存目丛书，齐鲁书社 1995 年版，子 37～500。

一百，并追埋葬银一十两，若因公务急速而驰骤，杀、伤人者，以过失论。”[①] 乡村驰骤致死，断杖一百，追其埋葬银十两，没有对乡村驰骤致伤者的规定，但后文有对“因公务急速而驰骤致伤人以过失论”的规定，所以比照“无人旷野致死罪”应轻，比照因“公务驰骤致伤”应为过失，所以免去决杖一百，仅以过失伤罪论，依律收赎，给付受伤人医药之资。

案例七：“妇人犯徒流不拘远近俱杖一百，余罪收赎。设有审有力、例难的决之人，俱纳钞与前收赎钞，一项追之，不可并云耳。”[②]

此段涉及案件同时具备“律赎”和“例赎”条件时，是依律科断还是以例科断问题。由于“例赎”纳钞和“律赎”纳钞相差很大，究竟依何律而断，这一问题是明代审判赎刑案件最需解决的问题。一般情况下，例赎是对“律赎”的补充，覆盖范围较广，对于同时具备“律赎”和“例赎”条件的罪囚一般适用于“律赎”，因为“律赎”较轻，较“例赎”规定更为宽恤。所以从当时统治者的需要来看，“例赎”更能满足现实需要。有关妇人赎刑的规定一般来说是不存在冲突的。律赎中的规定是：“犯徒流者，决杖一百，余罪收赎。”[③] 而笞、杖的决，不许收赎。而例赎的规定是：“妇人犯奸盗、不孝，并审无力，与乐妇各以律决罚。其余有犯笞杖，并徒流、杂犯死罪，该决杖一百者，审有力，与命妇军职正妻，俱令纳钞。”[④] 可见，例赎规定的恰恰是徒流之外的笞、杖和徒、流、杂犯死罪该决杖一百的赎罪。因此，两者之间并无交叉关系，而是互补关系。所以，妇人犯罪从笞杖到杂犯死罪也都可赎，只不过是徒流刑须按照明律规定收赎，其他刑罚及徒流的加杖一百须按条例赎罪。在杖一百的处理上，或者按照律赎来科断，即决杖一百，或者按照例赎，纳钞，但不

① 《大明律》卷第十九，《刑律二·人命》“车马杀伤人”条。怀效锋点校，法律出版社 1998 年版，第 156 页。

② ［明］陈永辑：《法家裒集》一卷，“法家秘诀”，四库全书存目丛书，齐鲁书社 1995 年版，子 37～503。

③ 《大明律》卷第一，《名例律》“工乐户及妇人犯罪”条，怀效锋点校，法律出版社 1998 年版，第 10 页。

④ 弘治十三年《问刑条例》，参见杨一凡的《中国珍稀法律典籍集成》（乙编）第二册，科学出版社 1994 年版，第 225 页。

能够既决杖一百，又同时把这杖一百纳钞来处理。

案例八："杂犯死罪纳赎未完，又犯杂死罪者"何论？

该案例涉及纳赎还未执行完，又犯新罪判决和执行问题。存在以下几种可能性，是继续让其纳赎完毕，再进行新罪行的纳赎；还是在纳赎完毕后，由于是重犯，而不准继续纳赎，直接按新罪决；还是不再继续执行纳赎，直接按照新罪决。关于这样的案例情况，在明律中均未明文规定，在正统元年就遇到这样的案例："大理寺左寺正李从智言：杂犯死罪纳赎未完，又犯杂死罪者律无定例，诏三法司定议。"而最后解决的办法是："刑部言：宜决杖一百，再收赎钞三十六贯，仍照先犯原拟发落三犯，奏请区处从之。"可见，对于纳赎未完成又犯新罪的情况，是按照例赎刑方式进行判决的，既不是赎全罪，但也不是累计惩罚，也体现出一定的宽宥原则。后来，按照这一思路，在弘治十三年《问刑条例》、嘉靖二十九年《重修问刑条例》、万历十三年《问刑条例》所载赎刑条款中都有相关情况的规定，具体为：第一，先犯杂犯死罪纳赎未完又犯新罪的情形。"又犯杂犯死罪的，决杖一百。除杖过数目准钞六贯，再收赎钞三十六贯。又犯徒流笞杖罪者，决其应得杖数，五徒三流，各依律收赎钞贯，仍照先拟发落。若三次俱犯杂犯死罪者，奏请定夺。"第二，先犯徒流罪纳赎未完又犯新罪的情形。"又犯杂犯死罪的，除去先犯罪名，止拟后犯罪名，运炭、做工等项。若又犯徒流罪者，依已徒而又犯徒，将所犯杖数，或的决，或纳钞，仍总徒不得过四年。又犯笞杖者，将后犯笞杖，或的决，或纳钞，仍照先拟发落。"第三，先犯笞杖罪纳赎未完又犯新罪的情形。"又犯徒流罪，将先犯罪名或的决，或纳钞，止拟后犯徒流罪。又犯杂犯死罪，除去先犯笞杖，止拟后犯死罪，各运炭、做工等项。又犯笞杖罪，或先重后轻，或先轻后重，将轻者或的决，或纳钞，仍将重者，令其运炭、做工：等项发落。"[①]

① 弘治十三年《问刑条例》，参见杨一凡的《中国珍稀法律典籍集成》（乙编）第二册，科学出版社 1994 年版，第 225 页。

第五章
明代赎刑的执行制度

赎刑的判决执行就是指罪囚按照法司决定的赎刑方式，足额缴纳财物或按判定的时日完成劳役，全部或部分赎免所应承受的刑罚的具体过程。它主要包括赎刑的执行机关、赎刑的执行程序和赎刑的执行结果等几个方面。由于赎刑方式的不同，赎刑的具体执行和监督过程也有较大区别，大致可分为缴纳财物的赎刑执行、缴纳钱、钞的赎刑执刑以及劳役赎刑的执行几方面。

第一节　赎刑的执行机关

赎刑的执行机关，即保证罪囚能够足额缴纳财物、足期完成劳役的机关，这里的保证包括监督和管理等环节。从明代赎刑拟定和决定程序来看，所有的赎刑决定都是和所赎刑罚紧密地联系在一起的，又由于明代除特殊的重大案件都不许越诉，所以，在京外，州县可以直接决定笞杖罪囚的赎刑，而由于罪囚的羁押和刑罚地点在州、县，因而由此产生的赎刑的执行也理所当然地由州县法司来执行。对于被拟定为徒、流、死的赎刑案件，州县将案件经府审呈按察司，必要时会将罪囚解送供按察司询问，按察司审理案件，直接判定徒、流罪刑罚，并作出赎刑的决定。对于被“解送”的罪囚，会重新送回初审机关羁押，而被判处徒、流的罪囚仍在原审机关羁押，而继续上报的死刑罪囚有被判定赎刑的依然在州县机关羁押，所以，“在外”罪囚无论笞、杖、徒、流、死的赎刑执行机关都是州县初审机关。“在京”的赎刑初审机关是刑部，而决定机关是大理寺，所以在京的罪囚赎刑执行机关是刑部。

虽然赎刑的执行机关是地方州县、中央的刑部，但由于赎刑的方式几经变迁，尤其是纳实物赎罪方式，州县根据赎例的规定，令罪囚运送赎物到指定粮仓和地点进行缴纳，而这种指定的粮仓和地点都是粮物较为紧缺的边防和固定的仓储，大多并不在被执行罪囚所属州县的范围之内，所以造成了州县监管的困难，这就要求负责收取赎罪实物的机关和负责人配合州县等具体执行机关来完成所赎财物的缴纳，指定仓将收取财物的情况报监督赎刑州县，州县会根据执行情况将罪囚发落，然后报赎刑决定机关结案。“在京”的执行和监管主要由刑部负责，如果赎的是米谷，刑部会根据户部意见指定罪囚将米谷交往指定地点，该仓与户部收取后，报刑部结案。如果赎的是钱、钞或银两，则直接由刑部负责收取；若是纳马，一般把“审其相应有力罪囚俱送兵部，纳马，剩余脚价钱不够买马一匹的，兵部该司另会太仆寺委官随时买马，寄养骑操。”[①] 可见，纳马由兵部收取后，回报刑部结案。若是运送材料，刑部会根据工部的需要，指定罪囚缴纳的地点，由工部负责收取。成化四年，刑部定“有力囚人运石则例”记载：罪囚该运石、灰，“俱赴正阳门外缴纳”，“本部（工部）照依所拟罪名填给勘合，前去马鞍山石场，照数开领搬运，仍行内府内官监差人前去马鞍山，并正阳门外照数收放，本部（工部）仍委官一员

① 《皇明条法事类纂》卷之一，五刑类，“纳马赎罪照原运灰脚价折纳例”。

监收”。[①] 成化十五年，“运砖、运灰炭等项囚犯无力监追半年之上未完者改拟做工例”中也谈到：“查得本部（刑部）各司凡问囚犯依律拟罪，照例送工部运砖、运灰、运炭等项，完日发落。”[②] 可见，工部会“填给勘合”并“委官监收”，负责送料的收取。“在京”做工的监督执行程序是由刑部制定做工的地点和劳役的具体种类，然后由相应的部门负责监督罪囚完成劳役。服役的种类不同，监管的机关也不同，一般来说劳役的具体事项大多涉及工部所管，所以也由工部来负责监管，但有些劳役赎刑的监管涉及其他部门，如成化十年，由于厨役日渐减少，遇祭祀，缺人差用，所以定例“凡太常寺厨役为事犯笞、杖、徒、流等罪，俱是照例的决做工等项，送发礼部，改拨光禄寺应役”。[③] 可见，这时的劳役由礼部来监督完成。

从以上分析可看出，赎刑的一般执行机关在中央主要是刑部，在地方主要是州、县诸法司，并且在具体的执行过程中，还需要户部、工部等相应机关负责监收、造册、回报以保证赎刑的顺利执行。

第二节 赎刑的执行程序

赎刑执行的一般程序是赎刑的执行机关州县法司和刑部根据户部、工部等部门的建议，将赎刑罪囚拨到户部所制定的粮仓缴纳米谷，发到工部指定的场所参加劳役，由户部和工部等相应机关委官监收，缴纳完后或劳役满日后，由户部、工部等相应的部门堪合、登记、造册，把完成情况连同罪囚一同送回原审衙门，照例发落的过程。

---

① 《皇明条法事类纂》卷之一，五刑类，“有力囚人运石则例”。

② 《皇明条法事类纂》卷之一，五刑类，“运砖、运灰炭等项囚犯无力监追半年之上未完者改拟做工例”。

③ 《皇明条法事类纂》卷之一，五刑类，“太常寺厨役纳钞赎罪其犯奸盗诈伪及有误供祀等项照旧的决做工改拨光禄寺应役例”。

赎刑的方式不同，执行过程和程序也会有所不同。为能够具体了解赎刑地执行情况，按照赎刑的方式不同，把赎刑的执行分为劳役赎刑的执行、纳米和实物赎刑的执行和纳钱、钞、银赎刑的执行三个方面来具体论述。

一、劳役赎刑的执行程序

劳役赎刑出现并盛行于洪武时期，后来成为“审无力”者和“在京”者的主要赎刑方式，到万历中后期逐渐被折银所代替，所以劳役赎刑也是明代出现较早、延续时间较长、运用较为广泛的赎刑方式，它的执行特点是时间较长的劳役过程，不像纳米和钱钞是一次性足额缴纳行为，所以需要众多的人进行监督管理，手续和程序相对复杂。基本过程是原审法司将判决劳役赎刑的罪囚拨给监管赎刑执刑的机关，由这些机关委员将罪囚带到指定的地点，并进行监督管理，罪囚劳役日满或运料足额，回文并把罪囚送到原审衙门，原审衙门照例释放结案或做其他发落，赎刑的执行结束。

对于“在京”劳役赎刑具体执行程序，《明会典》中有较为详细的记载：

“（洪武）二十六年定凡刑部问拟刑名，除真犯死罪的决外，其余笞杖徒流杂犯死罪，应合准工者，议拟明白，审录允当，开送河南部，本部置立文簿，编成字号，注写各囚姓名、年籍、乡贯住址，并为事缘由、工役年限、日期，分豁满日，充军疏放，终身工役，凡欲修砌城垣街道、修盖官员房屋及起筑功臣坟茔等项，其该衙门移文到部，照依工作处所，合用笞杖等囚，拨付监工人员，收领前去工役，取讫领状在卷，本司一样造册二本，编写字号，并领去囚人姓名，年籍、乡贯住址及为事缘由、工役几年几日，分豁满日，充军疏放，监工某人，领去某处工作，一本进赴内府，一本咨发工部收照，俟各囚工满，监工人员，查理役过工程，具呈工部，计算无欠，核准工满比查原册相同，连人咨发本部，又于原卷簿内，查理相同，然后具手本，差官赍赴内府，底册内前件项下，注销明白，合疏放者，引赴御桥叩头毕送应天府（今在京，送顺天府），给引宁家。”①

另《明会典》工部中对劳役赎刑执行程序也有同样记载：弘治十二年题准：

“凡南京刑部、都察院送到问拟运砖、运炭等项囚人，本部委官照原问罪名，收料完足，出给实收，连人送司，仍送各该衙门发落。”

正德元年奏准：“凡南京刑部、都察院送到做工囚人，拨各窑做工，满日，仍送回原问衙门完卷。”②

以上所述，是“在京”刑部所判决赎刑的具体执行过程：刑部根据工部的工程大小和轻重以及对劳力的需求状况，“度量所用多寡，若重务者用重罪囚徒，细务者用笞、杖之数”。③ 即决定赎刑囚犯劳役的地点和笞、杖、徒、流、杂犯死等劳役赎罪罪囚的数量和比例，并对劳役赎罪的罪囚进行详细登录，置立文簿，编成字号，写明罪囚的姓名、年龄、籍贯、住址、为事缘由、工役的年限日期，再将罪囚交与劳役所需机关，该机关与刑部还必须认真登记造册，该机关负责委官、差人、拨付监工人员收领罪囚，并收取“讫领状”，带领罪囚去劳役地点，“监管督工”，刑部交付以后还需造册两本，除编写字号、罪囚姓名等前项内容外，还要写明“分豁满日充军、疏放、终身工役、监工某人、领去某处工作”等项，一本送交内府，一本“咨发工部收照”，各囚工满后，由监工核查罪囚的工程，具呈劳役所需机关审查，该机关计算无欠，核准工满与原册相同后，将造册文簿和囚犯一同送到刑部，刑部再次审查，核查与原卷无误后，“具手本”，差官赴内府销号，“合疏放者，发应天府，给引宁家”。

在外劳役的赎刑的执行与在京相同，都是由劳役所需机关监督罪囚完成劳役，然后回文赎刑决定机关，注销案件，释放罪囚。

① ［明］李东阳等纂：《大明会典》卷一七六，刑部十八《拘役囚人》，第 2438 页。

② ［明］李东阳等纂：《大明会典》卷二百八，工部二十八，《营缮清吏司》，正德元年奏准：“囚人审有力者、送户部军储仓纳米例。”第 2768 页。

③ 《诸司职掌》《工部·工役囚人》，收于杨一凡：《中国珍稀法律典籍续编》第三册，黑龙江人民出版社 2002 年版，第 296 页。

二、纳实物的赎刑执行程序

纳实物的赎罪方式主要纳的实物为米、谷，此外还有马、草等特殊物质。由于纳实物主要以数量关系来计量，所以相对来说，执行的时间较短，也较容易管理，但存在的问题是，罪囚的能力和路途运输问题，以上两种不确定因素严重影响着纳实物赎罪的顺利执行。

纳米赎罪的地点多不在罪囚羁押地，所以原审衙门根据赎例的规定，决定罪囚的上纳地点，一般由户部负责监收，然后回文原审衙门照例发落。《皇明条法事类纂》中载明了在外纳米赎罪的过程：“（赎刑罪囚）在外者，就发所在官司定拨缺赈处上纳，取获通关，连人送回原问衙门。”① 负责收取米谷的仓场收取应纳实物后，给予缴纳凭证，原问衙门将罪囚释放或以身份发落结案。纳米充实预备仓的缴纳地点一般都在所属州县，所以较为容易执行。《初仕要览》中载有具体纳米过程：“置仓库簿二扇，印钤，一存县，一付斗级。犯人赎谷先书县簿，给小票，挂号，发犯人赴仓缴纳，斗级亦书簿，给与犯人收票，赴县销缴。”② 有些在原籍以外犯罪的罪囚，因罪囚本人在异地羁押，其家属可以在原籍向指定的机构缴纳，该机构如数收取财物后，回文赎刑执行机关，赎刑执行机关注销案件，并发落罪囚。《吕公实政录》中有记载：“（罪囚）其事在别州县者，移文别州县，催纳实收，即令申缴，如有违延者，许问事衙门呈究。”③

“在京”的罪囚由刑部羁押，如为赎米谷，刑部会根据户部的意见，或根据条例的规定指定罪囚将米谷交往指定的粮仓，该仓与户部收取后，报刑部结案。

一般来说如果罪囚具有经济能力，并能及时缴纳财物，赎刑一般能够得到很快的执行，但问题是有些罪囚如无能力缴纳，就会出现赎刑久拖不能执行的问题，所以，后来对于无力纳米者，一种情况就是依律决断。宣德四年正月定南北纳米赎罪例时规定：“力不能纳米

① 《皇明条法事类纂》卷之一，五刑类，“纳粟赎罪则例”。
② （佚名）《初仕要览·慎仓库》，崇祯金陵书坊唐氏刻官常政要本，收入《官箴书集成》。
③ ［明］吕坤：《吕公实政录》卷六，《提刑事宜·听讼》，文史哲出版社 1971 年版，第 791 页。

者，以律问断。”[①] 宣德四年四月庚辰监察御史张纯言四事：“其一，南京刑部都察院所问罪囚例，应纳米赎罪者，皆送军储仓，监侯多有无赀驯至死亡，其罪应死者不论，著非死罪而死，实有可矜，今后请令原问官司审实，果无赀力，如旧决断。”[②] 另一种情况就是在赎刑拟订初期就审查赎罪罪囚有无经济能力，无力者笞、杖轻犯直接的决，而徒、流和杂犯死罪服役做工。虽说如此，还存在审查不实和先有力后无力的状况，造成罪囚因无力赎罪而长期羁押。成化四年七月，“福州府等闽、侯、怀三县，各将成化二年起至成化四年止监追纳米犯人施钦等七十八名呈报到司。看得中间多系为民吏典、军民人等，有监一年零四五个月者，有监一年者，有监七八个月者，有监两三个月者，窃该此等囚犯或因家道艰难，或因原籍窎远，欲典卖妻子田产而又价值不足；欲告借朋友亲邻而亦贫难无助，所以久禁囚于囹圄之中，日夜呻吟愁叹”，[③] 无力纳赎。

如果罪囚确实难以立即如数缴纳赎刑财物，则常采取“担保”和“追监”的方式催缴。关于“担保”的催缴方式《明世宗实录》中有过记载：“男子徒罪以上，或赃数太多及妇人重刑、逃脱者许囚禁，其余罪可收赎，听令保外自便。即在京奉旨提问，若有疾病亦听其召保调治。”[④] 可见，在嘉靖九年，为体现慎刑恤民之制律本意，对于准收赎的徒罪以下轻罪犯且不会逃脱者，可以采取“听令保外”的办法，令其自便筹措赎刑钱物。可见，赎刑的“担保”只适用于刑罚较轻的犯人，且刑罚较轻的犯人赎物钱也较少，所以只要有担保人就可免于羁押，这样更有利于犯人筹措资金。这一规定在明代官员佘自强的《治谱》中也有明确记载：“赎重者，差皂隶押摧，不必取保，问之歇家便是。赎轻者，口问歇家在何处，即于地方名下督取，均不许皂隶地方借此苛索。大书告示，事发重究不饶。犯人有愿即时

① ［明］李东阳等纂：《大明会典》卷一七六，刑部十八《五刑赎罪》，第2431页。

② 《明宣宗实录》卷五三，宣德四年四月庚辰。

③ 《皇明条法事类纂》卷之一，五刑类，“在外问拟杂犯死罪以下囚犯有力愿纳米者不分官吏、军民人等定拟就近仓分工上纳例”。

④ 《明世宗实录》卷一一四，嘉靖九年六月甲子。

完官者，吩咐库吏即收。”[①] 若罪囚在担保期限内不能缴纳财物，赎刑执行机关要催逼罪囚缴纳，称为“追比”。若罪囚在期限内不能足额完纳，可以更改期限，最多只能三次。但当“担保”和“追比”都不能奏效时，就会使用“监追”的强制措施，即将罪犯羁押，催促其完纳。在《皇明条法事类纂》中记载了大量监追事例。据记载，福州府等闽、侯、怀三县，从成化二年起至成化四年，“监追”纳米犯人施钦等七十八名，有的“监一年零四五个月者，有监一年者，有监七八个月者，有监两三个月者”。[②] 另据成化十五年的“运砖、运灰炭等项囚犯无力监追半年之上未完者改拟做工例”中也谈到，贵州清吏司问拟罪囚运水和炭，但罪囚“因家道贫难，无力运纳，转发南城兵马指挥司监追杖并，经今七个月，不能完纳。在监患病，日逐乞食过日”。[③] 在这里，监追和追比更为严厉，不但剥夺人的自由，而且还会动用一定的惩罚手段，比如本案例中，对于不能完纳的罪囚实行杖责。在《皇明条法事类纂》中也记载了类似现象：“间有措办不前，出银短少，则被酷刑杖追，非理凌虐。”[④] 正是由于杖追，造成很多无力纳赎罪囚的死亡，“南京刑部都察院所问罪囚应纳米赎罪者，皆送军储仓监候，多有无赀驯至死亡”。[⑤]

监追的机关和监追的地点并不固定。如向州县缴纳钱钞、银两等，则该州县负责“监追”。监追的地点，或羁押于“监狱”进行监追，或直接在“仓所”进行监追，有的时候南京刑部、都察院将罪囚交由“军储仓”监追。监追的结果是少部分罪囚“完纳”，大部分罪囚“淹禁”，部分罪囚“死亡”。为了解决这一问题，制定了相关

① ［明］佘自强：《治谱》卷四，《词讼门·供招申报》崇祯十二年呈祥馆重刊本，收入《官箴书集成》。

② 《皇明条法事类纂》卷之一，五刑类，“在外问拟杂犯死罪以下囚犯有力愿纳米者不分官吏、军民人等定拟就近仓分工上纳例”。

③ 《皇明条法事类纂》卷之一，五刑类，“法司审定有力囚犯问拟运砖等项不许捏称无力奏要改拨做工例”。

④ 《皇明条法事类纂》卷十五，户部类，“在外囚犯徒流以上有力纳米者，有用强揽坑陷者，照依揽纳钱粮坑陷纳户（者照）例充军，无力摆站，不许雇人替当及买嘱脱放发充仪从者，止许跟随役使，不许逼要财物例。

⑤ 《明宣宗实录》卷五三，宣德四年夏四月庚辰。

赎刑条例，来变更赎刑地执行，以求能快速结案。

三、纳钱钞、银两的执行程序

纳钱钞和银两的执行方式相对简单，由赎刑的决定机关直接写明了罪囚应赎的钱钞、银两的金额，罪囚在审判后，有赎刑自主决定权的州县可直接收取，“犯人由愿即时完官者，吩咐库吏即收”，[①] 也可督促罪囚在一定时限内缴纳，过期后同样进行“追比”和“监追”。

第三节 赎刑执行保障制度

赎刑执行中的保障制度主要是指为保证赎刑执行的顺利进行，制定或更改一定的条例以消除一切不利于赎刑完结因素的所有措施。赎刑在执行过程中必然会存在着诸多不利于赎刑执行完结的因素，这种或来源于赎刑制度本身的缺陷，或来源于赎刑以外的其他人为因素。由于赎刑地执行主要牵涉到罪囚缴纳一定的财物或服役以赎免所获刑罚的一种刑罚手段，在执行中的问题主要体现为赎刑罪囚无经济能力，不能按时上交所赎财物和无能力承担劳役。原因一是确无经济能力，不能完纳；二是输运财物过程中，由于运途不便又受盘剥，造成无力缴纳；三是赎罪方式之间差别较大，以求避重就轻。上述问题和原因，有些来源于外部环境问题，有些来源于赎刑本身问题。解决的办法，对第一种情况，需要制定新的条例对于赎刑的执行过程进行监督和保护；对于第二种情况，就要求对原赎刑决定的执行进行相应的变更。

① ［明］余自强：《治谱》卷四，《词讼门·供招申报》崇祯十二年呈祥馆重刊本，收入《官箴书集成》。

一、赎刑执行的监督和保障制度

赎刑在执行过程中，会遇到很多阻碍因素，这些因素的存在会限制赎刑的顺利执行，为此需要针对具体问题，制定相应的条例，以保障赎刑的顺利执行。例如在缴纳赎物时候受到粮仓奸尻之徒盘剥问题，在服役和做工时被强迫雇用和强收钱财问题，相关官吏枉法容奸坑伤纳赎罪囚问题，都是阻碍赎刑顺利执行的重要因素。《皇明条法事类纂》中记载了上述情况。成化十二年三月，江西等处“大小问刑衙门，近年问拟犯该徒流罪囚中，审有力者照例发预等仓纳米赎罪，无力者一律发所属驿递，照徒年限摆站，或本处王府及仪宾名下充当仪从。其问发纳米者，送至该仓监追，所在地方有等积年奸顽之徒，专以把持官府挪移出纳，凡遇囚犯到仓，强要包揽，串通铺户牙行，高抬时价。如米一石，时值价银四五钱，则折算加毛使用，科要一两有零。囚犯若能依数出纳，与当官承认，保领宽从。如不从，则被官重杖并，受累多端。及至讨去价银不无依期了纳，又将在己展转买卖，少则延远半载，多则延及一年。县或通同主守人等，虚出实收，作弊瞒官，代替铺卷。甚至诓骗人己，挈家逃躲，坑陷囚犯。有力者重复用钱，无力者久遭淹禁杖并，负屈衔冤，无处审诉”。而对于无力摆站罪囚，有的买通官吏，脱放宁家；有的官吏强迫罪囚出银，由他们雇本处顽民冒名顶替，被雇者多为游手无籍之徒，肯减银受雇，所以赚取差价，而摆站罪囚却难以出办；有的监临官吏，把拨来摆站囚犯视作倘来贺物，尽意卖放，枉法容奸；而那些发充仪从的罪囚“既要招人保领，即差军校家人管押囚犯前去相视家资下落。殷实者威逼出银二三百两，贫难者不下五七十两，必使家业罄尽而役后疏放”。为此，“仪从有力者亦必倾家破产，无力者致害命减门”。针对以上严重危害囚徒利益、影响赎罪顺利执行的现象，定立“在外囚犯徒流以上有力纳米者，如有用强包揽坑陷者，照依揽纳钱粮坑陷纳户者照例充军，无力应摆站不许雇人替当及买嘱脱放，发充仪从者止许跟随仪使不许逼要财物”例。此条例规定：“今后遇有问发囚犯徒流以上者，有力该纳米者，责令本犯照依时价自行收买乾圆洁净好米，运赴该仓上纳”，有奸诈之徒强包揽替纳，通同官吏作弊，虚出实收，坑陷囚犯，经年不完者，问罪发落。无力摆站，亦要亲身或兄弟子侄应役，不许雇人替当，发充仪从囚犯不许逼要财物，违者均问罪发落。[①] 这样一来，就保证了赎刑的顺利执行。

对于那些要求变更赎刑方式，借赎刑方式之间的差别，达到规避惩罚或避重就轻目的的，一般来说是不允许变更的，并且重申各执行机关按照审判的结果严格执行，否则会受到更严厉的惩罚。如成化三年三月，贵州刑部所审犯人杜能等，被判到工部运水和炭赎罪，报称因家道贫难，无力运纳，监追七个月，仍不能完纳，奏请改做工，但最后被驳回。因为杜能等均系为事官吏，法司问拟有力之人，“欲要迟延岁月，以图苟免，及为监追，难以脱逃，故行捏词妄奏前因”。[②] 在此案例中，一方面体现了当时的赎刑案件一旦依条例判决，就不允许随意更改；另一方面也说明，有些罪囚妄图利用赎刑方式的不同以求“苟免”。因为在此案例中，杜能等罪囚属“审有力”犯，罚运灰和炭，而做工一般属无力犯的赎罪方式，较运灰和炭为轻，所以求改做工，以避重就轻。所以对于赎刑决定的案件，不许随便更改，《大明律直引所附问刑条例和比附律条》中也载有类似限制：“查的法司问拟操备、舍余、勇士等，犯该笞杖罪名，俱令照例纳钞。中间多有无力不能纳钞者，法司因无别项发落事例，不敢改拟，往往监追累月，不得完结。”[③] 如果罪囚确实贫难，原执行程序无法进行，负责收取赎罪财物的机构应将难以收纳的情况告知原赎刑决定机关，由原赎刑决定机关定夺解决办法。《明会典》中载“监追半年之上运纳不及者”，负责收取之机构“告送原问衙门”，由该机关决定。[④] 而原决定机关也不能随意决定更改，而是要通过赎刑条例的制定来作出变更。

对于因程序方面的问题而引发的赎刑执行的舞弊现象，则建立严

---

① 《皇明条法事类纂》卷十五，户部类，“在外囚犯徒流以上有力纳米者，有用强揽坑陷者，照依揽纳钱粮坑陷纳户（者照）例充军，无力摆站，不许雇人替当及买嘱脱放发充仪从者，止许跟随役使，不许逼要财物例”。

② 《皇明条法事类纂》卷之一，五刑类，“法司审定有力囚犯问拟运砖等项不许捏称无力奏要改拨做工例”。

③ 《大明律直引所附问刑条例和比附律条·兵例·私越冒度关津》。

④ ［明］李东阳等纂：《大明会典》卷一七六，刑部十八《拘役囚人》，第2439页。

格的执行程序制度，以监督赎刑的如实顺利执行。如弘治元年四月，“浙江杂犯死罪以上一应囚犯，审有力并无力者，俱照例送南京工部，各照徒、杖纳粮料，豪滑之徒包揽，因循年久，并无查考，中间安保其绝无奸弊而尽得实用哉？”为避免此类事件发生，遂定：“南京两法司纳料做工囚犯按季造册送南京工科注销”例，规定以后“南京两法司问过纳料、做工囚犯，每月备付各司各道，按季造册，就送南京工科逐一注销。年终南京工部仍将囚犯姓名、买过料价、做过工程的确数目，类造文册奏缴，以凭稽考，庶革前弊”。这样，增加按季造册制度就弥补了原定年终才稽考弊端，加强了对赎刑执行力的监督。

另外，为促使罪囚按时完纳，对待那些故意拖延时间的罪囚，则通过增加赎物数量的办法督促其按期完纳。成化六年十二月，将在京两法司见闻罪囚自备米于霸州缺粮处上纳赈济，定立期限，“若是各犯不行上紧完纳，过达期限者，每十日加米一斗上纳”。[1]

二、赎刑执行中的变更

对那些确无经济能力的赎刑罪囚，要根据具体原因的不同采用较为灵活的变通方式，来解决执行难问题。

对于因运输中的问题不能完纳者，一般采取更改运输地点的方式来解决执行难问题。前述由于犯事地点并非原籍，或纳物到缺粮之仓，都会存在运送难的问题，为了解决运送难的问题，一般会制定条例就近仓缴纳。成化二年到成化四年止，福州府等闽、侯、怀三县有监追纳米犯人七十八人，“有因原籍穹远，无人供送或家道艰难，办纳不前，以致淹禁日久，不得发落”。遂制定条例，规定今后各处巡按监察御史、都布按三司、府州县卫所问刑衙门，问拟囚犯，“例该纳米赎罪者，审有力情愿纳米，不分官吏、军民人等，俱以近就近，定拨缺粮仓分，照例纳米发落”。这样一来，通过就近缴纳，就解决

---

① 《皇明条法事类纂》卷之一，五刑类，“纳粟赎罪则例”。

了因原籍远而不能完纳的问题，使“囚免淹滞矣”。[①]

对于实无能力完成原决定赎刑方式的罪囚，则以变更赎刑的方式来解决问题。一般对于无力缴纳财物的赎刑罪囚变更为劳役赎罪，这种状况多用于错“审有力”，或因特殊状况罪囚在执行时变为无力。成化十五年定“运砖、运灰、运炭等项囚犯无力监追半年之上未完者改拨做工例”。因云南有监追罪囚“间有贫难及远乡之人，无有产业家当变卖措办上纳者，只得久禁缧绁之中，长受囹圄之苦，或监一二年者有之，三四年者有之，衣食不及，多有冻饿而死者，不无有伤和气。或有不死者，隆冬冱寒之时，尤难过日”，遂定“如有监追一年之上未完者，行取到官运灰、运炭等项囚人，改拟做工、摆站等项发落”。[②] 成化十六年，云南也出现因家境贫难，而监追不能完纳罪囚，因成化十五年所定“运砖、运灰、运炭等项囚犯无力监追半年之上未完者改拨做工例”，“系一时事理，不系常行通例，今工部该司开送犯人张荣，所告要改拟做工，难以定夺”，后经奏准，定“问发运灰炭等项囚犯监追半年之上无力完纳者改拨做工例”，并规定“此例通行两京法司”。[③] 此规定在弘治十三年的《问刑条例》中得到继承和进一步发展：“在京、在外运炭、纳米赎罪等项囚犯，监追半年以上如果贫难，改拨做工、摆站、的决等项发落。若军职监追三个月之上不完者，在京就改做功，在外先发还职。准令将该支俸粮实米，照该纳米数，扣除在官准算。”[④] 随后的嘉靖二十九年《重修问刑条例》、万历十三年的《问刑条例》中都有此项规定。所以对待监追不能完纳赎刑罪囚改拟做工成为定制。另成化十一年，“官吏并旗舍、军民人等该流和杂犯死罪者有力纳米，无力旗军舍余发落沿边哨瞭，或充仪从，王府人役犯该前罪者，既不可发卫哨瞭，又难拨驿摆

---

① 《皇明条法事类纂》卷之一，五刑类，“在外问拟杂犯死罪以下囚犯有力愿纳米者不分官吏、军民人等定拟就近仓分工上纳例”。

② 《皇明条法事类纂》卷之一，五刑类，“运砖、运灰炭等项囚犯无力监追半年之上未完者改拟做工例”。

③ 《皇明条法事类纂》卷之一，五刑类，“问发运灰炭等项囚犯监追半年之上无力完纳者改拨做工例”。

④ 弘治十三年《问刑条例》，参见杨一凡的《中国珍稀法律典籍集成》（乙编）第二册，科学出版社 1994 年版，第 226 页。

站，一概问拟纳米，中间有家道贫难者，终年监禁，不能完纳。”于是定“王府人役犯罪无力充仪从乐工拘役”例。规定原王府人役无力纳米囚犯改为“俱发将军、中尉、仪宾府内，各照年限，充当仪从、乐工拘役，庶几事易完结，囚无淹浸”。[1]

对于一些确实无力完纳任何赎刑方式的罪囚，直接取消赎刑决定，执行原判决的刑罚。此类变更主要针对那些所犯刑罚较轻的笞杖罪囚，这样做既保证罪囚受到惩罚，又避免监追罪囚久拖不决现象。而限定于笞杖轻刑犯又不失赎刑对重罪犯的宽恤本意。弘治四年甘肃地方大旱，原定有无力囚犯俱例该纳米赎罪，罪囚赎米未完，多则监追一年，少则半年，拒于前例，不敢释放，以致各犯淹禁，无奈只能鬻男卖女，籴米赎罪，中间亦有家道贫乏，冻饿身死者，止因数石粮，实为可怜，于是定例：“今后凡卫所舍人、总小旗有犯笞杖罪名，审有力者，照旧纳米，无力者，免其纳米，照例的决，或容纳钞赎罪，完日疏放，随住着役。”这样就会“卷易结绝，不致久禁伤生”。[2]

① 《皇明条法事类纂》卷之二，名例类，“王府人役犯罪无力充仪从乐工拘役例”。

② 《皇明条法事类纂》卷之一，五刑类，“甘肃地方卫所舍人、总小旗犯笞罪有力纳米，无力纳钞的决”。

第六章

明代赎刑制度的特点及其原因

明代赎刑制度与历史上其他朝代相比较，有其自身的独特性，而这种特点的形成和发展也有其必然性，下面主要论述明代赎刑制度的特点及其形成原因。

第一节 明代赎刑制度的特点

明代赎刑制度与其他朝代的赎刑制度相比较，特点更为突出，主要表现为立法原则更趋于实效和功利，“律赎”和“例赎”相辅相成，赎刑适用范围较为广泛，赎刑形式较为灵活多样。

一、立法原则由恤刑趋于时效和功利

从立法原则来看，明代赎刑制度体现为律赎的“恤刑”和例赎

在“恤刑”原则指导下对“时效”和“功用”兼顾原则。

赎刑制度作为中国传统法制的一部分，不可避免地具有中国传统法制的整体特征，即以儒家思想为立法指导思想。儒家思想提倡“明德慎罚”、“德主刑辅”，所以，中国的赎刑制度之所以能够长期存在并且不断发展，也是和儒家“恤刑”思想相一致的必然结果。历代存在对赎刑制度持肯定和否定两种矛盾的观点，但他们的分歧主要体现为赎刑制度的制定是出于利益需要还是出于“仁政、恤刑”的目的，如果出于利益的需要，就有悖于儒家的“重义轻利”的原则，理所当然要予以否定；如果出于“仁政、恤刑”，就和儒家精神相一致，就要提倡和推广运用。所以，赎刑的制定目的就成为其是否存在的争论焦点。汉代京兆尹张敞以讨羌美，兵食不继，请建入谷赎罪之制，由于其请求制定赎刑制度的目的是出于经济利益考虑，所以招致以肖望之为代表的多数人反对。他们认为：“今欲令民量粟以赎罪”，是“开利路以伤既成之”之举，破坏了“重义轻利”的传统，必然带来“富者得生，贫者独死”的结果。[①] 宋儒蔡九峰也认为穆王当时制定赎刑是出于解决“财匮民劳”问题的权宜之计，“穆王巡游无度，财匮民劳，至其末年，无以为计，乃为此权益之术以敛民财”。[②] 所以，蔡九峰也以此为据强烈反对赎刑制度的存在。然而那些肯定赎刑制度的思想家则否定赎刑的经济利益目的性，强调赎刑的“恤刑”原则性。元代马端临在《文献通考》中对蔡九峰观点给予否定：“先儒蔡九峰以为《舜典》所谓赎刑者云云，愚以为未然。盖熟读此书，哀矜恻怛之意千载之下犹使人为之感动且拳拳乎？讫富惟货之戒，则其不为聚敛征求设也审矣。”[③] 他认为赎刑制度完全体现了“哀矜侧恤之意”，目的是为了防止人们犯罪，并不是国家欲从中取利。针对蔡氏的观点，沈家本也做了回应，他认为：“巡守之礼，不始于周穆王，肆其侈心，周流荒远，有如《穆王天子传》所纪者。然自祈招诗进获没祇宫，则其暮年之不复巡游，克终厥德，可以想

① ［汉］班固：《汉书》卷七十八，传四十八，《肖望之传》，中华书局1962年版，第3275页。
② ［清］沈家本：《历代刑法考》，刑法分考十六，赎，中华书局1985年版，第431页。
③ ［清］沈家本：《历代刑法考》，刑法分考十六，赎，中华书局1985年版，第431～342页。

见。乃谓财匮民劳，为一切权宜之术，以敛民财，果又何所据而云然？三复此篇，但见哀矜恻怛之意，形于言表，何尝为聚敛计哉？”① 可见，在沈家本看来，穆王出于怜民财而设赎刑不实，而赎刑所体现的是穆王的恤刑和仁政精神。客观地说，赎刑制度在体现恤刑精神的同时确实也给政府带来财政收入，也在一定程度上带来了“富者得生，贫者独死”的后果，所以才会出现“重利轻义”之嫌和“贫富异刑”的批评，但就赎刑制度要体现儒家“明德慎罚”的精神方面，两者是一致的。在这种思想指导下，赎刑制度的经济功用逐渐被弱化，而恤刑精神不断得到加强。为避从赎刑中谋取利益立法目的之嫌，赎刑的适用范围被严格地限定在笞杖、疑罪和过失等有情可原的情形，赎刑的适用对象被严格限定在官吏、老幼笃疾、妇人等特殊人群。对赎刑持否定态度的思想家并不否认赎刑的恤刑精神，而是反对赎刑的无限制运用，理学大思想家朱熹和同时代的胡寅及稍后的马端临，都认为五刑之疑者方许其赎，鞭扑轻刑也不该赎。明代大学士丘浚在《大学衍义补》持有相同观点：“赎刑载在圣经，用之学校以宽鞭扑养士大夫之廉耻也。后世以为常法，边防有警，则纳粟于边。帑藏匮乏，则纳金于官，此犹不得已而为之，放以职金纳金货于司兵之意也，若当夫无事之时定以为制，是幸民之犯以国之利，可乎！”② 他认为孔子肯定赎刑只限于赎鞭扑之刑，目的是“养士大夫之廉耻”，体现了宽恤之政，主张应限于用在学校之内，反对将赎刑定为常制，反对以人民犯罪来谋取国家之利。所以赎刑制度的发展进程就是以儒家思想为指导而逐步克服功利的进程，明代的“律赎”制度完全继受了这一特点，并且表现得尤为突出。明代的“律赎”制度继受并加强了对老幼废疾、过失犯、存留养亲的保护力度，增加了对妇人这一弱势群体的保护，以上这些都体现恤刑原则，和前代相比有所加强，但是对体现等级特权原则的赎刑制度则限制更严。“律赎”规定官吏犯公罪、笞刑犯方准依律收赎。可见，从“律赎”角度来

① ［清］沈家本：《历代刑法考》，刑法分考十六，赎，中华书局 1985 年版，第 435 页。

② ［明］丘浚：《大学衍义补》卷九，《治国平天下之要·慎刑宪·明流赎之意》，收于《海南先贤诗文丛刊》《丘浚集》，海南出版社 2003 年版，第 1629 页。

看，明代赎刑制度更多地体现为对前代赎刑制度的继承，所以它的立法原则也更体现为明代以前赎刑的普遍性立法原则——“恤刑”原则的继承与发展。

明代赎刑制度最具特色的应该是“例赎”，“例赎”制度的出现标志着明代赎刑制度的立法原则开始发生转变，即由等级特权和恤刑原则逐渐转向为以恤刑为指导下兼顾实效和功利原则。其实，明代的“例赎”和“律赎”之间不但是形而下的统一，也是形而上的统一，两者在立法理念和本质上是相一致的，并不能简单地认为“律赎”的立法原则是恤刑，而“例赎”的原则是时效和功用，因为“例赎”的时效和功用也是以恤刑为原则的。“例赎”的出现虽然扩大了赎刑适用的对象，使赎刑在客观上给政府带来巨大的财政收入，但“例赎”也并非是单纯追求经济效益，无论在开始建立还是后来的发展中都受到恤刑原则的制约。洪武时期，制定“例赎”的出发点依然是宽恤。面对“重刑治吏”所带来的困境，朱元璋借颁布大量的赎刑条例来缓和矛盾和危机。洪武二十三年太祖令杂犯死罪囚赎粟北边以自赎，翰林学士刘三吾对此称为“圣心仁恕”之举，朱元璋也阐明了在“例赎”中扩大赎刑对象和范围的目的：“善为国者，惟以生道树德，不以刑杀立威。”① 可见，“例赎”的出现是一种宽恕的表现，是对早期严刑峻法的一种矫正。嘉靖间南京右都御史何瑭也认为“官吏受赃满贯者为杂犯死罪，准其收赎，盖不忍以财物之故伤人性命，此圣祖宽恤之仁也”。② 《明史·刑法志》对此更是有明确记载：“明律颇严，凡朝廷有所矜恤，限于律而不得伸者，一寓之于赎例，所以济法之太重也。”③ 可见，“例赎”虽然扩大了赎刑的范围和对象，客观上带来了大量的财政收入，但其出发点仍是恤刑，并且在赎刑条例的具体规定中也渗透着恤刑精神，例如对命妇、军职正妻及普通妇女的规定，对“稍有力”的罪囚降低赎刑标准的规定，对真犯死罪严禁赎刑的限制，都说明了明代例赎规定虽然体现了经济和实用

① 《明太祖实录》卷二零六，洪武二十三年十二月癸亥。

② ［明］何瑭：《何瑭集》卷一，《民财空虚之弊议》，中州古籍出版社1999年版，第13页。

③ ［清］张廷玉：《明史》卷九十三，志第六十九《刑法》一，中华书局1974年版，第2293页。

价值但仍以恤刑为指导，在发展中仍时刻受到恤刑原则的制约。宣德三年八月监察御史郑道宁言："囚人纳米赎罪乃朝廷宽恤之典，今见军储仓拘系罪囚因贫无米输纳，自去年十二月至今，死者九十六人"，"刑部侍郎俞士吉奏罪囚贫无米者请追纳于原籍，匠仍输作，军仍系操备，若非军、匠则皆遣运所隶州县追之。此举则刑法平恕，人得全生"。另"犯奸妇女，律当去衣受刑，以励风俗。今法司亦听纳米赎罪，其间无米输纳者，拘系于狱，益纵淫秽，有伤风化，乞敕法司仍治之如律从之，庶使人知惩戒"。[①] 正统年间侍讲刘球请求废除赎例，以律论处；成化、弘治年间大学士丘浚强烈反对赎刑无限制的扩大适用范围；万历年间的李世达坚持"宁赦毋赎"的观点。[②] 上述事例说明，明代赎刑条例产生和发展是在恤刑原则制约下不断发展和完善的过程，它既要体现恤刑精神，又要适应现实的需要还要兼顾法律的平恕原则，也正是明代的例赎在发展中受到诸多因素的牵制，才使得其发展日趋完善和成熟。嘉靖三年刑部为"广储蓄，以备赈济事"，制定"嘉靖新例"，对赎刑作出更宽松的规定。但其制度设计的出发点仍是为体恤臣民。

明代赎刑虽以恤刑思想为指导，但其更趋于实用和功效。这种时效和功利在"律赎"和"例赎"中都有体现。《大明律》赎刑的适用范围已扩大到习业已成的天文生和工匠、乐户，"若钦天监天文生习业已成，能专其事、犯流及徒者，各决杖一百，余罪收赎"。[③] 后嘉靖与万历的《问刑条例》中亦沿袭了此规定。因"天文生私习有禁，业成甚难，故习业已成者，其才可用，其人可惜"，由于天文生系"难得专精之人，故科罪比各项稍轻"[④]，出于实用的需要，对此收赎。而"工匠、乐户各犯徒者，虽皆应发配，但人有艺能，自当留用，各决杖一百，余罪收赎"。[⑤] 可见，明代"律赎"有关规定已

① 《明宣宗实录》宣德三年八月甲申。
② ［清］张廷玉：《明史》卷二百二十，列传第一百八，中华书局1974年版，第5795页。
③ 《大明律》，名例律，"工乐户及妇人犯罪"条，怀效锋点校，法律出版社1998年版，第10页。
④ ［清］薛允升：《唐明律和编》，李鸣、怀效锋点校，法律出版社1999年版，第41页。
⑤ ［明］雷梦麟：《读律琐言》，李俊、怀效锋点校，法律出版社2000年版，第29页。

经较前代更注重对实用人才的保护。明代“例赎”的大量制定更加凸现了赎刑立法原则的变化，即出于经济上的考虑。前代存在的赎刑制度也大都是通过赎钱或物，使罪囚受到一定的惩罚，又使当权者获得一定收入，但重点不在收入上，而在于体现为“恤刑”和对统治阶级特权保护的政治层面方面，所以通过赎刑获得收入寥寥无几，但到了明代，却大为改观。当权者看到了赎刑制度的经济价值，所以立法目的和指导思想也发生了转变。《明史·刑法志》中对此毫无避言：“国家得时籍其人，以佐缓急，而实边、足储、赈荒、宫府颁给诸大费者，往往取给于赃赎二者。”① 正是出于经济上的考虑，明代的赎刑适用范围才异常宽泛，除真犯死罪外都可赎，而唐宋时期能享受赎刑的往往是有“八议”特权的官僚贵族及其亲属，一般人只有轻刑才能赎。明代赎刑的实用目的性更强，基本原则就是缺什么赎什么。洪武初年，为补充国家建设需要，减轻人民劳役负担，大量采用劳役赎罪方式。迁都北平之后，需要大量的工程建设工料，遂定在京罪囚运砖、运灰、运炭、运水、运石等条例，后九边粮仓缺米，又定赎米条例。为保证赎刑完纳，还规定多种可以选择的赎刑方式。为保证赎刑能够顺利实施，增强时效性，在拟定赎刑时还根据罪囚的经济能力划分为“有力”、“稍有力”和“无力”几种情形，并分别处以不同的赎刑形式，并且在执行中如果出现不能完纳的情形，还可以变更赎刑方式，以保证赎刑最终能够执行。可见，当时政府的经济需要和实用价值就是赎刑制定的重要标准之一。

二、赎刑结构体系较为完善

赎刑作为一种刑罚的替代刑，在明朝以前并未得到大规模的推广和适用，其中有立法指导思想的原因，也有赎刑本身的内在结构和体系的局限性问题。明代赎刑的强大生命力来源于赎刑的内部，尤其是“例赎”的出现，彻底地改变了以往“律赎”在实施中所具有的弊端。

---

① ［清］张廷玉：《明史》卷九十三，志第六十九《刑法》一，中华书局1974年版，第2293页。

（一）"例赎"和"律赎"相互补充和配合，结构日趋完整

"例赎"灵活多变的形式弥补了"律赎"滞后性的不足，而"律赎"的基本指导思想也在统捏着"例赎"的发展方向。"例赎"的出现是随着条例的出现而出现的，明代的条例是由宋代的条例、段例和元代的条格、断例基础上发展而来的。条例是对皇帝或中央政府发布的单行法律的汇编，经过皇帝批准颁行天下。相对于律来说，条例具有相当的灵活性和针对性，成为处理同类案件的典范，日久天长，它们由一时的权宜之计，而变为通行天下的法律。宋代虽有条例，但尚未在条例中对赎刑进行规定，而且就是在《宋刑统》中对于赎刑的规定也较为谨慎，沈家本在《历代刑法考・赎刑考》的按语中说："宋赎铜之法，全用唐法，载在《刑统》。而史言'终宋之世，赎法惟及轻刑'，殆宋时议者多非之，故意虚悬此法而不用欤。"[①] 可见，在条例中规定赎刑当起源于明代。洪武六年，工部尚书王肃坐法当笞，太祖命以俸赎罪，以后百官有罪皆许俸赎，盖始此。洪武时，曾几次下令让罪囚用力役赎罪。洪武三十年，《大明律》、《诰》成，太祖谕群臣："除谋逆及《律》、《诰》，该载外，其杂犯大小之罪，悉依赎罪例论断。"自是律与例互有异同，于是例遂辅律而行。可见，明代"例赎"制度是发源于太祖，"例赎辅以律赎"是明代赎刑的最典型性特征。"例赎"和"律赎"的相辅相成缘于"例赎"和"律赎"的差异性。这种差异主要体现为：赎罪的内容不同，收赎是赎余罪，纳赎是赎全罪；适用的对象不同，"律得收赎"适用于天文生，老幼废疾及妇女犯徒流刑者，"例得纳赎"适用面较广，包括军民官吏人等；稳定性不同，"律得收赎"是朱元璋定制，他规定：已定的法律不可更改，"群臣有稍议更改，即坐以变乱祖制之罪"[②]，"例得纳赎"则因时权宜，经常变化。正是由于"例赎"和"律赎"之间的存在这种差异，才使得"例赎"成为"律赎"必要的补充，使明代的赎刑呈现出前所未有的完备性。清代法学名家王明德曾对于例与律之间的关系有过明确的评价："盖以条例所在，乃极人情之

---

① ［清］沈家本：《历代刑法考》，刑法分考十六，赎。中华书局 1985 年版，第 458 页。

② ［清］张廷玉：《明史》卷九十三，志第六十九《刑法》一，中华书局 1974 年版，第 2279 页。

变，用补正律本条所未详，采择而并行之，其亦殷因夏，周因商之微意乎？因即全律，反复而细绎之，深觉律非例，则不可以独行，而例非律，又无由以共著。"①

明代的"律赎"和"例赎"虽然存在诸多矛盾和冲突，但那是相互磨合期间不可避免的正常现象，有些学者往往看到了不协调的一面，却忽视了"例赎"对"律赎"的调节作用。比如，有学者谈到，由于钞的急剧贬值，"例赎"制定赎刑数量较重，因"律赎"不得改变，所以相对较轻，造成法司任意选择"律赎"和"例赎"，出现判决不公的现象。其实，明代的赎刑是适用"律赎"还是"例赎"，有严格的规定。明代法制虽实行律、例并行的体例，"例赎"的对象涵盖了"律赎"所有的对象和范围，但原则上如果符合大明律规定赎刑条件，必须先依《大明律》定拟赎刑，只有律所不载者，才悉听之于例。而以《大明律》收赎后，原则上就不再适用赎刑条例，否则就会重复适用赎刑，但由于"律赎"和"例赎"规定范围不同，因为"律赎"一般是赎余罪，而"例赎"是赎全罪，所以会出现在同一案例中同时适用"律赎"和"例赎"的现象，如对于妇人有收赎的规定，对"命妇、军职正妻及例难的决者"有"例赎"的规定，并且"律赎"和"例赎"规定并不矛盾，而是互补关系。早在成化二年，就制定了妇女赎罪之法，但方法和金额不见记载。比较详细记载的妇女赎例，出现在弘治十三年，"凡妇人有犯奸盗、不孝并审无力与乐妇各以律决罚，其余有犯笞杖并徒流杂犯死罪，该决杖一百者，审有力，与命妇、军职正妻俱纳钞"。② 这个赎例的适用范围与明律妇人犯法收赎的适用范围完全互补。"律赎"是赎余罪，即杖刑之上的徒流刑，但还需杖一百，"例赎"的范围是笞杖刑与杖一百之刑。因此，按照"律赎"和"例赎"的规定，妇女犯笞杖以上罪行的，可以完全收赎，分别计算赎金。再者，"律赎"虽然相对于"例赎"为轻，但明代"律赎"更多体现对妇女、老幼病残的"恤刑"

① ［清］王明德：《读律佩觿》卷之二，"例"，何勤华等点校，法律出版社 2001 年版，第 18～19 页。

② ［明］李东阳等纂：《大明会典》卷一六十一，例律二，《名例》下，"工乐户及妇人犯罪"条，第 2287 页。

原则，所以赎罪数额少，和这一原则并不违背；而“例赎”更多体现为经济原则，且范围广泛，再加之钞已贬值，“例赎”较重只是相对于“律赎”而言的，而相对于当时实际和罪囚的能力而言，恰恰是相适应的，而律钞的轻，只是相对于钞贬值后的实际而言的。在制定律的时候，“律钞本非轻也”，因为当时钞一贯，折银一两，那么杖一百，“律赎”规定应赎钞六贯，折银应是六两，而弘治十四年所定的折银之制中，每杖一百，应钞二千二百五十贯折银一两。从这一对比中可以看出，除去钞的贬值因素，就当时制定时的情况而言，“例赎”比“律赎”不但不重，反而轻得多，所以虽然赎杖上千贯，照样能普遍实施，当然如果拿今天已贬值的钞去赎律中规定的钞，肯定显得“律赎”轻。至于引例破律、曲法滥刑并不是法制本身的原因，另当别论。其实，“律赎”与“例赎”的不统一，律钞轻，例钞重，更能体现出“例赎”的适应现实变化的能力，更能体现出“例赎”对于“律赎”的补充作用。如果没有“例赎”的适应能力，明代的赎刑可能也像其他朝代一样由于不适应现实而被束之高阁。例赎的灵活多变使明代赎刑具有了活力，而且对“律赎”也起到一定的调节作用。明代末年，“律赎”的收赎金额已严重脱离实际。嘉靖七年，巡抚胡广都御史朱廷声奏“收赎和赎罪有异”，“审有力及命妇、军职正妻，及例难的决者有赎罪例钞，老幼废疾及妇人余罪有收赎律钞”。[①] 因所赎钞差别大，奏请根据罪轻重递增“律赎”折银数，这样，在“例赎”的牵制下，就提高了“律赎”的惩罚力度，使“律赎”也在一定程度上朝向适应现实方面发展。后来“例赎”和“律赎”标准走向统一，全部改为赎银。正因为如此，清代继授了明末的赎刑制度，使赎刑得以存在和发展下去。另外，“律赎”的“恤刑”原则也是制定任何赎刑条例的最基本的原则，否则例赎就会变作单纯榨取人民血汗的工具。明代在拟定赎刑案件时，首先，会审查罪囚的经济能力，并且按经济能力的不同分为“有力”、“稍有力”和“无力”，“无力”的一般罚做工赎罪，“稍有力”的相比“有力”纳钱物少些，而且对于实在是家道贫寒者，无力完纳者，会改做工赎

① ［清］张廷玉：《明史》卷九十三，志第六十九《刑法》一，中华书局1974年版，第2295页。

罪。可见，明代的“例赎”中也透露出一定的恤刑原则，这一点是和“律赎”相同的。总之，“律得收赎”与“例得纳赎”的相辅而行，使明代赎刑的规定结构完整、内容完备，呈现出继承和发展、稳定性和灵活性，思想的统一性和方式的多样性相结合的特点。

（二）明代赎刑规定内容详尽，层次清晰

明代赎刑制度不但体现在内容丰富，还表现为各条规定层次分明。这种层次分明主要表现为：在“例赎”与“律赎”的关系上，先依律科断，律无所载，按例科断，做到律与例错落有致，拟定赎刑时有章可循。在赎刑的适用对象上，会根据罪囚的身份和职业的不同，设置不同的赎刑方式和赎罪数额。明代有着严格的户籍制度，并将户口分类，“凡户三等：曰民，曰军，曰匠”。[①] 在收赎的过程中，不同户别的赎刑方式和赎钱、物数额也是各不相同的。在制定条例的时候就往往将民、军人、工匠区分定罪量刑收赎。原因在于军人直接关系到王朝的安全与稳定，正因为其在国家机器中的重要地位所以在对其犯罪的处罚上也尤为谨慎，收赎的标准与民犯收赎标准有所差异，一般上讲是要轻于民赎。而工匠在古代是一种技术性劳动工人，其在手工业、矿业、建筑业等领域都有着重要的作用，故在对其犯罪收赎处罚上采取倾斜的保护，实际上是对技术的一种保护。这是根据犯罪主体的不同而细化收赎量刑标准，既突出了明代赎刑的实用性原则，又使明代赎刑结构完备，层次分明。

在对罪囚拟定赎刑时，首先对罪囚的经济能力进行审查，审查的结果分为“有力”、“无力”和“稍有力”几类，层次清晰、细腻和全面，囊括了所有情形，并且对于各种情形的罪囚都规定了相应的赎刑方式，使所有罪囚都能做到有法可赎，并且有法能赎，而对于实在不能赎的笞杖轻罪的决，这样的规定不但使赎刑内部层次清晰，也使赎刑制度与非赎刑制度建立了衔接，使明代的整个刑罚体系层次分明。在赎刑方式的拟定时，还会根据罪囚的归属地划分为“在京”和“在外”两种情形，并根据各个地方实际需求的不同，分别制定不同的赎刑方式，以满足实际需要。在京劳役需求量大，所以对在京

① ［清］张廷玉：《明史》卷七七，志五十三，《食货志》，中华书局 1974 年版，第 1878 页。

犯主要以做工、运粮、运砖、运灰、运炭、运水、煎盐炒铁等劳役赎罪为主；在外罪囚路途遥远，主要以就近纳米赎罪为主。这样就做到归属分明，层次清晰，设置合理。最后，明代赎刑层次清晰、结构完整还体现在明代赎刑对赎刑的适用主体、经济能力、赎刑方式、赎钱物的数额、劳役的期限、拟定和决定以及执行程序和执行时的保障措施等都做了具体和详细的规定，而且前后规定相互呼应，构成了有机统一体。如对"有力"和"稍有力"罪囚的赎额做了不同规定，对"稍有力"罪囚纳米数额较少，虽然看似有损公平，但主要考虑到执行问题，而对无力罪囚直接赎役的规定也是出于执行问题的考虑。所以可以看出，明代赎刑的立法、司法和执法制度是相互配合的有机统一体。明代的赎刑对于犯罪所在地、罪犯自身的纳赎能力以及各种赎刑方式的具体数额都在《大明律》所附"纳赎诸例图"中有具体规定，可谓周详备至。

（三）明代赎刑对赎刑的限制性条款做了详细规定

一般赎刑规定只对符合赎刑条件作出允许的规定，而对限制性条款规定较为模糊，如唐代只规定"十恶"之罪不可赎，明代律赎中规定为"非常赦所不原"不可赎，但这些都是原则，具体内容都比较模糊和概括，很难直接指导赎刑的拟定和决定。所以，洪武三十年颁布的《大明律》，附有《钦定律诰》一百四十七条，具体规定了不准赎死罪律一零二条，不准赎死罪诰十二条，准赎死罪律九条，准赎死罪诰二十四条。后来按照"例赎"的规定，除真犯死罪都能赎罪，所以《明会典》中详细记载了洪武二十六年、洪武三十年、永乐元年、弘治十年、嘉靖二十九年以及万历十三年规定的"杂犯死罪"和"真犯死罪"所包括的具体罪名和罪行，以便于正确判决和执行。

三、赎刑适用范围较为广泛

无论"律赎"和"例赎"，明代的赎刑适用范围都较前代广泛得多。明以前各代法制，大都有赎罪的规定，但就制度规定和现实中实施状况来看，适用面狭小。主要是因法律中明文规定适用的限制性较严。这种限制主要体现为赎刑适用主体的限制，对赎刑适用刑罚的限制，对赎刑赎法的限制，这些限制制约着赎刑的推广和普遍适用，而明代的赎刑在这几方面都有较大的突破。

（一）赎罪不限身份

历代的赎刑适用主体都有限制。秦代的“金赎”用于有身份、爵位之人；汉武帝时规定“募死罪人赎钱五十万减死一等”，而能以大量金钱赎罪的只能是官僚、贵族、地主富豪；而唐更将赎刑作为贵族官僚及其家属的特权使用，仅限于品官，官当后余罪收赎；宋代“尤慎赎刑”，惟八议者才有赎罪的资格。明代“律赎”和随后出现的“例赎”相比赎刑适用范围较窄，但比以往的赎刑适用范围都有所突破，首先体现在对“老幼废疾”的赎刑规定上，晋律明确规定了“其年老小笃癃及女徒，皆收赎”；[①] 唐律也规定了年七十以上、十五以下及废疾，犯流罪以下，可听赎；八十以上，十岁以下及笃疾，犯反逆杀人应死者，上请，盗及伤人，可收赎；宋代对老幼残疾不胜科责者，徒流罪可以“准律收赎”。明律中不但有“老幼废疾收赎”的规定，还有对“妇人、工匠、乐户以及天文生”赎刑的规定，而规定颇详尽的唐律中却没有对妇人准赎的规定，这一点清代法学家薛允升曾有过考察：“唐律不言夫人犯徒罪以居作之法，女同于男，故不另叙，非谓其不应役也。明律一概收赎，未免宽纵，无怪妇人犯法者之日益增多也。”[②] 并且就“老幼残疾”收赎的具体内容方面又有拓展，“凡犯罪时未老疾，事发时老疾，依老疾论。犯罪时幼小，事发时长大者，依幼小论，并得收赎，若在徒年限内老疾，亦如之”。[③]“例赎”的出现，更是打破了以往赎刑对身份的限制，赎刑广泛适用于社会各阶层，对赎罪者的身份等级没有严格的限制。例如嘉靖二十九年定例“凡军民诸色人役及舍余审有力者，与文武官吏、监生、生员、冠带官、知印、承差、阴阳生、医生、老人”等，俱可赎罪。[④] 可见，明代赎刑已经不限身份，俱可赎罪。

---

① ［清］沈家本：《历代刑法考》，刑法分考十六，中华书局 1985 年版，第 447 页。

② ［清］薛允升：《唐明律和编》，怀效锋、李鸣点校，法律出版社 1999 年版，第 42 页。

③ 《大明律》卷一，《名例律·五刑》“犯罪时未老疾”条，怀效锋点校，法律出版社 1998 年版，第 12 页。

④ 嘉靖二十九年《问刑条例》，参见杨一凡的《中国珍稀法律典籍集成》（乙编）第二册，科学出版社 1994 年版，第 437 页。

（二）不限刑级

周时，赎刑大量适用，墨、劓、剕、宫、大辟五刑皆可赎，但规定赎只限疑罪，即犯罪事实有疑问，难以认定时才可用赎刑。秦朝法律规定赎刑种类繁多，从赎耐到赎黥、赎迁、赎宫乃至赎死，都可赎免。汉时赎刑循秦制，但有变化，表现在其适用范围限制较严，西汉只用于禁锢坐赃二事。魏晋南北朝，赎刑适用于不是恶意的犯罪，死罪不得赎，赎刑主要体现为恤刑手段。到了隋朝，五刑皆可赎，但只适用于其官在第九以上的罪犯。唐时期，除“十恶”之外，笞、杖、徒、流、死五刑均可准予收赎。宋时，对犯赃私罪的官吏适用“真刑”，可以说，整个宋朝赎法惟及轻刑而已。按照明代律例的规定，笞、杖、徒、流乃至绞、斩，皆可以赎。洪武二十三年规定“除十恶并杀人者论死，余杂犯死罪皆令输粟北边以自赎。力不及者，或二人，并力运纳，”说明除十恶罪不赦外，其他犯死罪的囚犯，亦可以赎罪免死。可见，明代赎刑既不受身份的限制又不受刑级的限制，这是历代赎刑少有的规定。有些朝代虽不受刑级的限制，如秦朝和唐代，但大都有身份的限制。

（三）不限赎法

历代赎法虽规定不一，但大都以财物为主。古时用铜，汉时用粟、缣，后改以黄金计价。唐宋亦用铜，辽时赎铜输钱，金时得以马牛杂物赎刑，元用纸钞。名目虽多，但都是以财物抵罪，有利于少数有钱者。偶有役赎的规定，如秦代时期曾有役赎的规定，但是运用较少。明赎法主要有二，一是纳钞；二是罚役。除了以财物抵罪外，还可以用力役代替赎金，无力纳钞赎罪者，服一定时日的劳役，以为抵偿。洪武年间，官吏军民犯罪听赎者，大抵罚役居多。有的发凤阳屯种，有的去滁州种苜蓿，有的代农民力役，也有的运米输边。在时间上，犯死罪者服役终身，徒流按年限，笞杖计日月，满日疏放。嘉靖时罚役赎罪的方法有运灰、运炭、运砖、运石等，还有在驿站服役或当边关更卒等其他形式，罪行严重者去煮盐炼铁，犯死罪服役五年，流罪四年，死罪终身。赎钱物有纳钞、纳钱、纳银、纳马、纳草、纳米等多种形式。

四、赎刑的方式灵活，标准合理

（一）明代赎刑的方式多样，在拟定时可根据当时的需要具体而定，体现出较为灵活的特点

例如在对劳役赎罪进行拟定时，往往会根据工部建议，工部会根据工程建设的实际需要来建议罪囚具体所从事的劳役以及地点。而对于上纳的粮仓，户部也会根据粮仓的存储和缺粮状况建议法司拟定罪囚纳粮的地点。另外，会根据实际需要制定新的条例来改变某些地区的赎物种类；根据钞的贬值状况改变赎钞的具体数额；根据灾难情况更改赎米地数量；根据道路的远近和艰难程度确定赎米和运物的具体数额；根据罪囚的执行力情况更改赎刑方式。其次，对同一刑罚，赎刑方式之间也是可以选择的。成化年间的《会定运砖运灰等项做工则例》中，在杖七十的条目下，有可供选择的项目有：石灰四千八百斤，砖二百八十块，碎砖一万一千二百斤，水和炭八百二十斤，石四千八百斤，米七担，劳役四月半，钞一千六百五十贯，折合铜钱四百九十文。[①] 嘉靖七年，重修的赎例中规定：在京师犯笞刑者，每笞一十，有以下赎法供选择：做工一月，或运囚粮五斗，或运灰一千二百斤，或运砖七十个，或运水和炭二百斤。[②] 当然这种多样性和选择性也并非是任意性的，是和统一性相结合，灵活性也是和原则性相结合的，这种统一性和原则性就是当时的实际需要和罪囚经济能力状况。

（二）明代赎刑的赎罪数额相对来说较为合理，能为大多数罪囚所接受

以前的赎刑制度主要体现为对特权阶级的保护，所以赎罪数额较高，而相对于生活于“衣牛马之衣，食犬彘之食”状态下平民来讲，即使法律规定可以赎罪，由于无钱纳赎，对此只如镜中之花，水中之月，徒兴浩叹而已。《汉书·肖望之传》中对此评说，赎刑实施的结果是“富者得生，贫者独死，是贫富异刑而法不一”。可谓一语中

① 转引自黄彰建《明代律例汇编》，第一卷。

② ［清］张廷玉：《明史》卷九十三，志第六十九《刑法》一，中华书局1974年版，第2295页。

的，真正享有赎罪权利的仅仅是少数剥削阶级而已。汉初，“赎完城旦舂，六百石，直钱四万；髡钳城旦舂九百石，直钱六万”。[①] 而根据《汉书·食货志》记载“一夫挟五口，治田百亩，岁收一石半”，可知，一家人一年的粮食收入为一百五十石左右。因而可以推算出：一个普通农民若想赎免较轻的完城旦舂，是一家人六年的收入，就连司马迁这样身份的人也无钱赎免所受宫刑。唐代武德七年的均田令规定：“丁男、中男给一顷，笃疾、废疾给四十亩，寡妻妾三十亩。若为户者加二十亩。所授之田，十分之二为世业，八为口分。”[②] 根据当时的亩产量约为一石，一年的粮食收入只不过百石。后来均田制受到破坏，农民授田更是普遍不足。武则天后期，狄仁杰上疏：“窃见彭泽地狭，山峻无田，百姓所营之田，一户不过十亩、五亩。准例常年纵得全熟，纳官之外，半载无粮。”[③] 均田制瓦解后，农民缺地的问题更为突出。唐朝虽然对赎刑制度的适用对象有严格的限制，就是不加限制，平民也没有足够的铜来赎罪，因为铜价在唐更为昂贵。但到明代，赎刑赎罪数额相对以前大为降低，渐渐为一般平民所接受。洪武三十年《大明律》规定笞一十赎铜钱六百文，死刑四十二贯。洪武初年明太祖所定的折算比率为每钞一贯折钱千文，银一两。《明史·食货二》中记载的洪武二十八年钱、银和米的折算比率是“钞一锭，折米一石；金一两，十石；银一两，二石”，我们以较为稳定的银为中介来看，明律中赎刑数额为：笞一十，须赎铜钱六百文，银半两，米一石；死刑，须赎铜钱四十二贯，银四十二两，米八十四石。据嘉靖《河间府志》中的记载数据可知：当时一夫耕田三五十亩，亩收麦一石，田少者也有三十亩，“弘治二年令顺天等六府入官田土俱拨于附近无田小民耕种，起科每名不过三十亩”。[④] 当时农民每年收入麦三十至五十石，米两季为六十至一百石，每亩征银三分。

---

① 甘肃省文物考古所、甘肃博物馆、中国文物研究所、中国社会科学院历史研究所：《居延新简释——甲渠候本》，中华书局1994年版，第35、56页。

② ［后晋］刘昫：《旧唐书》卷四八，《食货志》上，中华书局1975年版，第2088页。

③ ［清］董诰等编：《全唐文》卷一六九，《乞免民租疏》第一册，上海古籍出版社1990年版，第761页。

④ ［明］郜相、樊深纂修：［嘉靖年］《河间府志》卷八，四库全书存目丛书，齐鲁书社1995年版，第192～500页。

所以一两年的收入就具备了赎死罪能力。官吏的收入更加稳定，俸禄以米、麦、钞兼支，最底层的从九品官每年可得俸米六十石，钞三十贯。可见，《大明律》所规定的赎刑数额在一般情况下都能为民众所接受。从“例赎”来看，其赎罪数额也较为合理，这种合理性一方面体现为它的数额规定同律赎基本相一致。只是后来钞贬值，而《大明律》的赎额不变，“例赎”则根据实际需要而增加，造成相对于“律赎”较重的事实，但相对于民众接受能力讲，“例赎”确定的赎罪数额还是较为合理，能为多数人所接受。例如，以受货币贬值影响较小的纳米赎罪来看，杂犯死罪赎一百石左右，流罪八十石左右，徒三年到一年一般六十石减至三十石，杖罪二十五石至一十石不等，笞罪一十石至一石不等。将米数折合为当时的钱钞基本和“律赎”数额一样，也是只需两年的粮食收入，一个平民就有能力赎杂犯死罪的米石数。另一方面，这种合理性还体现为“例赎”的数额的设定和更改渗透着公平性因素。如根据运米的路途远近和艰难程度来确定赎物的数额，根据刑级的轻重来确定赎罪的数额，根据米价的高低来确定具体赎罪数量，根据经济能力来确定赎罪金额和数量，都在一定程度上体现了明代“例赎”数额设定的合理性。

（三）明代赎刑还具有便于操作和执行的特点

这种便于操作和执行的特点是由上述实用和功效原则决定的，是以层次分明、结构完整、量刑标准细化的具体制度为基础的，是赎罪数额较低的必然结果。在实用和功效的思想指导下，在赎刑初拟阶段就赋予司法人员根据罪囚经济能力而选择适用执行方式的权利和义务，为赎刑的最终执行奠定了坚实的基础；统一、具体、细化的量刑标准和规则体系，有利于确保赎刑案件得到高效和公正的审判；赎刑拟定、决定和执行以及变更的规范化能够保证赎刑高效和有序地执行。明代的赎刑体系有着严格而细分的量刑标准，根据犯罪主体的不同、犯罪所在地的不同、罪犯自身的纳赎能力的不同而有不同的收赎、纳赎标准。再加上明代赎刑数额能为大多数民众接受，就能够保证适用范围和对象如此之广的赎刑制度在现实中实现。明代的赎刑适用主体范围的扩大是以大多罪囚能够赎得起为前提条件的。如果所定赎刑数额太高而致使大多罪囚赎不起，赎刑适用主体范围的扩大等于形同虚设，通过赎刑来达到增加国家财政收入的目标也会落空。所以，明代赎刑制定的基本原则就是尽可能地使所定赎刑能够得到彻底的执行，在制定时已经根据罪囚的经济能力量身定做了不同的赎刑方式。

第二节 明代赎刑特点的形成原因

明代赎刑制度呈现出以上特点是由于多种原因造成的，这其中有经济、政治上的原因，也有明代刑罚体系本身的原因，具体分析起来主要体现为如下几个方面：

一、经济方面的原因

明代赎刑适用广、方式多样的特点是由于明代经济发展的需要造成的。

（一）劳动力异常紧缺，这是促使明初劳役赎刑产生的直接动因

任何朝代在以强大的军事实力获取政权后，就要寻求经济实力的增长以维持其长期统治。明代初建，经济发展最大的问题是劳动力的匮乏。经过元朝野蛮落后的统治和二十年战争的严重破坏之后，人口锐减，土地荒芜。许多地方久经战乱，民多逃亡，城野空虚。据《明会典》记载，“国初兵荒之后，民无定居，耕稼尽废，粮饷匮乏”①。洪武三年，“济南府知府陈修及司农官上言：北方郡县近城之地多荒芜，宜召乡民无田者垦开”。② 南方的情况也是如此，江西瑞金“初民户在籍者六千一百九十三户，今亡绝过半，田多荒芜，租税无所从出”。③ 劳动力严重不足，造成租税收入减少，社会经济凋

① ［明］李东阳等纂：《大明会典》卷十八，户部五，第329页。
② 《明太祖实录》卷五十三，洪武三年六月庚申。
③ 《明太祖实录》卷一百九十七，洪武二十二年八月丙申。

敝，这对明朝统治基础是极为严重的威胁，尽快恢复经济是统治者迫切需要解决的问题。朱元璋建都之后，天下府州县官来朝，朱元璋谕曰："天下始定，民财力俱困，要在休养安息，惟廉者能约己而利人，勉之。"① 为了休养生息，恢复和发展经济，明统治者采取了不少增加生产的措施和办法，如移民屯田、兴修水利、种植桑棉等等，广开财源以充实国库。在这种情况下，保护劳动力便显得特别重要。为得到更多的劳动力，朱元璋下令不许庶民蓄奴，并解放了一批奴隶，还下令由朝廷代为赎还因饥荒典卖的男女，② 并限制僧道数量的发展。但与此同时，明初的峻法重典又诛杀了不少人。仅据朱元璋的《大诰》、《大诰续编》、《大诰三编》、《大诰武臣》的统计，所列凌迟、枭、诛有几千案，弃市以下有一万多案。这样大量的杀戮犯人，大批的关押囚徒，同上述力图增加劳动力的举措是相悖的，同社会劳动力紧缺的现状也是极为不适应的。赎刑制度的建立和逐步推广实施，使明朝统治者得到了一大批可供役使的劳动力，也在客观上促进了经济的快速发展。仅洪武九年的一年里，"时官吏有罪者，笞以上悉谪屯凤阳，至万数"。③ 可见，单是官吏犯笞以上罪，谪发到凤阳屯田的便有一万多人，赎刑保存劳动力之多，于此可见一斑。正是由于发展经济和稳定社会的需要，才使得明初的赎刑具有以劳役方式为主的特点。

（二）"国家得时籍其入，以佐缓急"是明代赎刑制度扩大赎刑范围的经济动因

通过劳役赎罪的方式增加劳动力的本质也是为了恢复经济，这与明初土地荒芜，城镇遭到破坏的现实有关，劳役赎罪的方式收到较好的效果，明代经济从战争的凋敝中迅速得到恢复和发展，每年国家收支相抵，节余颇丰。永乐年间，由于迁都北平，宫内俸禄发放以及因抵御外族入侵军需大增，造成北方粮食吃紧，加之九边路途不便，所以，输运粮食、资助马政、充实预备仓就成为亟待解决的重大问题。

① ［清］张廷玉：《明史》卷二，《太祖本纪》二，中华书局 1974 年版，第 19 页。

② 《明太祖实录》卷一百七十九，洪武十九年八月庚子。

③ ［清］张廷玉，《明史》卷一三九，列传二十七，《韩宜可传》，中华书局 1974 年版，第 3983 页。

为此，政府开始让罪囚运粮、纳米于实边，纳草料、马匹以助马政，正统以后预备仓就主要依靠赎米谷来运营。成化、弘治年间北方边境逐渐形成成熟的粮草市场，纳运实物的赎例减少，政府开始推行赎银，借助市场的功能解决边防粮饷问题。明中后期，频繁暴发的财政危机使罪囚纳赎朝向更为稳定和普遍的方向发展。《罪惟录·贡赋志》记载，弘治二年，银库收入为二百四十九万余两；支出一百四十万两。两项相抵，约可余银一百万两。但到了正德时期，这种状况发生了变化。正德五月，总督粮储户部右侍郎陈清、兵科给事中徐忱分别上奏，为仓库虚忧虑。户科都给事中张文等也上疏陈述国用之不足。嘉靖中期的财政状况也是如此。嘉靖二十八年八月，户部奏议，“太仓银库，岁入二百万两。……近岁一年所出三百四十七万，视岁入，常多一百四十七万”。[①] 隆庆时期，这种财政拮据的状况仍然没有改观。隆庆元年十二月，根据户部尚书马森所奏：“太仓现存银一百三十五万四千六百六十二两，岁支官、宫俸银一百八十二万有奇，边饷……，通计所出，须得银五百五十万有奇，以今数抵算，仅足三月。”[②] 万历初期，经首辅张居正的改革，稍有好转。但从万历二十年到万历二十八年相继发生宁夏之役、播州之役和援朝抗倭的朝鲜战役，即“万历三大征”，使库存荡然一空。万历末年，东北女真建立后金政权，对明宣战并攻占辽沈地区，为了对付后金，明王朝财政更加拮据。万历以后的天启、崇祯朝，战事频发，财政危机更是严重。在这种情况下，统治者千方百计地增加收入，除了正常的财政措施外，让罪犯由明初大规模劳役为主而变为纳赎为主，这样就使明朝统治者可以直接获得相当可观的赎金以充实国库，在一定程度上缓解了财政危机。由于赎刑制度“恤刑”原则的制约，再加上出于充分实施和执行的考虑，在不能通过提高赎罪数额的情况下，就只有通过扩大赎刑的适用范围来实现增加国家财政收入的目的，赎刑的普遍化和平民化趋势成为一种现实的必然选择，“例赎”的赎金也就成为明朝国库收入的一个重要来源，“实边、足储、赈荒、宫府颁给诸大费所

① 《明世宗实录》卷三五一，嘉靖二十八年八月已亥。
② 《明穆宗实录》卷一五，隆庆元年十二月戊戌。

需资金往往取自于此”。这是明代赎刑制度宽泛的一个重要原因。

（三）经济能力成为赎刑方式和赎罪数额重要标准

明代赎刑形式较为多样，而且赎罪数额也不等，但这种不等和多样不同于以往刑法的分类标准。以往刑罚分类标准主要是单纯依据罪行的轻重来划分等级，如死刑二等、流刑三等，而赎刑由于是替代刑，所以赎罪数额的制定一方面带有五刑按罪行轻重设置的一面，例如无论赎劳役还是赎钱和物，它的数额都与所替代五刑的轻重以及某刑种的等级轻重成正比。除此之外，明代的赎刑方式和具体数额还受另外一种要素制约，那就是罪囚的经济能力，这一点体现了经济因素对明代赎刑产生和发展所起到的重要作用。以经济能力的强弱变通赎罪数额最早应当出现在洪武二十三年十二月的“令输粟北边以自赎，力不及者或二人、或三人并力输运”条例。[①] 可见，出于时效的考虑，对待无力者赎罪数额做了降低处理。当时只是临时性规定，由于客观上解决了赎刑实施中的顺利执行和事实上的财政最大化收入问题，所以洪武“二十五年复有此令，至三十年更定运米例：死罪一百石，徒流递减，力不及者，死罪自备米三十石，徒流罪十五石，俱赴甘州地方上纳，就彼充军”。[②] 后来到嘉靖七年重修《问刑条例》时，按罪囚经济能力划分“有力”、“无力”和“稍有力”，并且据此来确定赎刑的数额，这样按经济能力来确定赎罪数额就成为定制。对于无力罪囚的处置，一是对于笞杖罪囚的决，再者就是做工；对于有力罪囚一般赎米谷，后折银和改为赎银。可见，经济能力不但决定着赎罪的执行方式还关系到是否适用赎刑问题。另外，经济能力的变化还可引起赎刑方式的变更。

总之，明代赎刑的发展受经济因素的影响是全面和深刻的，经济因素既是赎刑制度存在和发展的目的，又是赎刑制度得以发展的依托和手段。

二、刑罚体系方面的原因

第一，明代“济法之太重”，要求赎刑制度从中调和。明代素以

① 《明太祖实录》卷二零六，洪武二十三年十二月癸亥。

② 《续文献通考》卷一三九，《刑考·赎刑》。

严法著称于世。朱元璋惩元末法纪松弛之失而采取“刑用重典”的办法来巩固其刚取得的政权。主要表现为：首先，就五刑来说，法定刑罚较前代为严，如明代的徒五等还要加杖，即徒一年杖六十，徒一年半杖七十，徒二年杖八十，徒二年半杖九十，徒三年杖一百。流刑也加杖，即流三等各加杖一百，并且均强制劳役一年。可见，明律加重了对徒流刑犯的惩罚力度。

第二，在徒流刑之外，增加了刺臂刑、枷号刑、口外为民刑和充军刑。刺臂刑是对强窃盗实施主刑后附加刺臂的肉刑；枷号刑，将犯人颈套二三斤的木枷示众羞辱，有的长达半年；充军刑是强制犯人到边远地方屯种或充实军伍终身甚至是子孙后代，次于死刑重于流刑。《明史·刑法志》评论说：“明制充军之律严犯者亦最苦。”另外，除法律规定的刑罚外，明还有大量的法外酷刑，如凌迟、枭首、挑筋去指、剁指、断手、刖足、阉割为奴等。但另一方面，朱元璋起自“淮右布衣”，是从一个农民军领袖蜕变为封建皇帝，他亲身感受过元末农民起义的凛凛威力，深知害民过甚会引起激烈反抗。另外，长达几十年的“重典治世”，并没有达到预期目标，反而激化了矛盾。在朱元璋后期，他的思想开始发生转变，开始缓和这些严酷的刑罚手段，改变刑罚体系。但是明律一旦修订完成，不可更改，所以，不能采取取消一定刑罚的办法缓和刑罚严酷的现实，只能采用制定条例的办法来使原定刑罚虚而不用。于是，明代赎刑制度就承担起这项使命。它的适用主体的广泛性，使明律严酷的徒流刑通常很少使用。所以，自从明代赎刑适用范围扩大后，在整个明代的刑罚体系中，仅次于死刑的刑罚不是流刑而是充军，因为，“初制流罪三等，视地远近，边卫充军有定所。盖降死一等，唯流与充军为重。然《名例律》称二死三流各同为一减，如二死遇恩赦减一等，即流三千里；流三等以《大诰》减一等，皆徒五年。犯流罪者，无不减至五年矣。故三流常设而不用。而充军之例为独重”。[①] 通过这一段的分析可以看出，笞杖徒流甚至杂犯死罪皆可赎，流刑又常设不用，所以可见，明代赎刑制度对传统五刑造成的影响。

① ［清］张廷玉：《明史》卷九十三，志第六十九《刑法》一，中华书局1974年版，第2301页。

第三，有人“请充军收赎”，以缓解充军刑最重的局面，但遭到拒绝，因为明代赎刑制度已经大大地降低了对罪囚惩罚力度，如果充军刑也准赎，明代的刑罚体系就不能担当起惩恶扬善的重任。所以说，朱元璋先制定较为严酷的刑罚，然后再通过赎刑制度显示其“法外开恩”，目的是收拢人心，缓和阶级矛盾。严刑峻法与广纳赎刑，看来似乎互相对立，实质上都是明代封建统治者加强统治的工具，是“宽猛相济”之说在明代法制上的典型运用。恩威并著，刚柔兼施，是历代统治者治国平天下的老办法。“济法之太重”的明朝赎刑制度，是明朝统治者适合政治统治需要所采取的一项重要措施。

三、赎刑制度本身方面的原因

明代赎刑的特点，其实也是赎刑自身发展成熟和完善的集中体现，是由赎刑自身存在的合理性决定的。外界环境的推动虽必不可缺少，如明代商品经济的快速发展和繁荣，明代人商品意识的形成和发展，统治阶级对经济发展的重视以及明代初期“济法过重”等等都是明代赎刑制度发展和完善的不可或缺的外部环境。赎刑自从在中国古代的夏产生，绵延几千年始终没有间断过，说明它本身在中国的整个法律体系中具有其他刑罚所不可替代的特性，正是这种合理性和对中国刑罚体系的适应性，才使得赎刑能在明代完全展现出其强大的生命力。

（一）赎刑制度兼有宽宥、惩罚和增加经济收入的多重作用

在整个中国古代法制体系中，缺乏相应经济惩罚的规定，这也许是中国古代“重义轻利”思想在法制中的体现。虽然在西方的逻辑观念中已经明确地把“公法”和“私法”进而把“民法”和“刑法”区分开，确定了民法以“赔偿”为主、刑法以“惩罚”为主的原则，其本身确实具有一定的合理性，但在实际生活中，经济、政治和文化其实是一个有机的整体，经济赔偿和刑事惩罚之间也是有机统一的。中国古代是把整个社会看作一个有机整体来对待的，所以它的刑事惩罚和经济惩罚必然也是有机统一的。西方有替代刑的概念，是在先严格区分的基础上才有所谓的替代，而如果一开始就把两者看作有机统一又何必称之替代，现在国民都把赎刑称谓为“替代刑”，是

在拿西化的思维方式来考究中国的法。其实，在中国古代人的思维里，赎刑就是经济惩罚和政治惩罚一体化的体现。具体来讲，刑罚体系中刑法的惩罚对象是对社会公共利益有重大危害性的人，危害公共利益还是个人的利益、危害的程度大小是区分刑事犯罪和民事违法的主要依据。而且，刑事犯罪和民事违法的处理方式也有巨大不同，刑事案件主要以惩罚为主，主要有剥夺生命的死刑，强迫劳动和剥夺人身自由的徒刑，进行隔离和限制人身自由的流刑，惩罚和伤害人身体的笞刑、杖刑等肉刑，对人的精神羞辱的耻辱刑，还有对人的财产进行剥夺的罚金。使用这些方法的目的有两个：一是维护社会秩序、巩固统治阶级的政治权利和利益。死刑、笞刑、杖刑以及肉刑通过否定和惩罚肉体的形式进行恐吓那些严重威胁和危害统治阶级利益的人，耻辱刑重在人的观念方面对自己的行为进行自我约束，而徒刑和流刑通过限制他们的一部分自由和强迫他们劳动，既减少了这些人对国家的潜在的威胁又通过劳役挽回一部分国家的损失。二是维护所谓的社会公共利益。主要体现为徒刑和罚金。通过强迫犯罪人进行劳役和直接处以罚金可以挽回损失和为国家增加收入。站在统治阶级的角度来看，如果从维护统治阶级的政治权利来看，对待那些严重违反统治阶级利益的犯罪如盗贼、严重危害统治阶级政治权利如谋反、谋叛罪，以及违反皇族和家族宗法血缘关系的犯罪如不敬、不道、内乱、不睦，应采取剥夺生命权的死刑和限制人身自由的徒刑和流刑的方式来惩罚犯罪当事人，但对待那些过失犯罪、轻微犯罪、疑罪或者老弱病残的人，出于维护统治阶级的经济利益来考虑，应以劳役刑、罚金以及赎刑的惩罚方式为最佳。赎刑的出现和发展轨迹体现了人们对这一规律的认识。在周代，赎刑主要适用于疑罪；秦代，赎刑已经可以广泛地运用于各刑种，并且既可以赎金也可以赎劳役；到汉代，赎刑广泛地运用于官吏和普通百姓；唐代，赎刑发展较为成熟，像“十恶”这样严重违反统治阶级政治权利和封建秩序的犯罪已经被排除于赎刑范围之外，而那些对社会危害不大的老幼病残者、过失犯罪者、疑罪者则可以进行赎罪。到明朝时期赎刑的规定更为具体和细致，为了保证通过赎刑实现增加国家收入的目的，以赎刑的适用对象自身的纳赎能力为标准划分为有力、稍有力、无力，并根据犯罪所在地的不同和赎罪能力制定出不同的赎罪形式和不同的收赎、纳赎标准。

（二）“律赎”规定赎罪数额严重脱离实际，客观上要求制定赎罪条例以辅助“律赎”脱离实际的不足

这种脱离实际集中表现在律赎所定赎罪数额随着货币政策的变化而过低的现实，再加之由于《大明律》中的赎刑规定是祖制，不可更改，所以只有通过重新制定新的赎刑条例的办法来协调“律赎”与现实之间的关系。《大明律》中的规定是赎铜钱，后来国家推行大明宝钞，禁止钱和银通行，《大明律》所定赎铜钱没有办法推行，只有折合钞来执行。而开始所定钱钞折合比例为一比一，因而在明初无需更改“律赎”中钱的数额直接按钞收取就可以实施律赎，但后来由于宝钞严重贬值，所以造成“律赎”收赎数额严重脱离实际，不能适应通过赎刑增加国家财政收入的目的。因此说，明代赎刑制度的发展变化，也是克服旧的赎刑制度本身局限性的产物，“律赎”在以后的发展中就注意克服脱离实际需要的弊端，朝向更加现实和实用的方向发展，从而形成了明代赎刑制度特有的实用性风格，而且这种风格已渗透于明代的任何赎刑条例的制定中。在明代赎刑条例的制定中，已经不局限于“律赎”中简单划一的赎钱或钞的规定，而是需要什么赎什么，并且还可以根据罪囚的经济能力选择或者变更赎刑方式和制定赎罪标准，具有很大的灵活性，克服了“律赎”的呆板性。并且，在“例赎”的带动下，“律赎”的局限性也得到一定程度弥补，“律赎”的弊端也在一定程度得到解决。由于“律赎”数额不可改动，造成“律赎”和“例赎”数额相差过大，所以“律赎”后来逐渐通过钱钞折收的过渡最后统一折银的转变后实现了和“例赎”以及现实的统一。所以说，赎刑本身的局限性以及赎刑制度与现实的矛盾推动着赎刑制度不断朝向更加现实和灵活的方向发展。可见，明代赎刑制度的发展和成熟还是同赎刑制度本身固有的合理性以及与现实的矛盾性的推动相关的。

当然，明代的赎刑制度特点的形成还有其他方面的原因，比如维护身份特权、维护统治阶级的统治等政治方面的原因，律赎中对前代的继授方面的因素。但由于维护身份特权是作为历代赎刑的共性原因而存在的，并且，在明代受到“例赎”的严重冲击，已经不是明代赎刑的典型特点，所以本书并不对此原因展开论述，但并非说明经济上原因的存在就否定了政治方面的动因，实际上，维护统治阶级的权益是中国历朝历代任何制度不变的动因。另外，明末随着商品经济的发展，人们思想观念开始发生转变，“重义轻利”的思想观念开始受到动摇，重财、重利的金钱崇拜以及漠视身份名节、唯利是图的社会风气也使得通过“剥夺人之财产”的赎刑成为肉刑以外的重大惩罚，同时，这种把国家刑罚同金钱相挂钩的赎刑制度又增强了人们对财富的狂热追求。所以思想观念的转变促使了赎刑制度的发展，而赎刑制度的普遍实施又增强了这种崇尚经济利益的思想观念，两者相互促进，在加速了明末社会转型的同时，也推动了赎刑制度的进一步发展和完善。

第七章
明代赎刑制度的影响

明代赎刑制度对明代以及明以后的社会各方面产生了深远的影响，这种影响主要体现在对刑罚体系、经济以及清代赎刑制度方面。

第一节
赎刑对明代刑罚体系的影响和作用

明代的刑罚体系是从前代的刑罚体系逐渐发展变化而来的。先秦的刑罚体系主要由摧残犯罪者肢体的肉刑和剥夺生命的死刑构成，其肉刑方式和死刑方式残忍而多样，据很多学者考证，这一时期已经出现赎刑，通常用于疑罪。秦时，在法家思想指导下，其刑罚体系更是达到相当完备的阶段，既有死刑、肉刑，有限制人身自由并强制劳动的徒刑和流刑，有羞辱人格的耻辱刑，同时还有以经济为惩罚手段的赀刑和赎刑、废除官吏职位的废刑、收录罪犯妻子为官奴的收刑。汉代吸取秦朝严刑峻法迅速灭亡的教训，对以前的刑罚制度进行了改革，主要是拿笞刑和徒刑取代一部分肉刑，财产刑中承袭了赎刑，废除了赀刑。经历魏晋南北朝和隋朝的发展，唐朝的刑罚体系逐渐成熟，在刑名含义、刑种等级、刑具规格、执行方式等方面，都作出了系统明确的规定。其刑罚体系主要由笞、杖、徒、流、死五刑构成，如果符合条件，各刑种都可由赎刑来替代执行。宋朝的变革主要体现为宋初采用“折杖法”，即笞、杖、徒、流之刑都可折杖，这样就使隋唐五刑名存实改，此外还有决杖、刺面和流配的混合刑，针对官吏的编管和安置，对赎刑有了严格限制。元代推行繁杂严酷的刑罚体系，笞杖刑以“七”为尾数，徒刑附加杖刑，死刑中增加“凌迟”酷刑，五刑之外又设黥、劓肉刑，赎刑被局限在“牧民官公罪之轻者”、“职官犯夜者”、“老幼不任杖责者”和“笃疾残疾有妨科决者”四种情况。[①] 明初的刑罚体系基本上继承了隋唐以来的传统五刑，即笞、杖、徒、流、死。其中笞刑从一十到五十共五等，杖刑从六十至一百共五等，徒刑从徒一年至徒三年共五等，流刑从流两千里至流三千里三等，死刑为绞、斩两等。《大明律》也大多继承了唐律中的赎刑规定。笞、杖为肉体刑，古已有之，明代笞者用小荆杖决；杖者，用大荆杖决。《大明律》还专门规定了笞杖刑具的尺寸，“笞，大头径二分七厘，小头减一分。杖，大头径三分二厘，小头减如笞之数”。[②] 徒刑，即强制犯人从事一段时间苦役的刑罚，秦汉魏晋皆有，北周正式列入五刑，隋唐因之，直至明清。明代徒刑从一年至三年五等，附加杖一百。另外还有“总徒四年”，对犯徒刑未满而又犯徒罪者，加重其处罚，但只能加到徒四年为止，不在正式五刑之内。还有“准徒五年”，即杂犯死罪可减处徒刑五年。明代除极少数的徒刑犯不被送至外省而在本省服劳役外，其余徒刑犯人皆送至外省，在确定的期限之内，从事炼铁或制盐等苦役。流刑，来自上古流放的刑罚，但不在古时五刑之内，秦汉魏晋只零星有流刑记载，北齐、北周定流

① ［明］宋濂：《元史》卷一百二，志五十，刑法一《名例 · 赎刑》，中华书局 1976 年版，第 2609 页。

② ［清］张廷玉：《明史》卷九十三，志第六十九《刑法》一，中华书局 1974 年版，第 2282 页。

刑为五刑之一，唐代流刑分三等。明代流刑与唐代同，但有附加刑，三流皆杖一百。流刑作为刑罚主要针对人们传统的安土重迁情感，而以流放地的远近作轻重之分。最初流刑犯并不服劳役，唐代始规定自流二千里至三千里三等皆役一年。另外还有“加役流”，“加役流”本为死刑，唐武德中改为断趾，贞观六年改为“加役流”，于流放地服劳役三年①。官员流者不需居役，只附藉当地，流限一般为六年，加役流者为三年，期满，即可返回原籍。明代流刑规定了流刑犯流放地点，如《大明律·名例》“徒流迁徒地方”条下也规定：“流三等，照依地里远近定发各处荒芜及濒海州县安置。直隶府州流陕西；福建布政司府分流山东、北平；浙江布政司府分流山东、北平；江西布政司府分流广西”等②。总之，明代刑罚体系基本上继承了隋唐以来的传统五刑制度。

赎刑在整个中国传统刑罚体系中起着重要作用。从明代以前历朝历代的刑罚体系可以看到，赎刑自先秦产生以来一直就没有间断过，可见它在中国各个朝代的刑罚体系中起到重要的作用。一个优良的刑罚体系，从内部结构上讲，要结构完整，层次清晰，各要素能够相辅相成。反观中国的刑罚体系就会发现，唐代就具备这样的特征，生命刑、肉刑、自由刑、财产刑都具备，而且关键的是各刑种之间界定清晰，层次分明，轻重比例协调。生命刑分绞、斩两种，肉刑分笞、杖两种，自由刑有徒、流两种，此外对待符合一定条件和原则的各刑种都可转换为赎刑，即财产刑来赎罪。赎刑虽然并非独立的刑种，但它是联系各刑种之间关系的桥梁和纽带，各刑种之所以能够转化为统一的赎刑方式来实施，说明各刑种的惩罚存在共性，这种共性就是指无差别的一种惩罚。所有的惩罚无论何种方式，它的目的是通过这种形式达到惩戒犯罪、维护社会秩序的目的。具体来讲就是“惩”和“戒”，“惩”就是引起某种痛苦，“戒”就是通过“罚”的方式引起罪犯本人的痛苦，引起他人的恐惧，以避免再犯此类罪行。当然在一定程度上，惩罚的力度是和痛苦程度以及恐惧程度成正比的，所以

① ［清］沈家本：《历代刑法考》刑制总考四。

② 《大明律》卷一，《名例律·徒流迁徒地方》，怀效锋点校，法律出版社1998年版，第23页。

夏、商、周以及秦普使肉刑，手段残忍，方式多样，目的就是引起巨大痛苦，达到犯人本人因肢体受损而不能犯罪以及罪囚与他人因对痛苦的恐惧进而不敢犯罪的结果。但是这种惩罚要有一定的度，如果惩罚力度远远大于人们的预期，就会引起民众对自己细小行为过分谨慎，引起巨大的不安和恐惧，有时反而会引起对罪囚的同情，对法制和当政者的否定。商纣王的暴虐和秦始皇的严刑峻法并未带来国家的长治久安，反而引起国家迅速瓦解，其中亦有此原因。实际上，从减少进而杜绝犯罪的目的上来看，还存在另外更好的方式，那就是通过教化使民众不愿犯罪，这种方式的目的是使人们自觉约束自己的行为达到无惩罚而自我控制的目的，它主要是通过感化方式使罪囚本人因恩惠而感动，用不再就范来回报社会，使其他民众因统治阶级和法律的仁政和恤刑而受感化，从而拥护法制和统治阶级的统治，不愿以身试法。当然这一方式在西方不被列为法制范围，认为是道德教化，而在中国它是一种重要的法制惩罚理念，并且和前一种方式相互配合、相互渗透，在稳定社会秩序中起到了重要的作用。正如孔子所说："道之以政，齐之以刑，民免无耻，道之以德，齐之以礼有耻且格。"① 但是如果仁政和教化并不能收到效果的话，只有采用上述严厉惩罚的办法才能做到疏而不漏，即"出礼则入刑"。所以好的刑罚体系，既有对那些教而不化和引起严重后果的罪囚的严惩措施，也有对可衿可宥罪囚的恤刑方式，既有剥夺生命的重刑，又有引起肢体痛苦的肉刑、限制人自由的徒、流刑、剥夺人财物的财产刑，以及一定的羞辱刑。这样既做到结构完整，层次清晰，又能宽严结合。以这一标准分析中国历代惩罚体系就会看出，赎刑在中国刑罚体系中是宽恤之刑，是轻刑，比如对过失犯、对老幼废疾犯、对妇女等情有可原犯适用赎刑就说明此问题，对严重违反统治阶级和封建等级秩序的严重犯罪是禁止适用赎刑的，这一原则贯穿于整个中国古代历史。尤其在一个重"仁义"，崇"礼乐"，轻"利益"的思想文化氛围中，以财物替代对生命肉体以及人的自由剥夺与惩罚，比耻辱刑还要轻，所以明代以前，赎刑的范围限制较严，只有一定身份特权的人才能享受这

① 《论语·为政篇》。

种刑罚待遇。秦时刑罚体系结构相当完整，但层次轻重不分，虽然存在赎刑以宽其罚，但终因其赎罪金额太高，限制太严而难以起到对具有严惩功能的刑罚体系的缓解作用。汉代主要废除了秦时过重的肉刑，废除了赀刑，而保留了灵活的赎刑，为以后通过赎刑调节各刑罚方式的关系以及整个刑罚体系的功能奠定了基础。唐朝时刑罚体系较成熟和完善，其赎刑的恤刑和调节作用得到充分体现。宋朝采用折杖之法，用决杖取代笞、杖、徒、流四刑，使刑罚体系中的惩罚力度的轻重悬殊，缺少必要的层次性，必将引起新的刑种的产生来弥补这种体系上的缺陷，所以刺配刑普遍得到适用，且刑罚力度的降低也造成了刑法对某些罪行规定的加重。同唐律相比，宋律对强盗和盗窃罪的处罚明显加重。元代刑罚体系繁杂而严酷，赎刑被严格限制。到了明代，基于重典治乱世的立法指导思想，虽然在刑罚体系上依然采用传统五刑的结构形式，但刑罚加重了对罪犯的惩罚力度，并未收到预期效果，为解决刑罚规定过严的现状，力求通过制定大量赎刑条例来调节过重的刑罚规定，所以其“例赎”的出现对传统刑罚体系以及明代刑罚体系的发展变化起到了重要的作用。

明代的赎刑对明代的刑罚体系的作用和影响具体体现在以下几个方面：

第一，“例赎”的适用范围的扩大使明代原有的刑罚体系中的某些惩罚方式形同虚设。明代的刑罚体系基本上继承了隋唐以来的传统五刑，既笞、杖、徒、流、死。“例赎”把“律赎”中的赎刑范围由官吏犯公罪的笞刑扩大到除真犯死罪外的所有刑种，把赎刑对象由老幼笃疾者、乐妇、天文生能专其事者扩大到几乎所有的人群。由于赎刑是替代刑，所以被替代的刑种只起一个中介作用，最终广泛适用的是赎刑，而原有的刑罚措施诸如笞、杖、徒、流和杂犯死罪形同虚设。受赎刑制度的广泛影响，原有的刑罚体系发生重大改变，笞刑、杖刑变为只针对那些“无力”罪囚才适用的刑罚。对“有力”罪囚的笞刑、杖刑，宣德至万历前期，“在京”运送工料赎免，“在外”则纳运实物为主，万历中后期后统一于折纳银两。对于“无力”笞杖罪囚，洪武至宣德年间，按时间计工役，正统五年，因笞杖轻刑折合劳役不便，令在外罪囚无力赎罪者，笞杖的决，“在京”笞杖罪囚仍工役，直至万历年统一于“在外”赎刑，即笞杖的决。对于徒刑而言，对“在外”“无力”者按年限工役赎免，这些工役包括做工、摆站、哨瞭、发充仪从，情重者煎盐、炒铁，虽然《大明律》规定的徒刑也按年限服劳役，但只有煎盐、炒铁两种，所以虽同为劳役，与徒刑相比大为减轻；“在京”“无力”者按徒年限做工。“有力”者“在京”运送工料，“在外”纳实物。再来看流刑和死刑，流刑是受影响最大的一个刑种，其名存实亡的更为彻底。流刑分为三等，《大明律》规定，“二死、三流、各同为一减”，即流罪三等若减一等，均按徒三年处置，[①] 明代又有《大诰》减等的规定，后来不问是否收有《大诰》均依“有大诰减等”处理，这样使得所有流刑罪囚，都可以依徒三年的赎刑规定而赎免。对死刑，除“真犯死罪”，同样可以依“有大诰减等”和“加减罪例”的规定，依“准徒五年”来赎免，这样原五刑中的死刑就变为仅适用于“真犯死罪”的刑罚。可见，在赎刑的作用和影响下，只要所犯罪行并非不可宥赦，都可以赎免，徒、流、死刑都很少如律执行。五刑体系只有笞、杖尚存，其他刑名则名存实亡。由此可见，明代的刑罚体系，因赎刑制度而大受影响，原《大明律》中的五刑成为少数严重犯罪所适用的刑罚手段，大多数情况下则成为“照例赎罪”的中介和过渡环节，真正得到执行的是复杂和具体的赎刑体系，经过赎刑冲击下的刑罚体系变为笞、杖（无力）、赎、死（真犯）。

第二，赎刑泛化导致原五刑体系内部结构发生改变，促进赎刑本身的发展与完善。由赎刑替代徒刑、流行和死刑，这种大范围、大幅度的适用赎刑，使明代的刑罚体系结构过于单一，缺少相应的层次性、相对性和针对性，这一点和宋代时为改变刑罚过重而普使折杖之法后带来的刑罚结构设置不合理的结果极为相似。这样一种体系结构上的危机，也给赎刑的多样化发展提供了足够的空间和机会，促使赎刑不断发展以尽量弥补上述刑罚体系上的缺陷。以往的赎刑形式较为单一和简单，主要通过一定量的赎金的方式来实现，但是在明代，赎刑方式较多，有劳役、实物和钱等各种形式，并且劳役赎刑方式种类

① 《大明律》卷一，《名例律·加减罪例》，怀效锋点校，法律出版社 1998 年版，第 20 页。

繁多，按照所替代刑的轻重相应规定了具体劳役的期限、劳役的对象、劳役的数量等，按照经济能力对“有力”、“无力”和“稍有力”罪囚分别作出规定，层次清晰，在一定程度上弥补了明代刑罚体系过于单一的格局。另外，明代赎刑制度的发展也逐渐克服了赎刑本身的局限性。赎刑大规模适用的最大局限性在于其带来的“富者得生，贫者独死”的贫富异刑问题，即富人有钱可以赎免罪罚，贫人因无钱只有执行原刑罚，这样就因贫者并不能享受赎刑的恩惠而造成贫富异刑的司法不公现象。虽然对于这一观点，清末法学家沈家本给予了反驳，但明代的赎刑制度已经着手避免此类问题，一是降低了赎刑的赎罪标准，使大多数人都能够赎的起。二是普使劳役赎刑，对待实在“无力”者，可以适用劳役的方式赎免所科之罪，而且贫者、富者皆可以劳役抵罪，这样就避免了贫者不能赎免刑罚的困境，做到所有罪囚都可以适用赎刑。另外，赎刑还可以变通适用。这样只有那些“无力”的笞、杖轻刑犯才的决，虽然仍存在贫富异刑的状况，但不至于达到“富者得生，贫者独死”的地步。可见，赎刑制度发展到明代已经相当成熟和完善，与其说赎刑体系的充分发展造成了《大明律》原有刑罚方式形同虚设，还不如说是原刑罚体系因不适用社会现实发展的需要而给赎刑的充分发展提供了更大的空间，而且赎刑制度的进一步发展和完善也进一步展示了新刑罚体系的强大生命力。

第三，赎刑的泛化适用降低了原刑罚体系的惩罚力度，促使其他刑罚形式产生和运用。由于赎刑为宽恤之刑，所以赎刑的大范围适用必然使原刑罚体系在惩罚功能上降低力度，为保证明代刑罚体系一定的惩罚力度，就会促使较为严厉的刑罚方式产生。实际上刑罚的宽严、轻重、缓急都要有个度。秦法过严，惩罚过重，最终导致其灭亡。汉文帝、景帝致力于废除肉刑导致“死刑既重，而生刑又轻”，死刑与生刑之间缺少中间刑的现状，故不断有人提出要恢复肉刑。宋初采用“折杖”之法，造成隋唐五刑形同虚设，最终促使“刺配刑”这一融肉刑、流刑、劳役和羞辱刑于一体的刑罚方式的产生。明代大规模适用赎刑，也同样造成刑罚力度大为降低。拿纳米数量最多的宣德二年来说，“死罪，官吏一百石，军民人等八十石；流罪六十石；

徒三年、二年半递减十石，二年三十五石，一年半至杖九十递减五石；杖八十一十二石，七十、六十递减二石；笞五十，六石，四笞递减一石”。[①] 各刑种以及刑种内部各等级之间所纳赎物只不过相差几十石和几石米谷。到嘉靖七年重修问刑条例时赎罪米谷更少，总徒五年米五十石，总徒四年米四十石，徒三年米三十五石。至于罚役赎罪，其做工、摆站、哨瞭、发充仪从，均较煎盐、炒铁轻的多，这样必然会促进较为严厉的惩罚方式的产生，这就使得于五刑之外又设有“充军”、“安置”、“迁徙”、“口外为民”等刑罚。所谓“充军”即发罪人为兵，宋元时已经存在，但明代的“充军”较历代发罪人为兵运用更普遍，要求也更严，在整个明代刑罚体系中，次于死刑而重于肉刑，体现出重型的特点。明初因边境卫所充实兵源所需，将罪人发遣充军，后成为常刑，并且适用范围逐渐扩大：大明律中规定充军的条文四十六条，洪武二十六年首定充军条例才二十二条，到嘉靖二十九年已达二百一十三条。[②] 明代充军制度发展较为完善，明确规定了充军等级：极边、烟瘴、边远、边卫、沿海和附近五等；规定了刑期种类：罪人毕生充军的终身和罪人后代继续充军的永远两类，适用的对象从起初的军人扩大到普通百姓、贩卖私盐、搅扰商税、甚至践踏庄田等，适用的罪行也较普遍，所有“情重者”都可能被判为充军，所以《明史·刑法志》评论说：“明制充军之律严犯者亦最苦。”充军刑普遍适用弥补了因赎刑造成的名存实亡的现状，并且充军刑在崇祯末年之前是不能赎免的，这样，（真犯）死刑，充军刑、赎刑、杖笞刑就构成明代在现实中大量适用的刑罚体系。而且充军刑的适用也弥补了因赎刑而引起的刑罚体系过轻的现实。虽然因财政危机的需要，有人曾提出开充军赎例，但都因保持惩罚力度问题而被拒绝，虽到崇祯末年，迫于财政已接近崩溃的需要，遂定充军赎免则例，但很快明即灭亡。此外，明代在五刑之外，又增加了枷号刑，将犯人颈部套木枷，置于监狱或官府衙门门口示众羞辱，时间一至半年、永远不

① 《明太宗实录》卷四四，永乐三年三月壬寅。
② 张晋藩：《中国法制史》，高等教育出版社 2005 年版，第 246 页。

等，重枷者重百斤，几天内可致人于死地。“口外为民”始见于天顺朝，[①] 后诸朝一直广泛实施。意为将罪囚及家属一同发往距城镇边远地带。该刑罚同充军一样不能赎免，惩罚力度虽不如充军强，但较之能赎免的徒流甚至杂犯死罪，惩罚力度明显加重。安置和迁徙使用规模较小并且还可以赎免，虽对加重惩罚力度的作用较小，但也在丰富着明代的刑罚法体系的内容。此外，除了法律规定的刑罚外，明代还使用大量的法外酷刑，如廷杖、剁指、断手、刖足、挑筋、刺字、枭首、凌迟等，名目繁多，异常残酷。

可见，明代赎刑制度的发展和完善对明代从隋唐继授的传统五刑惩罚体系造成了强大的冲击。现实发展以及刑罚体系社会功能的需要促使了明代整个刑罚体系发生变革。这种新刑罚体系形成的过程，是原有刑罚体系与现实发展需要的矛盾推动的结果，是以大量的赎刑条例的制定和适用诱发的变革，赎刑的发展完善和明代其他惩罚手段的产生、发展是相互磨合同步进行的。明代赎刑制度不但对明以前的刑罚体系以及明代的刑罚体系造成重要影响，对明代以后的清朝的刑罚体系也产生了重要影响。

第二节

赎刑对明代经济的影响和作用

明代例赎的设置目的有两个，一个是缓和明代“济法太重”的法制现状，另一个是“以佐缓急”之用。所以，明代广使赎刑有没有达到增加国家财政预期目的，效果如何，具体来讲，明代的赎刑的适用给国家的经济造成哪些影响，这些都值得我们进一步探讨。

① 《明英宗实录》卷二九四，天顺二年八月己卯。

一、劳役赎刑对于增加劳力，减轻人民负担、兴建工程、恢复经济起到重要作用

明初因劳动力紧缺对经济的发展造成阻碍，所以让罪囚劳役赎罪，收到明显的效果。劳役赎罪主要以明初洪武永乐年间的屯田、永乐迁都后的兴建为主。洪武年间为恢复发展皇帝家乡的经济，朱元璋发罪囚到凤阳地区屯田，凡杂犯死罪及“民犯流罪者”，固然是发往“凤阳输作一年然后屯种”，就是“官吏受赃及杂犯死罪当罢职役者”，也发往屯种。[①] 至于那些“犯上作乱”，更属“大逆死罪之科”，也例发屯田。如洪武十六年九月，广东清远县瑶贼作乱，后被讨伐，降服贼“一千三百七人送京师命给衣粮，发泗州屯田”。[②] 因此，被发往屯田的人数相当大。根据文献记载，仅洪武九年，“官吏有罪者，笞以上悉谪屯凤阳，至数万”人。[③] 罪吏尚且如此多，罪民的数量就更大了。屯田主要集中在凤阳、泗州和荒地较多的边区。洪武二十五年七月，“巫山县由仙女驿至施州，地皆宽平，若加开垦实求久之利”，“于是立屯五处”，“以罪囚当罚充军者往屯之”。[④] 明成祖朱棣迁都北京后，大量的罪犯被谪发到北平地区屯田。据《明实录》记载，仅永乐元年至永乐十年这十年间，就曾七次发罪犯到北平地区屯田。永乐年间发罪犯屯田可考的人数高达一万四千六百四十三人。[⑤] 这些罪犯的发配，为战乱后经济凋敝的北平地区，增加了大量的劳动力，他们在生产和生活条件极其恶劣的环境中，辛勤劳作，艰苦创业，把大量荒闲土地辟为良田，对社会生产的恢复和发展作出了其应有的贡献。另外，把这些具有一定反叛意识的罪囚，重新固定在土地上，使他们“永安田野”，免至他们扰乱封建社会秩序，进行反封建斗争，也起到了缓和阶级矛盾，巩固明政权重要的作用。再者，明代的劳役赎罪还对减轻农民的徭役起着直接的作用。虽然屯田

---

① 《明太祖实录》卷九十七，洪武八年二月甲午。

② 《明太祖实录》卷一五六，洪武十六年八月已未。

③ ［明］张廷玉：《明史》卷一三九，《韩宜可传》，中华书局 1974 年版，第 3983 页。

④ 《明太祖实录》卷二一九，洪武二十五七月癸巳。

⑤ 董倩：“明代永乐年间移民政策述论”，《青海社科》1998 年第 6 期。

在给政府带来粮食收入的同时，也相应地会减轻农民的负担，但那是间接的。

在明代还有直接让罪犯代农民力役的规定。明代农民承担的徭役种类非常多，负担比较沉重，为稳定社会，减轻农民负担，利用罪犯代替农民承担摇役。洪武二十四年三月刑部尚书杨靖奏："在京诸司应用皂隶，以民充之，恒不及数，亦将罪稍轻者罚役，少舒民力。"①洪武二十四年八月，因"所置邮传未有邮卒，请以谪戍军士应役"，"置永宁至沾益州邮传四十八"。② 宣德元年三月，"国子监缺膳夫，黑窑厂乏工力"，而"上元、江宁二县之民差使频繁，力不能堪，请如洪武中事例，"就以"应天、常、镇、苏、松等府县罪囚"充役，以苏民力。③ 明政府利用罪犯代农民力役，在一定程度上减轻了农民的负担，使农民有更多的时间进行农业生产。

明代的劳役赎刑还直接为京师的兴建提供了大量劳力。洪武时期的劳役赎刑主要是屯田，但也有兴建项目的记载，如洪武二十九年三月，令吏民有犯流罪者甓京师城墙各一尺。④ 永乐迁都以后，京师建筑工程所需劳力剧增，出现赎刑囚犯运砖条例："永乐十七年，令见发做工笞、杖、徒、流罪囚，有愿并工运砖者，每人日运四个，各照所犯计算，杂犯死罪囚，亦准并工，每人运砖一万个。"⑤ 此后，京师凡有营建所需，皆有差罪囚运送工料的记载，且运送工料的种类从运砖扩大到运灰、运炭、运水、运石等，天顺五年十月，为避免"赎罪轻重不一，刑官得以为私"的弊端，刑部、都察院、大理寺定拟运砖、运炭、运灰、运石则例，比照运灰斤重，路途远近，对于罪囚在京师运送物料的制度进行了规范。⑥ 后世沿用，到万历年间，取消在京赎刑规定，一应遵照在外赎刑则例，运物料逐渐被赎实物和折银所替代，官府收取赎银，雇佣人夫输运工料，觅雇工匠用于工程。

---

① 《明太祖实录》卷二零八，洪武二十四三月戊寅。

② 《明太祖实录》卷二一一，洪武二十四年八月甲戌。

③ 《明宣宗实录》卷十五，宣德元年三月癸丑。

④ 《明太祖实录》卷二四三，洪武年二十九年三月庚午。

⑤ ［明］李东阳等纂：《大明会典》卷一七六，刑部十八《五刑赎罪》，第2432页。

⑥ 《皇明条法事类纂》卷之一，《五刑类》，"有力囚人运石则例"。

所以明代的罪囚在京师营建中起到重要的作用，就如《诸司职掌》中所规定的："凡在京文武衙门公廨，如遇起盖及修理者，所用竹、木、砖、瓦、灰、石、人匠等项，或官为出办，或移咨刑部、都察院差拨囚徒，着令自办物料人工修造。"① 将罪囚用于工程的建设对于节省民力和工程开支都起到了重要作用。

二、纳赎对明代财政的补充起到重要作用

这主要表现在罪犯纳米实边、罪犯纳米至预备仓以备赈济以及中央和各府州县利用罪犯纳赎应付开支等方面。明代赎刑制度对国家财政的补充作用的体现，正如《明史》所云："实边、足储、赈荒、官府颁给诸大费，往往取给于赃赎二者。"② 罪犯纳米实边最早始于洪武年间。明朝初建，屯重兵于长城沿线，以防范元朝残余势力，为解决军队粮饷问题，明太祖朱元璋采取军士屯粮、民运粮、商人纳粮的措施，收到较好的效果，所以在洪武年用赎刑收入实边的仅有两例，分别在洪武二十五年和三十年下令让罪犯纳米实边。③ 永乐年间由于迁都北平，北平仓缺粮，所以分别于永乐三年、十一年令罪囚于京仓纳粮。④ 但到了后来，屯田渐废，正如弘治年间兵部尚书马文升言："洪武时，每军有分屯田百亩者，有三五十亩者屯，军既不支粮又纳余粮六石，所以公廪皆有余"，"后屯地多为势家侵占或多被军士盗卖"，⑤ 由于"屯田坏于豪强之兼并"，"于是边兵悉仰食太仓，转输往往不给"，⑥ 不得不调税粮转运北方供给军饷，加之路途艰险，所以转运特别困难，于是从宣德以后令罪囚运米、纳米实边的例子日趋增多。罪犯纳米实边主要集中于大同、宁夏、宣府、山西、固原、延绥、甘肃、蓟州等八镇，当然也有辽东和云南地区的罪犯纳米，但不多见。后来正统年以后开始出现纳米折银实边的则例，弘治之后，纳

---

① 《诸司职掌》《工部・公廨》，收于杨一凡：《中国珍稀法律典籍续编》第三册，黑龙江人民出版社 2002 年版，第 294 页。

② ［清］张廷玉：《明史》卷九十三，志第六十九《刑法》一，中华书局 1974 年版，第 2293 页。

③ 《续文献通考》卷一三九，《刑考・赎刑》。

④ 《明太宗实录》卷四四，永乐三年三月壬寅；《续文献通考》卷一三九，《刑考・赎刑》。

⑤ 《明孝宗实录》卷七五，弘治六年五月壬申。

⑥ ［清］张廷玉：《明史》卷七七，志第五十三《食货志》一，中华书局 1974 年版，第 1877 页。

银实边成为定制，针对某一地区的赎例逐渐停止，但随着明中后期的战乱频发，所纳银大部分用来支付军费开支。明代赎刑的收入除补给军饷外，还通过纳马、纳豆、纳草料的方式来实边。罪犯纳米实边的具体数额和效果已很难从现有的史料中统计出来，但可以从一些个别事例中窥其一斑。《王翱列传》中记载了其在正统七年任“提督辽东军务”时执行赎刑十年间的收入状况：“以边塞孤远，军饷匮，缘俗立法，令有罪得收赎，十余年间得谷及牛羊数十万，边用以饶。”[①]可见，明代赎刑对于实边起到了良好的效果。另外，明代在中后期出现财政危机后，预备仓中用以赈灾的米谷不足，也需要赎刑中的纳米来弥补。在此以前，用于赈灾预备仓的仓粮，来源于明政府的“官为来买”。后财政危机，明政府不得不频繁地将各府、州、县的罪囚纳赎充当预备仓粮，这样就在一定程度上减轻了政府的开支，缓解了日益严重的财政危机。起初，由于迁都北平，给粮米的运输带来很大不便，遂令罪囚纳米、运米赎罪于京仓、运河沿岸的南京仓、淮安仓、林清仓等，宣德、正统、景泰年间的赎刑条例一般以纳米运粮为主，但成化年间，由于改“兑运法”为“长运法”，即有宣德年间规定令民运粮沿河指定粮仓后兑与运军领运改为由运军直接赴江南、南京附近州县收粮，再加之该时期逐渐由纳实物改为折银，所以，成化年后纳米、运米赎例逐渐被取代。

明代是历史上灾害频发的时期，为应对灾荒，政府在赎刑方面的支持主要体现两个方面：首先，制定灾荒地区的赎罪条例。如景泰七年，“河南、山东及南直隶诸旱涝处，米价腾贵，令输米赎罪诸囚暂抵以豆”。[②] 其次，就是将一部分赎银籴米，充实预备仓，以备救济灾荒之年。永乐年之前，靠国家支持预备仓尚能维持，但到宣德年预备仓衰败，正如宣德四年，河南布政司右参议邢旭奏称：“洪武中直隶、安庆等府宿松等县四乡具有预备仓，粮全”，“今河南布政司州县具无预备仓，及遇凶岁，无以赈济”。[③] 至成化年间，预备仓更是

---

① ［清］张廷玉：《明史》卷一百七十七，传六十五《王翱列传》，中华书局1974年版，第4700页。

② 《明英宗实录》卷二六四，景泰七年三月庚辰。

③ 《明宣宗实录》卷五五，宣德四年六月癸未。

废弛。弘治年间，政府为充实预备仓，制定法律，要求各府、州、县赃罚赎罪等全部来买稻谷以备赈济。[①] 嘉靖、万历时期，罪犯纳赎几乎成为此期积谷的主要来源，这种状况一直延续到明末。显然，明政府已越来越依赖罪犯纳赎，并把它当作备荒赈济的一个重要手段。这固然是明中后期财政危机的表现，但同时又证明了罪犯纳赎所起的作用。究竟明政府采用赎刑籴米充实预备仓取得的效果如何，我们可举一些例子窥其一斑。天顺年间曾做过巡抚四川的刘章，在四川采用罪囚纳赎以充预备仓粮的办法："积以石计者百万有余，人叹其迂，比再岁边饥，深赖为济，……民之全活，不可胜纪。"[②] 再如隆庆初，李登"以选贡授新野，今值岁凶，多设粥糜食饥者，复置义仓，改赎锾令折谷，实之存活甚众"。[③] 明中后期，除了特殊情况（如赈济）外，罪犯纳赎多被折银。无论中央和地方都有用以保存罪犯纳赎的赃罚库。罪犯赎罪所纳银两，地方上，一般都先交到各府、州、县的仓库中，京师所属府、州、县交至刑部和都察院的仓库中。地方各府、州、县的赎银起初每年均收总解至刑部仓库中，隆庆元年转归户部太仓库中。嘉靖年间，经工部题准，各赎银十分之四解户部，十分之四解工部，地方存留二分。罪犯纳银对财政的影响非常大，用途非常广泛。明中后期，边境多事，中央财政每年都向边境支出巨额军费，在紧急情况下，就动用太仓银库。有时还用于海防建设以及宫廷消费等。地方政府也充分利用这项收入，如兴修水利等。

综上，明中后期纳赎的赎罪政策，使明政府得到了数量相当可观的收入。同时，纳赎的形式多样化和纳赎所得应用的广泛性，满足了明政府不同时期内的财政需求，至少说，这些形式和方法在某种程度上缓解了明政府中后期出现的日趋严重的财政危机。而把罪犯纳赎所得收入应用于民间的赈灾救荒活动，在财政危机日益严重，边境多事

---

① ［清］鄂雨泰等修：乾隆《云南通志》卷十四，《积贮》，文津阁四库全书本，商务印书馆影印 2005 年版，史部—地理类，第 137 页。

② ［明］张萱：《西园闻见录》卷三四，《积贮·住行·刘章》，续修四库全书，子部—杂家类，上海古籍出版社 1995 年版，1169～1157 页。

③ 《古今图书集成》，食货典，卷一零七，荒政部，中华书局、巴蜀书社 1985 年版，第 83299 页。

的情况下，无疑有助于缓和阶级矛盾，从而有利于维护明王朝的统治。

第三节
赎刑对清代赎刑的影响和作用

明代赎刑制度的完备与成熟对清代的赎刑制度也造成重大影响。总体上讲，清代赎刑制度基本上是继承了明代的赎刑制度，尤其是继承了明代后期的赎刑折银制度，统一于折银、例赎与律赎之间的折银差别等依然得到保留和继承，赎刑的适用对象仍然是老幼废疾、天文生及妇人，赎刑适用上的限制仍然是真犯死罪、十恶、常赦不原等重罪，存留养亲、诬告等规定都继承了下来。正如《大清律集注》所云："明律，准唐律而稍有增损，（清）国朝因之。"[①] 在继承的过程，也对明代赎刑制度有所修正和发展，但这种修正和发展是建立在明代赎刑制度基础之上的，它们之间的继承与发展关系表现在如下几个方面：

《大清律》在借鉴明代赎刑的基础上，将赎刑按照赎刑方式的轻重进行了归类，分为收赎、赎罪和纳赎三种。收赎，即《大明律》中有关赎刑的规定，具体表现为对老幼废疾、天文生及妇人折杖等照律收赎制度；赎罪，即明代赎刑中有关官员正妻及例难的决并妇人有力者，照律赎罪的规定；纳赎，即明代例赎中对有力罪囚照律纳赎的制度。清代赎刑制度受明代赎刑制度的影响，保留了三种赎刑制度所赎银两数。收赎，笞一十，收银七厘五毫，徒一年收银一錢五分；赎罪，笞一十，赎银一钱，徒一年，纳银一两七分五厘；纳赎，笞一十，纳银二錢五分，徒一年，纳银七两五钱。可见，收赎，是依律赎其情可矜疑者，其赎轻，纳赎，是照例赎其罪，其赎重，而赎罪介于

① ［清］沈之奇：《大清律辑注》（上），名例，怀效锋、李俊点校，法律出版社1998年版，第47页。

两者之间。例赎和律赎在赎罪数额上差异，明代一直存在，而把例赎中对官员正妻及例难的决并妇人有力者的规定单列出来称之为赎罪，以区别于例赎中的其他赎刑制度，看似是个创新，其实它也是在明代赎刑制度基础上发展而来的。明代中的律赎对妇人犯罪赎刑的规定是赎余罪，即徒流等加杖之外的刑罚，而例赎中对官之正妻及例难的决妇人的规定是可赎徒流以下的笞杖之罪以及加杖一百之罪，所以如果有妇人犯徒流之罪，余罪按照律赎中规定折银，如徒一年，钞六贯，折银七分五厘，而加杖一百按例赎中规定，折银一两，所以两者之和，正好是银一两七分五厘，和清律中赎罪的赎刑数额规定完全一致。正是明代对于官之正妻及例难的决妇人不同于例赎的其他规定，所以在清代才把它从其他例赎规定中独立出来称之为“赎罪”，而剩余例赎中的赎罪规定称之为“纳赎”。

再者，清代的赎刑制度依然如明代一样，以“例赎”为主，但对于律例中没有规定的，清代则赋予法官很大的自由裁量权，即法官有权力对法律没有规定的案件，决定是否适用赎刑，即“凡律例开明准纳赎、不准纳赎者，仍照旧遵行外、其律例内未经开载者，问刑官临时详审情罪，应准纳赎者，听其纳赎，不应准纳赎者，照律的决发落。如承问官滥准纳赎者，交该部议处，多取肥已者，计赃科罪”。[①] 这一点是较明代赎刑制度有所发展的部分，这一规定也使清代的赎刑灵活性更强。另外，清代赎刑继承了明代以经济能力把罪囚分为“无力”、“有力”、“稍有力”三种，对“无力者”仍然执行的决的规定，后改为“有力”、“无力”两种，“现在只分‘有力’、‘无力’，并无所谓‘稍有力’矣”。但在嘉庆六年又改为无论有力、无力、俱准纳赎。[②] 改定之后，则无论有力、无力，均准纳赎。设无银缴纳，将如之何。对此，法学大家薛允升也提出质疑，可见，清代对明代赎刑制度的改变，从刑罚体系方面讲，并非都是合理的。

最后，清代对于明代后期因解决财政危机的需要而无限制地扩大赎刑适用范围，造成明代刑罚力度降低的弊端的做法，进行了一定的

---

① 《大清律例》卷四，《名例律上·五刑》。
② ［清］薛允升：《读例存疑》卷一，《名例律上·五刑》，光绪三十一年京师刊本。

修正，即在一定程度上对于赎刑适用范围作出了较为严格的限定。首先表现为对官员的贪赃适用赎刑规定较明代为严。明初出于“重典治吏”的需要，所以对官吏犯赃不能赎，但到洪武二十六年定“官员贪赃改为杂犯死罪许赎”，此后虽然在宣德五年曾禁止过，但正统年间很快又恢复了官吏犯赃许赎例，一直延续到明亡。官吏犯赃罪准赎后果是极为严重的。正如宣德四年监察御史对当时“犯赃罪者具令运砖赎罪”的规定上言：“例者，所以权一时之宜，岂可常行，若久行之，使贪污者益肆其志，廉公者无所激励，其可乎？今后文职官吏犯赃罪俱依律。”① 允许犯赃官吏赎罪，开启了贪污之路，挫伤了廉者的积极性。清代针对这一弊端，明确规定：“贪赃官役概不准纳赎。”② 另外对累犯适用赎刑也加以限制。明律例中都没有对累犯是否还能适用赎刑的规定，所以认为明律中对累犯适用赎刑是没有限定的，由于赎刑尤其是律赎中的处罚都是相当轻的，所以起不到惩戒犯罪的目的，有些人反而会利用这一点，进行恶意犯罪，对此明代司法官员早有觉察，如宣德二年江西按察使黄翰言：“民间无籍之徒，好兴词讼，辄令老幼残疾男妇诬告平人，必更议涉虚加罚乃可。”③ 此等情况在孝宗时也愈演愈烈，南京有犯竟诬告十人以上。所以这种惩罚力度只会造成累犯肆无忌惮，法律对此无可奈何。对此种弊端，清代开始致力于消除，采用的办法就是对于累犯不准赎罪。《大清律例》载：“凡年七十以上，十五以下及废疾犯流罪以下者，准其收赎一次，详记档案。若收赎之后复行犯罪，除因人连累过误入罪者，仍准其照例收赎外，如系有心再犯，即各照应得罪名，按律充配，不准再行收赎。”④ 而且这种规定也适用于妇女和存留养亲的赎刑，如“妇女犯军流等罪，……准其收赎一次，仍详记档案。如不知悛改，复犯前罪，即行实发驻防，不准收赎”。⑤“告称有祖父母、父母老疾

① 《明宣宗实录》卷五五，宣宗四年六月甲午。

② 《大清律例》卷四，《名例律上·五刑》。

③ ［清］张廷玉：《明史》卷九十三，志第六十九《刑法》一，中华书局1974年版，第2288页。《续通典》记载在正统元年，内容为：“各处奸徒，多以妇女、残疾、老幼诬告平民。及反坐抵诬，不过的决收赎。以此得计，依法为奸。乞追坐壮丁，庶消诬罔。”

④ 《大清律例》卷三十六，《刑律·断狱上》。

⑤ 《大清律例》卷四，《名例律上·五刑》。

应侍，与例相符，准其留养一次，照例枷责，分别刺字，详记档案。若留养之后，复犯军遣流徒等罪，概不准再行留养。”① 另外对一些有碍诉讼的赎刑也做了严格限定，如嘉庆二十年定例：“生员不守学规，好讼多事者，俱斥革，按律发落，不准纳赎。”② 生员杖罪，例准纳赎，免其发落。只因好讼多事，就不准纳赎，可见，清代的赎刑规定较明律严，限制多，目的是为了弥补明代因大量无节制的适用赎刑所造成的官吏腐败，奸徒借赎刑惩罚之宽典而肆无忌惮的缺陷。

当然明代赎刑对清代赎刑的影响是多方位的，从赎刑的立法指导思想到具体赎刑制度，明代赎刑的充分发展为清代赎刑制度的存在和发展奠定了坚实的基础，清代赎刑制度在继承的基础上朝向更为严谨和细致的方向发展。但到清末，由于受到西方法律思想和法律制度的冲击，赎刑制度也随着整个中华法系的解体而被废除，但中国的赎刑制度的内在合理性因素并不会随着制度的废除而全部消亡，其影响一直存在且还会继续下去。

① 《大清律例》卷四，《名例律上·五刑》。
② 《大清律例》卷四，《名例律上·五刑》。

第八章
明代赎刑制度的历史局限性和价值

第一节
明代赎刑制度的历史局限性

明代赎刑制度以其广泛的适用性改变了明代刑罚过重的现状，体现了仁政和宽恤的儒家刑罚精神，对缓和阶级矛盾和稳定社会起到重要的作用。另外，赎刑制度以劳役、钱物替代刑罚，推动了国家建设和农业生产的发展，增加了国家的财政收入，一定程度上缓和了财政危机，解决了明代很多现实问题。但是，由于受阶级的局限性和历史发展中各种客观因素的影响，明代赎刑制度也必然存在着历史局限性。

一、在立法制度方面存在的主要问题是赎刑标准不统一

从赎刑制度的立法体系方面来看，最大的问题在于，“律赎”和

“例赎”标准不一。虽然律和例之间应是互补的关系，例以辅律，律是例的指导思想，明代的“律赎”和“例赎”也确实有所体现，如对妇人“律赎”和“例赎”的规定以及在“例赎”的作用下对“律赎”惩罚标准的调整等都体现了这种相互牵制共同发展的状况。但是，由于“例赎”和“律赎”的特点差异过大，也会体现出一定的矛盾和冲突。“律赎”存在的最大问题是祖宗之制，不准有丝毫改动。然而像赎刑这样以财物多寡为惩罚轻重标准的刑罚方式更容易受货币和物价的影响而有所波动。明代是中国历史上货币发展最为复杂、变动也最大的时期，明初，由于国内战事不断，政府财政不足，在大量滥发纸币的同时，禁止白银和铜币的流通，导致通货膨胀，纸币贬值，白银和铜钱在明间和商业中通行，政府屡禁不止，后明朝政府不得不废除纸币制度，改用白银作为主导货币。在这种经济环境下，通过钱物来惩罚犯罪的赎刑同赃罪一样受到强大的冲击。钞的贬值造成的结果之一就是使“律赎”的惩罚力度降低。二是造成“律赎”与“例赎”标准不一。由于各种赎刑条例是根据明代货币政策变化而制定的，所以其所设赎罪标准是基本上适合当时贬值后钞的价值的，“律赎”因不可改而严重脱离现实，故造成了“例赎”和“律赎”赎罪标准不一的现实，即“例赎”相对于“律赎”过重，“律赎”相对于现实和“例赎”过轻。在“例赎”和“律赎”并行的制度下，就会因惩罚标准不一带来司法不公现象。对此，嘉靖七年，巡抚湖广都御史朱廷声曾有过评论。[①] 后来，为调整两者关系，也为适应现实的变化，又不得不重新制定赎刑条例，造成了赎刑条例繁琐的局面。

另外，对于“例赎”来说，它的弊端和“律赎”恰恰相反，表现为灵活性有余，稳定性和统一性不足。“例赎”灵活性虽具有一定的积极意义，但从另一方面来看，又过于随意和庞杂。《明史·刑法志》称“例复之变”，初以罚役居多，继而折工值纳钞，钞被废而不用之后，又变为纳银、纳米，兼有运灰、运砖、运炭、运石等各种赎罪形式。纳物除米之外，还在成化间纳马、纳草、纳豆等，后皆不

---

① 《明世宗实录》卷九十六，嘉靖七年十二月辛巳条。

行，不具载。惟纳钞、纳钱、纳银常并行焉。就纳米的石数也会根据时局需要、道路远近、艰险程度、罪囚有无经济能力等多种因素的不同而不同。制定赎刑赎罪数额的标准不一、方式不同一，就很难保证对于同一被替代刑罚适用赎刑刑罚的公平性，存在着对同一种刑罚而采用不同赎罪方式，惩罚轻重不一的现实。比如在嘉靖七年所定的"在京"做工赎刑条例中，同是徒五年，运灰折银和运水和炭相比，相差四十六两，所以说"运灰最重，运炭最轻"。[①] 另外，从司法审判的角度来看，各种赎刑条例新旧杂沓，前后互异，惩罚轻重不一，也为执法者得以从中曲解拘私，为罪囚避重就轻提供了可乘之机。成化三年，杜能等官吏因罪被判为有力运炭、运灰赎罪，但捏称贫困要求改拨做工，[②] 虽未能如愿，但可以看出，当时，借赎刑方式轻重不一而规避严惩的现象，确有存在。后来，赎刑条例逐渐发展成熟，慢慢克服以上弊端。嘉靖年间，重修《问刑条例》，对赎刑条例的稳定和规范起到一定的作用。万历年间，"在京"统一于"在外"，所有赎刑数额都通过折银来实现，进一步统一了赎刑的标准。可见，明代赎刑制度在立法制度上的局限性主要表现为"律赎"的赎刑标准与现实的不统一，"例赎"与"律赎"以及"例赎"内部各种赎刑方式标准的不统一。赎刑自身的发展轨迹就是不断克服自身弊端的过程。

二、在刑罚功能方面体现为惩罚力度的降低

由于赎刑制度乃宽恤之刑，虽以剥夺人赖以生存的钱物为惩罚手段，但在一种以"重义轻利"为指导的社会里，尤其是像明代这样的赎刑制度，只需缴纳百石米就可赎免杂犯死罪，比那些残害人肢体的笞杖肉刑、进行劳役的徒流刑以及剥脱人生命的死刑要轻的多。尤其是"律赎"中的规定，由于钱钞的贬值，使得其惩戒功能更是荡然无存。这样的惩罚力度，带来两种不良后果：一是相对于受害人来

---

① ［清］张廷玉：《明史》卷九十三，志第六十九《刑法》一，第2295页。

② 《皇明条法事类纂》卷之一，五刑类，"法司审定有力囚犯问拟运砖等项不许捏称无力奏要改拨做工例"。

说极为不公平。由于其惩罚力度降低，刑罚的报复性功能降低，难以抚平受害人心理的创伤。同时，由于赎罪金额过少，难以弥补受害人损失，尤其是像“律赎”中对于过失杀、伤人罪的赎刑适用，因为所赎钱物要“给付被杀、被伤之家以为茔葬及医药之资”。[①] 按照大明律规定，如犯“过失杀人绞罪，收赎钞四十二贯（按照洪武时期钞没有贬值计），该银四十二两足矣。今止追钞四十二贯于死者之家茔葬，（按钞贬值后计）以八贯折银一钱论之，只值银五钱二分有余。况以今日市井时价论之，但值银四五分而已。其生者何幸而免祸，死者何甘而瞑目于地下耶？且以一人之命而值银四五分，何其贱哉！”按照成化元年的时价，一条人命所得到的赔偿还不如一猪、一狗贵。[②] 后虽改为“收赎钞三十三贯六百文，铜钱八贯四百文”，但仍与受害人家的损失相差甚远，造成了严重的司法不公的现实。二是相对于罪犯来说，以较小的经济成本获得较大的收益，这种制度只能是纵容犯罪。明代的赎刑制度限制较少，适用较广，赎钱物数额低，对待那些有钱的人根本达不到惩戒的目的，尤其是对于官吏赃罪收赎条例来说，更是开启了贪污之路。对于官吏赃罪，《大明律》规定为真犯死罪，不可赎，但洪武末年改为杂犯许赎，尤其是在宣德四年规定职官有犯赃罪运砖完毕，还要复其职役，极为不合理，后虽对赃罪者赎后追之为降用、革职、原籍为民的处罚，革除了继续贪污之路，但是尽知财能救死，贪污愈甚。另外，过低的惩罚力度还纵容了犯罪。清代法学家薛允升在对明律与唐律对妇人适用赎刑对比之后，发出这样的感叹：“（对于妇人）明律一概收赎，未免宽纵，无怪妇人犯法者之日益增多也。”[③] 另外“律赎”中过低的惩罚力度也使奸徒纵容老幼废疾及妇人诬告平人，从中得利，对此，《明史·刑法志》和《明实录》中都有记载：“各处奸狡之徒，多将妇女、残疾、老幼出名告状，诈害平民，及致反坐，抵诬不过的决收赎，以此得计，倚法为奸。乞令有司今后凡若此者。即将籍册查明追究，壮丁坐以其

① 《大明律》卷十九，《刑律二·人命》“戏杀、误杀、过失杀、伤人”条。

② 《皇明条法事类纂》卷一 五刑类，“过失杀人绞罪，收赎钞三十三贯六百文，铜钱八贯四百文例”。

③ ［清］薛允升：《唐明律合编》卷三，“工乐户及妇人犯罪”条后注释。

罪，庶消诬罔，以安良善，上命行在礼部会议行之。”[①] 再者，明代赎刑的广泛适用，造成明代五刑形同虚设，所以为增加惩罚力度，必然导致法外酷刑的滋生和蔓延，失去一定惩罚力度的刑罚，必然会导致法制的废弛，法制的废弛必然又会导致非法之刑的滥用。明代初期，“济法太重”，遂广用赎例，又造成惩罚力度较轻，不得不运用酷刑来弥补。所以在明代，很多已被废除的酷刑又起死回生并得到广泛运用。应当指出，中国古代的刑罚制度自秦、汉确立，中经魏、晋、南北朝过渡，至隋、唐时期开始定型化并日趋文明，封建刑罚制度由繁杂残苛向简明宽缓方向发展，将刑罚定为笞、杖、徒、流、死五种，并有限制的辅以赎刑，刑法体系结构完整，既有肉刑、劳役刑和生命刑又有财产性，且层次清晰，惩罚轻重适当。但到明代，由于无限制的适用赎刑，造成原五刑形同虚设，惩罚力降低，于是非法之刑泛滥，法制发展出现倒行逆施的局面，虽然并非单纯赎刑一种因素造成，但却难逃其咎。

三、赎刑司法程序繁杂导致“淹禁”现象频发

明代赎刑从判决到执行，程序繁琐，尤其是执行过程中更是异常复杂。这种繁琐和复杂表现为赎刑是一种替代刑，在审判过程中必须要先审定原科之刑后，才进入是否符合赎刑条件的初步审查程序，若符合赎刑条件，还要审查罪囚是否有经济能力，即属“有力”、“稍有力”还是“无力”，并根据具体情况草拟不同的判决结果，如草拟和判决错误还要追究责任，所以也要异常谨慎。尤其是判断“有力”、“稍有力”和“无力”的标准模糊，在程序规定上也没有强制性制度，只是根据乡村里老和罪囚本人述说来定。州县等地方司法机关可以直接判决笞、杖之刑，并作出赎刑决定，对徒、流之刑，要初拟刑罚并附赎刑的初拟意见，经府向中央司法机关按察司报送，由按察司作出最终的判决，对应当判处死刑的赎刑，按察司还须将案件申呈刑部，刑部如拟定死刑，则须报大理寺复审，大理寺准拟，同时作出是否赎刑的决定，层层将判决下达至按察司。所以说，赎刑的判定

① 《大明英宗睿皇帝实录》卷十三，正统元年春正月乙酉。

要比其他刑罚判决程序复杂。在报送等待上一级审判机关决定的过程中，犯人多被羁押在案发所在地的司法机关，虽然也有将犯人“解详”到按察司的，但那是极少数，大部分罪犯就地羁押，直至判决下达。由于这一过程环节繁琐，加之地方与京城的路途往返时间的消耗，被羁押的犯人多等不到判决的下达就因狱中条件差得病而死。这种因案件久掩不决而使案犯长期监禁的现象就叫做“淹禁”。史料中有不少相关的记载，如永乐二年五月，巡按北京监察御史周新言：“北京所属吏民有犯徒流者，蒙恩免罪，就发北京人少处为民种田，公私两便。然监候详拟往复数月，饥窘忧愁多死狱中。”① 另外，在赎刑的执行过程中，组织和管理也相当复杂和繁琐，尤其是劳役赎刑，还要根据工部等用工需要对每一个罪囚的情况分别造册，工部委任监管，完毕后又要遣送回原审衙门发落。而纳米赎罪的执行也是需要自备工具把所纳之米运送指定粮仓，往往路途遥远，缴纳之时又多受官商盘剥，所以造成不能完纳，罪囚往往被“监追”和“杖罚”，造成大量赎刑罪囚淹滞的现象。成化十二年三月，江西等处就曾出现在纳米仓地的奸顽之徒“把持官府挪移出纳”，“凡遇囚犯到仓，强要包揽，串通铺户牙行，高抬时价”，“虚出实收，作弊瞒官”，坑陷赎罪囚犯的事件，造成罪囚“有力者重复用钱，无力者久遭淹禁杖并，负屈衔冤，无处审诉”的严重后果。② 另外还出现对赎罪罪囚逼要财物，乱立科名，额外增加赎金等混乱现象。正德十六年九月，南京监察御史王佩言：“笞、杖、徒、流、杂犯死罪，不论其供明无力，而通罚之名曰偿劳钱，宜严革此弊，其罪之当罚赎者，止收本色及呈报上司以为公家之需。”③ 以上种种原因使大量罪囚无力执行赎刑而长期被监禁在监狱，有的“监追”长达几年，这些被“监追”的罪囚日夜呻吟愁叹，后来制定一些条例，如制定“监追半年不能完纳改拨做工例”和“就近仓纳米例”，在一定程度上减少了由赎刑

① 《明太宗实录》卷三一，永乐二年五月辛丑。

② 《皇明条法事类纂》卷十五，户部类，“在外囚犯徒流以上有力纳米者，有用强揽坑陷者，照依揽纳钱粮坑陷纳户（者照）例充军，无力摆站，不许雇人替当及买嘱脱放发充仪从者，止许跟随役使，不许逼要财物例”。

③ 《明世宗实录》卷六，正德十六年九月癸亥。

弊端造成的“淹禁”和“监追”现象，但却没有从根本上解决问题。

四、赎刑制度的适用在结果上造成了“贫富异刑”的客观事实

“贫富异刑”一直是对赎刑持否定态度者批驳赎刑的主要依据。早在汉代就围绕是否“令民入谷赎罪”的问题发生过激烈的争论。京兆尹张敞以讨羌美，兵食不继，请建入谷赎罪之制。其主张遭到反对，其中具有代表性的肖望之认为：“民函阴阳之气，有好义欲利之心，在教化之所助。尧在上，不能去民欲利之心，而能令其欲利不胜其好义也；虽桀在上，不能去民好义之心，而能令其好义不胜其欲利也。故尧、桀之分，在于义利而已，道民不可不慎也。今欲令民量粟以赎罪，如此则富者得生，贫者独死，是贫富异刑而法不一也，人情，贫穷，父兄囚执，闻出财以得生活，为人子弟者，将不顾死亡之患，败乱之行，以赴财利，求救亲戚。一人得生，十人以丧……以死救生，恐未可也。陛下布德施教，教化既成，尧舜无以加也。今议开利路以伤既成之化，臣窃痛之。”① 肖望之反对以谷赎罪的原因主要是因为赎刑导致“富者得生，贫者独死”、“贫富异刑而法不一”的后果，这种后果严重地破坏了维系中国传统法制的“重义轻利”的传统，导致了“为人子弟者”为“求救亲戚”“以赴财利”而“败乱之行”重新犯罪的不良后果。并且，明代以前的反对赎刑者一直要求要限制赎刑的适用范围，即严格控制在轻微刑罚之内，不要广泛适用赎刑。朱熹认为赎刑可以宽鞭扑，而墨、劓、剕、宫、大辟之五刑不能援用。到了明代，赎刑突破了轻微刑罚的限制，几乎各种刑罚都可以适用赎刑，招致了明代大学士丘浚的强烈反对，他在《大学衍义补》认为：“赎刑乃帝王之法，孔子修书载在圣经，盖唯用之学校，以宽鞭朴之刑，所以养士大夫之廉耻也。后世乃一概用之，以为常法，遇有边防之警则俾之纳粟于边。遇有帑藏之乏则俾之纳金于官，此犹不得已而为之，是以职金货于司兵之意也，若当夫无事之时，而定以为常制，则是幸民之犯以为国之利，可乎！”② 他认为孔

① 《汉书·肖望之传》。
② 《大学衍义补》卷一百零五。

子肯定赎刑只限于赎鞭扑之刑，且限于用在学校之内，反对将赎刑定为常制，不能以人民犯罪来谋取国利之利。并且他还指出了普适赎刑必定造成“贫富异刑”的不良后果。他说：“辟以止辟，此二帝三王之法之初意也。若死者而可以利赎，则犯法死者皆贫民，而富者不复死矣……若夫杀人者而亦得赎焉，则死者何辜，而其寡妻孤子何以泄其愤哉?”① 明太祖虽然主张适用赎刑，但也强调的是赎刑宽恤和德政的一面，他说：“善为国者，惟以生道树德，不以刑考立威。”② 对待“贫富异刑”问题并未直接评价。当然，也有对赎刑所带来的“贫富异刑”观点进行反驳的观点，清代法学家沈家本对张敞和肖望之关于“人谷赎罪”的争论作如下评价：“出谷以货其罪，有何伤于政化？望之言固特征，似未合于事机，至欲户赋口敛以赡困乏，尤为非计。”他还对赎刑使“富者得生，贫者独死”的论点，在法理上也进行了分析，他说：“富者得生，贫者坐死，自汉以来，议赎法者，皆以次为言。第国家立法，但问其当于理否耳，苟当于理，则法一而已，只论罪之当赎不当赎，不能论其人之富与贫。富者之得生，法如是，非幸也；贫者之不能自赎，贫者之不幸，非法使之也，且果为疑赦者，法亦必有以济其穷，何至忍视其受刑哉。”③ 沈家本认为，赎刑的公平与否要看是否对所有人都适用，不应过多地考虑其贫富的身份，并且，贫富状况也不是法律造成的结果，所以，他认为赎刑体现了所有人都同样适用这个法，即所谓“法一而已”，体现了赎刑的合理性特征。既然赎刑是公平的、合理的，司法者只能依法去考究“罪之当赎不当赎”，而不应去考虑犯罪人是富还是贫。这里，沈家本也不是无视穷人的弱势地位，但他认为，对穷人的救济，是属于其他类型法律的任务，不应该与赎法混淆讨论。沈家本的理论并非不无道理。然而，就立法而言，它是不可能脱离具体的现实基础而存在的，并且它还要适当地调整现实状况。如果法律是维护统治阶级利益的话，法律就会对不同身份的人作出不同惩罚的规定，如果真如沈家

① 《大学衍义补》卷一百零五。

② 《明史·太祖纪》。

③ 《历代刑法考·刑法分考》。

本所述，赎刑体现了公平的话，法律就会因贫富的不同作出不同的规定，这种规定是有利于扶持弱者的。而赎刑，拿钱物同所处的刑罚（生命被剥夺、肢体受残害或是人身自由被剥夺）作交换，本身就很不公平，赎刑体现的是法律的宽宥，但是实际上，并不是所有的人都能够享受这种宽宥，那些穷人（除极少懒散之徒）本应受到怜爱，实际上却被剥夺了享有这种宽宥的权力，而富人却又一次享受到了这种本为可怜、可矜之人设置的制度，这才是问题的症结所在。所以说，赎刑确实造成了“贫富异刑”的客观事实，这是公认的事实，当代和后人都对此有过论述。

在明代，虽然采取各种措施尽量避免“贫富异刑”现象，但仍然无法从根本上消除赎刑带来的不公现象。比如为普适赎刑，对无力罪囚也制定了相应的赎刑方式，使他们也能够享受赎刑的恩惠，但是赎刑的性质决定了无论哪种形式的赎刑都不能彻底解决贫富在赎刑结果上的不公问题。有力罪囚通过缴纳钱物就可以免受惩罚，而无力笞、杖罪囚则要的决，徒、流、杂犯死囚则要做工，从事摆站、哨瞭、充仪从甚至是煎盐、炒铁等繁重的体力劳动，受尽身体和精神上双重折磨。洪武三十五年就曾出现因“贫而不能致米者，往往忧戚而死”的现象，[①] 宣德八年出现了“因贫无米输纳，自去年十二月至今死者九十六人”的悲剧。[②] 另外，贫难罪囚因不能按时纳赎，而多被“监追”，在“监追”中往往还受到杖责。无力罪囚带来的不单是罪囚本人的痛苦，往往是一人举讼，全家不宁，“欲卖妻子田产而又价值不足；欲告借朋友亲邻而亦贫难无助，所以久禁于囹圄之中。”[③] 可见，赎刑对于贫者并不能体现出宽恤之意，而对于富人来说，哪怕是杂犯死罪，则可以从容纳赎，免予刑罚。对于赎刑的这一弊端，明代的丘浚对犯法致人死罪可赎的弊端有过极为深刻的评论：“若死者而可以利赎，则犯法死者皆贫民，而富者不复死矣。其他杂犯赎之可也，若夫杀人者而亦得赎焉，则死者何辜，而其寡妻孤子何以泄其愤

① 《明太祖实录》卷一二，洪武三十五年九月甲午。

② 《明宣宗实录》卷四六，宣德三年八月甲申。

③ 《皇明条法事类纂》卷之一，五刑类，“在外问拟杂犯死罪以下囚犯有力愿纳米者不分官吏、军民人等定拟就近仓分工上纳例”。

哉！死者抱千载不报之冤，生者含没齿之气。”[①] 法律本来是维持公平之意，贫者本是弱势群体，经常受到富人盘剥和欺压，法律本应止恶禁奸，然赎刑却使“富者得生，贫者独死”，确实造成了事实上的司法不公的事实。

五、赎刑制度在执行中倍受皇权干涉和宦官所滥用

在明代，赎刑依然没有逃脱“法自君出”的宿命，在“人治”的法治氛围中，赎刑必然会受到皇权的干涉。明代赎刑中“例赎”形式复杂多样性，标准无法统一性，“律赎”中的惩罚力度的薄弱性，必然会成为皇权和宦官滥用的工具，使明代的赎刑带有强烈的阶级压迫和维护阶级不平等的特点。例如，在宣德三年，工部尚书吴中官“私取官木等物以遗太监杨庆，锦衣卫指挥王裕知而不奏，事觉，命法司鞫问有验，法司论中监守盗官物，结交内官，当斩，裕不奏当连坐，上曰：中，皇祖旧臣，姑宥之，但罢其少保职，仍罚尚书俸一年，下裕于狱已而宥之”。[②] 吴中官所犯科条属“当斩”重刑，皇帝只因它是“皇祖旧臣”这一理由就被判为罚俸一年的赎刑，可见，赎刑在这里被皇帝所滥用，成为皇帝个人情感爱恶的工具。赎刑虽以宽宥而著称，但是它宽宥的是那些被公认的对象，即老、幼、废、疾、妇等主体，官员虽然也可以赎，但是，由斩刑直接赎为罚俸一年，实为少见，充分体现了皇帝以赎刑为工具干涉法律的现实。再如正统六年，梁府奉词正王诘，匿母丧一年，始归守制，彼起复为吏部究出之，法司拟以赎杖，上怒其忍心不孝，命斥官边远。[③] “鸿胪寺卿杨善次子容，伪为内官陈鼎，手书假金，于行在工部尚书吴中中拘容，法司问当赎杖，上怒其诈，发戍威远卫。”隐匿奔丧一年，假借别人伪造书写，按照当时明例律的规定，当赎杖，但是皇帝认为，事情虽小，但是有违封建正统孝道理念，蓄意欺诈，迁怒于皇帝，改赎杖为“斥官边远”和“发戍威远卫”的重刑。所以，从以上例子可

---

① ［明］丘浚：《大学衍义补》卷一百零五，《治国平天下之要·慎刑宪·明流赎之意》。

② 《明宣宗实录》卷44，宣德三年六月己亥条。

③ 《明英宗实录》卷八十二，正统六年八月丁亥条。

以看出，皇帝完全可以以自己的爱恶而擅改赎刑。天顺八年“西城兵马指挥司指挥王旒吏目刘緫，不严束巡视枷号罪人，致其脱逃，于律当赎杖还职，锦衣卫镇抚司劾其不职，不可以常例处。上命赎毕降之外任。”① 可见，不但皇帝可以随意左右赎刑，手下的大臣也可以随意更改赎刑。从司法程序上来讲，司法判决必须以法律条文为审判依据，而司法机关所作出的结论也具有判决法律效力，而皇权的干预，大臣的思想可以影响判决的结果，加重或减轻了判罚，这些都体现了明代法律不独立而受制于皇权的现实状况。

另外，明代的宦官也蓄意滥用赎刑，达到自己政治上专权、经济上谋取利益的目的。虽然赎刑的出现并不一定会和宦官的专权有某种必然的关系，但是在明代，宦官却把赎刑当作专权、排斥异己和笼络钱财的工具，使宦官的权势越来越大。洪武初年，朱元璋规定宦官不得干预政事，对宦官严格控制，朱棣夺取帝位曾得助于宦官，故视他们为亲信，设东厂，由宦官主持。宦官们通过对司法的掌控来实现其对政治的掌控，而应用最为广泛且极具灵活性的赎刑是明代宦官进行犯罪躲避、收敛财物、排除异己的最佳工具。以正德年间刘谨为例，宦官刘瑾擅权期间，为了排除异己，打击朝臣，不惜利用各种手段，其中就包括赎刑，尤其是赎刑当中的罚米赎罪。从这个层面而言，罚米赎罪的本意丧失殆尽，罚米法被滥用，变成刘瑾排除异己、打击忠良的有力工具。正德即位后，一些忠良朝臣不满刘瑾的专权作风。内阁大学士刘健、谢迁、李东阳，户部尚书韩文等奏请正德帝除掉刘瑾等“八虎”，此事后被刘瑾知晓，刘瑾得志后，“恨文甚，日令人伺文过。逾月，有以伪银输内库者，遂以为文罪。诏降一级致仕，郎中陈仁谪钧州同知。给事中徐昂乞留文原官。中旨谓显有嘱托，落文职，以顾佐代，并除昂名。二年三月榜奸党姓名，自刘健、谢迁外，尚书则文为首，余若张敷华、杨守随、林瀚等凡五十三人，列于朝堂。文子高唐知州士聪，刑部主事士奇，皆削籍。文出都门，乘一蓝舆，行李一车而已。瑾恨未已，坐以遗失部籍，逮文及侍郎张缙下诏

① 《大明英宗睿皇帝实录》卷三百六十一，天顺八年春正月。

狱。数月始释，罚米千石输大同。寻复罚米者再，家业荡然。”。① 此外，刘瑾还对不服从自己的大臣打击报复。正德二年三月，刘瑾“欲以为文罪，逼（顾）佐上其事。佐不可，坐事夺俸三月。佐乃再疏乞归，从之。瑾憾不置，三罚米输塞上，至千余石。家贫，称贷以偿”。②仅仅是因为顾佐不顺从刘谨，便遭受罚米之灾，以至于家贫，不得不借贷赎罪。

当赎刑成为宦官滥用的工具时，它的适用体现出三个特点：一是判决上的随意性，它可以簪越法律条文，对是否适用赎刑，以及使用的方式和惩罚的力度随意更改；二是对象以与自身政治发展相关的官员为主；三是赎刑适用频繁，惩罚力度远超过赎例的规定。下面以刘瑾的赎刑滥用为例，探讨一下赎刑被滥用时的特点（见表 8－1）。

表 8－1　　刘瑾当政期间滥用赎刑的部分事件

被罚米官员姓名	官职名	时间	罚米原因	罚米石数（石）
韩文③	尚书	正德三年八月	遗失部籍	千石
冒政④	右副都御史	正德二年	以辽东刍粟多烂	三千
杨一清⑤	都御史兼总督	正德二年六月	冒破边费	六百
李钺⑥	御史	正德元年	假他事	五百
陶琰⑦	刑部主事	正德初	假他事	四百
杨守随⑧	致仕尚书	正德三年四月	覆谳失出	二千
		正德四年	庇乡人	再罚四百

① 《明史》卷一八六《韩文传》。

② 《明史》本纪本纪第十六 武宗，“下韩文锦衣卫狱，罚输米千石于大同”。

③ 《明史》卷一八六，列传第七十四《顾佐传》“下韩文锦衣卫狱，罚输米千石于大同”。

④ 《明史》卷一八六，列传第七十四，“冒政，泰州人。肅同年进士，历官右副都御史，巡抚宁夏。守官廉，刘瑾觊贿不得，遂假辽东事逮之，罚米至三千石”。

⑤ 《明史》卷一八六《杨一清传》列传第八十六，“瑾诬一清冒破边费，逮下锦衣狱。大学士李东阳、王鏊力救得解。仍致仕归，先后罚米六百石”。

⑥ 《明史》卷一八六《李钺传》列传第八十七，“刘瑾恶钺劾其党，假他事罚米五百石输边”。

⑦ 《明史》卷一八六《陶琰传》列传第八十九，“瑾怒，假他事下琰诏狱，褫其职，又罚米四百石输边”。

⑧ 《明史》卷一八六《杨守随传》，“瑾憾未释。三年四月坐覆谳失出，逮赴京系狱，罚米千石输塞上。逾年，复坐庇乡人重狱，除名，追毁诰命，再罚米二百石。守随家立破”。

刘瑾专权期间，被罚米官员数量特别多。史籍记载，正德三年九月，“瑾从户部郎中庄言，遣太监韦霦核广东库藏，奏应解赃罚诸物多朽敝，梧州贮盐利军赏银六十余万两不以时解。逮问蕃及前总督大夏、前左布政使仁和沈锐等八百九十九人，罚米输边”。[①] 正德三年七月，刘瑾，“怒泰不与通，甫四日即令致仕。谓进私泰，遂削二人籍，而追斥马文升及前荐泰者尚书刘大夏、给事中赵士贤、御史张津等为民，其他罚米输边者又五十余人”。[②]《明武宗实录》卷四十二确切记载了单就正德三年九月一个月就有一百四十余人被罚米，虽然并不一定都是由刘瑾作出的决定，但确实说明，当时的赎刑罚米被广泛地运用，尤其在官员这一身份上更为广泛。

另外，在惩罚事由方面，表现出随意性。《明史》中有很多记载了刘瑾惩罚这些大臣的真实原因，有很多是对举报自己的大臣进行打击报复，有的是对不归顺自己大臣进行排斥，而表面上理由很牵强，有很多记载只是以“假借它事”一笔带过。可见，在刘瑾专权期间，赎刑已经成为他排除异己打击报复的工具，凡是不与刘瑾合作者皆被刘瑾寻故罚米，而惩罚事由和程序都不受赎法的制约。

最后，在惩罚力度上，明代的赎刑惩罚明显同一般的赎刑惩罚标准相去甚远。永乐年间纳米较为规范和广泛。

表 8－2　　永乐三年的罚米赎罪条例表[③]

刑名	等级	罚米石数
死罪	杂犯	一百一十
流罪	加役	九十石
	三等	八十石
徒罪	三年	六十石
	二年半	五十石

① 《明史》卷一八六《潘蕃传》。
② 《明史》卷一八六《雍泰传》。
③ 《明太宗实录》卷四四，永乐三年三月任寅。

续表

刑名	等级	罚米石数
	二年并迁徙	四十五石
	一年半	三十五石
	一年	三十石
杖罪	一百	二十五石
	九十	
	八十	二十石
	七十	
	六十	
笞罪		十石

从表 8－2 法定的赎例惩罚石数可以看出，杂犯死罪罚米也只不过是一百一十石。当然，这主要是有详细记载的永乐年间的赎刑惩罚力度，在到正德这段期间，有历史记载的惩罚力度都没有超过永乐年间制定的数量。唯一的一次例外是在宣德三年三月所定的陕西西安府纳米赎罪例中，对纳米的石数有所增加，“时以陕西去岷洮等卫路远，输粟延缓，敕法司加增米数，令于西安永丰仓上纳。于是死罪加至十六石，流以下皆递增之”。[①] 这次虽增加米数，但却减少了路途。在五月有更定纳米之例，对犯死罪以下官吏依例纳米，军匠力能纳者亦如之。相反，在此后的时间中，出现了减少罚米数量的则例。宣德二年，对南京“法司问拟监守自盗杂犯死罪以下，各自备米于南京仓上纳赎罪。死罪，官吏一百石，军民人等八十石；流罪六十石；徒三年、二年半递减十石，二年三十五石，一年半至杖九十递减五石；杖八十一十二石，七十、六十递减二石；笞五十，六石，四笞递减一石”。[②] 宣德四年，“令纳米赎罪者，北京法司并直隶河间等八府及河南、山东官吏军民人等俱于京仓。杂犯死罪五十石；流罪比死罪减十石；徒三年三十五石；以下四等递减五石；杖一百十石，以下四等递

① 《续文献通考》卷一百三十九，《刑考·赎刑》，考四零四。
② 《续文献通考》卷一三九，《刑考·赎刑》。

减一石；笞五十，五石，四十减一石，三十又减五斗，二十又减一石，一十又减五斗”。[①] 对于路途较为艰难的四川，死罪只纳米二十石。与正德年间最近的有史记载的弘治四年纳米数量已降到“杖六十徒一年，纳米十五石，余四徒递加五石”[②]。再回到正德年间，牵涉到刘瑾的赎刑案例，韩文只因“遗失部籍”就罚米千石，其他少则百石多则三千石，是前代罚米数量的几十倍，无怪乎，很多大臣虽有俸禄及稳定的收入，也难逃倾家荡产的结局。可见，这样的惩罚力度与当初制定赎刑制度的本质思想已经相去甚远。制定赎刑制度的本意是以“济法之太重”把对犯罪者的处罚降低到可能的限度。当然，这种对赎刑的滥用还体现为因人而异的特点，它的重罚并不是对所有的人都施以重罚。《明武宗实录》卷四十二记载了正德三年九月一百四十余人的罚米数字中，同多达千石少则也百石的惩罚相比，有一人特别突出，只罚米三十石，此人便是同刘瑾关系非同一般的李梦阳，三十石的惩罚力度相对于千石而言，只不过掩人耳目而已。可见，刘瑾等宦官已把赎刑当成了一种政治斗争的工具，随意更改赎刑的惩罚数额，达到袒护亲近和治政敌于死地的目的，这完全体现出了赎刑当时被滥用的一面。

明代赎刑的局限性除上述外，还存在司法机关由于贪图赎刑财物而纵容诉讼的现象；罪囚在监禁中受到来自各方勒索的现象；在执行中还出现弄虚作假、瞒报造册现象。但是，这些局限性并不是明代赎刑突出的局限性，在其他刑罚过程中也会出现类似的特点，因此在这一部分并未作展开性论述。另外，对待赎刑的局限性要辩证地分析和看待，尤其是要注意明代赎刑的发展和完善也是在逐步克服上述弊端的过程。比如，对待“例赎”和“律赎”之间赎刑标准不统一问题，要作具体的分析，从结果上看，确实是“律赎”过轻，“例赎”过重，但是“律赎”和“例赎”的立法指导思想不同，“律赎”出现较早，主要体现为法律对疑罪和老幼废疾等有情可宥之人的宽恤，所以制定标准理应轻，后来演化为对特权阶级的保护，虽然有时候赎金

① 《明会典》卷一七六，刑部十八《五刑赎罪》。

② ［明］李东阳等纂：《大明会典》卷一七六，刑部十八《五刑赎罪》，第2431页。

也比较高，但同肉刑和死刑相比，也算是宽宥之刑。明初，开始制定的“律赎”仍然是以此为指导思想而制定的。但后来由于钞迅速贬值，而“律赎”又不可更改，造成了“律赎”更为宽宥的结果，表面上，是由律不可改造成的，实际上，是由“律赎”的宽宥指导思想所决定的。而相对来讲，明代“例赎”的立法指导思想则主要出于经济和财政利益方面的考虑而制定并推广的，所以，“例赎”的范围广和赎罪数额高是有效获得经济利益的最好办法，这样势必造成“律赎”和“例赎”赎罪标准不一的现象。其次，对上述局限性要作历史和辩证的深入分析，才能认识它的局限性和合理性之间的辩证统一关系。比如，对于赎刑造成了“贫富异刑”结果，也应做历史的分析，其实，在古代对赎刑存废的问题就有过争议，而反对赎刑的一派提出的理由是赎刑造成了“贫富异刑”现象，违背了“重义轻利”的原则，但肯定的一派则认为：“罚惩非死，人极于病”,[①] 就是说，赎刑虽不执行应罚之刑，但强制其交一定数量的财物，足以使人感到极大痛苦，也是一种惩罚，可达到刑罚的目的，防止犯罪。元马端临在《文献通考》中对赎刑造成的“贫富异刑”也持肯定态度。他认为，赎刑“哀矜恻怛之意”况且“盖财者人之所甚欲，故夺其欲以病之，使其不为恶耳，岂利其货乎?”赎刑的目的是为了防止人们犯罪，并不是国家要从赎刑中取利，所以，不会违背“重利轻义”的原则，因此也不会造成所谓“贫富异刑”的现象。清代法学家沈家本对赎刑使“富者得生，贫者独死”的论点也持否定态度，他认为赎刑并不必然带来富与贫。就法理而论，求立法统一，必存在实际上的不平等。因为法的适用对象千差万别，即使现代社会的法律也是如此。如果根据不同身份、地位和经济实力制定不同的法律和惩罚措施，才是法律上最大的不公，如果法律调节的是整个社会财富和结果上的平等的话，赎刑确实是应当否定的，因为它在事实和结果上确实造成了不平等现象，但是如果法律维护的是权利和机会平等的话，赎刑就有存在的合理性。所以，对待明代赎刑的局限性要做辩证的解读才能形成较为客观的认识。

---

① 《吕刑》。

第二节

明代赎刑制度的历史价值

明代赎刑制度的存在价值主要体现为其在历史时代的价值和意义和在当代的意义和价值两个方面。

脱离时代性单纯谈论某种制度的价值是片面的，明代赎刑制度在明代发展如此完善、适用如此广泛必然具有其内在的合理性，这种内在的合理性是经得起时间考验的，也就是在各个年代都会是适用的，但是有些合理性只局限于在当时年代，它适合了当时发展需要，虽然在今天看来，以发展的眼光来看，有很大的局限性，但是在当代或准确地说在推动当时的法制发展方面起到过巨大的积极意义和价值。所以下面将从这两个方面分析明代赎刑的历史意义和现代价值。

一、赎刑维护统治阶级的利益，维护等级特权制度，保护统治阶级的统治基础

赎刑从它诞生起就暗含这是一种为特定人群设置的宽宥刑罚。据史料记载和专家分析，赎刑最早适用于疑罪。《尚书·吕刑》有“五刑不简，正于五罚”。五罚为“墨辟疑赦，其罚百锾，阅实其罚；劓辟疑赦，其罚惟倍，阅实其罪；剕辟疑赦，其罚倍差，阅实其罪；宫辟疑赦，其罚六百锾，阅实其罪；大辟疑赦，其罚千锾，阅实其罪”。可见，这里的赎刑还仅仅只适用于疑罪，即疑罪从赎，只有在罪可疑时，才能赦其肉刑而易之赎刑。赎刑适应的刑种是墨、劓、剕、宫、大辟这五种刑罚。用来充当赎的媒介主要是锾。锾，周代圆形货币，一锾为当时铜六两重①。赎金从黄铜一百锾、二百锾、五百锾、六百锾、一千锾不等。《吕刑》虽然没有明确规定赎刑的适用对象，但以青铜等贵金属为赎物，且数量巨大，这从客观上就限定了赎

① 孙星衍：《尚书今古文注疏》，中华书局1986年版，第533页。

刑的主体只能是少数在政治上、经济上享有特权的贵族。可见，赎刑从诞生来看，它具备两个特点，一是对疑罪的一种宽宥惩罚理念；二是既维护了那些权贵阶级免受肉体惩罚又增加国家财富的明智举措。战国出于对战事的需要，管仲提出了："制重罪赎以犀甲一戟，轻罪赎以鞼盾一戟，小罪谪以金分，有间罪"的赎刑规定[①]。也就是根据罪犯所犯罪行的轻重，允许他们用犀甲、鞼盾等来赎罪，以此来达到"足甲兵"的目的。在这里没有对赎刑适用范围作明确的规定，也没有史料可考。秦代赎刑在维护统治阶级利益方面表现得较为明显，赎刑已与身份、爵位发生了联系，身份、爵位越高，可赎刑等越高，"真臣邦君公有罪，致耐罪以上，令赎",[②] 而一般百姓只能赎轻刑。汉代的赎刑，单单从律文表面的规定来看，不管是较轻的赎耐、赎司寇，还是较重的赎死，对全体百姓都适用，不像秦朝时期有的赎刑只适用于特权阶层，但是从赎刑在两汉时期特别是在汉武帝时期实行的案例来看，鲜有普通百姓赎免死刑的情况。五十万、百万等高昂赎金对普通百姓来说无异于天文数字，赎死对他们来说是不可能的。另外，两汉的赎刑从程序上来看，已经演变为皇帝的一种特权，各种赎刑都是以诏令的形式来决定的，西汉的赎刑案例，大都是皇帝考虑到犯罪者以前的功绩，或者出于维护统治阶级内部秩序而推行的。对于大臣或官吏来说，得到皇帝的赎免无疑是一种恩典，获赎免者莫不对皇帝心存敬畏，皇帝的权威以此得到充分体现。到了东汉时期，各朝皇帝更是频频颁布令天下人赎罪的诏书和法令，这样赎刑的决定权就牢牢地控制在皇帝等少数大臣手中。后来，赎刑的奏请制度逐渐建立，体现出了封建统治阶级在赎刑司法决定权方面的全面干预局面。较之以前各个朝代，唐代的赎刑制度无疑是较为完备的了，并且，这一时期的赎刑体现出了宽宥的一面，在赎刑数量方面有相当大的减少，一般老百姓都能够接受；另外，把疑罪、过失犯、年龄以及老幼废疾病残妇等可宥的特殊人群纳入赎刑适用范围。当然，特权阶层仍

① 《国语·齐语》，上海古籍出版社 1978 年版，第 339 页。

② 睡虎地秦墓竹简整理小组：《睡虎地秦墓竹简》，文物出版社 1990 年版，《法律答问》第 227 页。

然同这些特殊人群一样享有赎刑的特权，充分体现了对特权阶层的维护。宋代和元代官员的赎刑适用范围与唐代同，原则上从笞刑到死刑都可以赎，但犯五流（即加役流、反逆缘坐流、子孙犯过失杀流、不孝流和会赦减死流）仍在禁赎之列。

通过对明代以前赎刑与封建官员之间关系的研究可以看出，赎刑的产生和制定虽然在一定程度上体现出了对老幼和妇等特殊可怜悯人群的一种宽宥之刑，对疑罪和过失之罪的宽宥惩罚，具有一定的恤刑的特点，但同时它也是一种阶级特权和等级思想的体现，这种等级思想从现代的角度来看，是对平等和公平的摧残，具有很大的不合理性。但是，从历史发展的进程来看，赎刑制度可以笼络地主阶级的心理，使其效忠于君主，这有利于维护君主的统治。犯了死罪和其他重罪的官僚得以出钱赎免，这就显示了皇帝对他们的仁慈和恩典，他们内心也会对皇帝心存感激，不满情绪得以消解，这样就有效地维护了统治阶级内部的稳定，统治阶级内部的关系也得到有效调整。这有利于封建官僚集中精力对全体人民进行有效统治，从而进一步保护统治阶级的利益，维护封建的等级特权。

在明代，赎刑制度发生了很大改变，出现了内容复杂的“例赎”，从适用范围和适用方式等方面都有重大改变。在这种条件下，赎刑的维护封建阶级利益和统治基础的本质是否会发生改变呢？

明代的赎刑分为两部分，即“律赎”和“例赎”。从“律赎”的角度来看，它大多继承了前代赎刑的具体规定，所以也必然体现出对封建统治阶级特权的一种维护，这一点不再赘述。主要看在“例赎”方面是否继续体现这种阶级不平等的本质或者是否对“律赎”中不平等的阶级特权有所改变。明代“例赎”的适用对象同“律赎”相比，范围较大。“律赎”中适用对象仅限于官员、老幼废疾、妇人、天文生等特殊主体，而“例赎”中的适用对象到后来几乎扩大到所有群体。从表面上看，并不像“律赎”那样体现出赤裸裸的阶级不平等。但是实质上其阶级不平等的本质并无大的改变。原因是，其一，明代的赎刑的“律赎”和“例赎”是同时兼用的，也就是说，明代的“例赎”在适用的过程中，官员们同样可以适用“律赎”中规定享受阶级特权。但是由于在“律赎”中，文武官吏犯罪只能赎笞罪，所以，只有在官吏同老百姓都犯笞罪的前提条件下才可能享有一定的特权，这样的特权对于官僚来说和他们的期望值相去甚远。因此，他们开始在“例赎”中寻求更大的特权。洪武年间，由于明律颇严，官吏犯罪只可赎笞罪，与现实需要相差较大，又因为“律赎”是祖宗之制，不可更改，所以洪武二十三年太祖定赎粟北边条例，令犯除十恶并杀人者论死，余死罪赎粟北边以自赎，突破了“律赎”中赎刑范围和对象的限制。洪武二十六年，朱元璋规定官员贪赃改为杂犯死罪许赎，洪武三十年时制定针对官吏的具体赎刑条例：“凡内外官吏犯笞杖罪者记过，徒流迁徙者俸赎之，三犯罪之如律。”这样，就突破了“律赎”中所规定官吏只能赎笞罪的限制，扩大到徒流迁徙等罪，赃罪甚至扩大到了杂犯死罪。后来，在《问刑条例》中具体规定了所有军民诸色人役，及舍余审有力者，与文武官吏、监生、生员、冠带官、知印、承差、阴阳生、医生、老人、舍人等不分笞杖徒流、杂犯死罪，俱令运炭、运灰、运砖、纳料、纳米等项赎罪的赎例。既然所有的人群都可以赎，是否在“例赎”中就体现出公平呢？实际上由于“例赎”的赎法较多，同样是赎刑，同样是一样的罪行，由于适用的赎法不同，惩罚的力度就不同。明以前的赎刑，大多是赎钱或铜，所以在赎刑惩罚标准上是统一的，如果有不平等的现象，直接在法律制度上就体现出来。但是，明代的赎法复杂多样，既有赎米之法又有劳役之法，而官吏的赎刑之法通用的是罚俸。由于明代的俸禄大都也是以米来计量，所以它同赎米极为相近，但是，非官吏赎米时需要自行把米运输到仓库的，而古代的仓库数量有限，赎米的地方往往是根据需要来决定，不是就近原则缴纳的，这种局面一直到成化年间制定了“在外问拟杂犯死罪以下囚犯有力愿纳米者不分官吏、军民人等定拟就近仓分工上纳例”后，[1] 才有所改观。而且，由于以前路途不便，很多纳米赎罪者在运输过程中历经艰难险阻，有的还受当地人奸人盘剥，所以极为不易，而如果不能如期完纳，还要追加赎米的数量。而罚俸就会免去路途运输之苦，直接从俸禄中扣除。另外，非官吏在确定赎米的时候，一般先会审查是否有

① 《皇明条法事类纂》卷之一，五刑类，第二十页。

力，如果无力者就不会适用于赎刑，仍要的决，按照原刑罚惩罚，就不会享受赎刑的“特权”。但是官吏罚俸一般不存在无力的决的现象。据《刑书据会》所载，在审查经济能力的时候，须将官吏统一作“有力”，“于审力之有无时，官吏必须作有力，不必审，径于招下纳米”。[1] 官吏一律被审作有力，是根据他们的官俸收入为依据作出的决定，表 8-3 是明代不同官品管理的俸禄表。

表 8-3　　明代官吏俸禄表

官品 \ 数量 \ 时间	洪武四年[2] 岁米（石）	洪武十三年[3] 岁米（石）	洪武二十年[4] 岁米（石）
正一品	900	1000	1044
从一品	750	900	888
正二品	600	800	732
从二品	500	700	576
正三品	400	600	420
从三品	300	500	312
正四品	270	400	288
从四品	240	300	225
正五品	180	250	192
从五品	160	170	168
正六品	100	120	120
从六品	90	110	96
正七品	80	100	90
从七品	75	90	84
正八品	70	75	78
从八品	65	70	72
正九品	60	65	66
从九品	50	60	60

① 杨雪峰：《明代审判制度》，台湾学生书局 1978 年版，第 338 页。
② 《明太祖实录》卷六〇，洪武四年正月庚戌条。
③ 《明太祖实录》卷一三〇，洪武十三年二月丁丑条。
④ 《明太祖实录》卷一八五，洪武二十年九月丙戌条。

从表 8－3 可以看出，明代的俸禄经历三次大的调整，由于洪武四年（1371 年）规定的百官岁禄与前代相比明显偏低，所以在十三年（1380 年）重定百官岁禄时，各品级官员的禄额都有所提高。洪武二十年（1387 年）再次令调整百官俸禄，这次调整名义上是为了体现朝廷的“重禄之逆”，可在实际上，不但取消了俸钞，而且除正一品和八、九品略有提高或维持原定数额外，其他品级均有所降低。这次调整后的岁禄标准，成为明朝的“永制”，迄明亡一直未再加以变更。虽然，在后期的发放过程存在折银和钱钞以及实物的情况，存在钱钞贬值的现象，但相对百姓来说，收入还是比较稳定的，而且在洪武初年，官吏还授予“职田”，而从明代赎例中比较稳定的永乐年间的赎米数量来看，罚米最高的杂犯死罪也只不过一百一十石，对于四品以上的官吏只不过两个月到半年的俸禄就可以赎杂犯死罪，对于最低的九品官吏来说，也只不过是两年的俸禄。而从普通百姓的收入方面来看，据史料记载，明代的农民“人给地十五亩，蔬地二亩”，根据当时的技术水平，每亩收入在二百五十斤左右的话，折合一石二斗米左右，除去一斗米的税收，每亩收入一石左右，北方农民每年一季，所以收入不过十五石，这也是年成比较好时。如犯杂犯死罪赎米一百一十石，则需要六七年的收入，因而审无力的情况比官吏普遍。所以，明代的赎刑条例，看似规定的赎罪米数相同，但是在收入不平等的年代，实质上造成了惩罚不平等的事实。

总之，通过以上对明代赎金数额和百姓生活水平的分析可以看出，作为封建社会的一种刑罚制度，赎刑具有浓厚的阶级性和剥削性，这是任何阶级社会的法律所具有的共性。“以钱赎罪”的实行，虽然从表面上来看是平等的，但明显对特权阶层和富人有利，对社会上的普通百姓来说是不平等的，是对社会公平和正义的损害，表明了法律的不平等性，体现了赎刑的本质。由此可见，赎刑的本质是维护占据统治地位的奴隶主和地主阶级利益的。一般的劳动人民是没有办法，也没有那么多金钱去赎自己的刑罚。只有占据统治阶级地位的阶级才有经济能力去通过赎刑制度用金钱来代替自己所应该承担的刑罚，这对于维持其阶级特权和阶级统治是比较有利的。

二、赎刑能够聚敛民财，充实国库，维护统治阶级的经济基础

坚实的经济基础是统治阶级维护自身统治的一个极其重要的因素。统治阶级只有维持稳定的经济来源，占有大量财富，在经济上占有绝对优势，才能保证其奢侈的生活和对下层人民进行统治。但是，没有理由的过度盘剥人民百姓，必然会让人民处于水深火热之中，超过人民的承受程度，必然会导致农民反抗，从而导致政权覆灭，而频繁的战争也会使人民处于更加痛苦的境地。所以，怎样既解决国家财政收入，又能够缓和阶级矛盾，是历朝历代统治阶级所关注的重要问题。赎刑制度的推行，无疑是解决这一问题的好办法，在一定程度上惩罚了犯罪或体现了对某些特殊人群的恤刑和保护，又使统治阶级聚敛了不少财富。西汉时“买爵赎罪”与“入钱减死”使封建政府的财政危机得到了缓解。东汉时期统治阶级更是频繁颁布赎罪的法令，赎金已成为当时国库收入的一个重要来源。起源于疑罪赎钱的赎刑制度核心就是以钱赎刑，本来是一种宽宥之刑，但是由于能够增加国库的收入，起到聚敛民财的作用，逐渐扩大了适用范围并被中国历朝的统治阶级所继承和发展。所以，赎刑制度在功能方面由其法律上的惩罚逐渐蜕变为政治上的笼络人心、经济上的增加财政收入。穆王命司寇吕侯制定赎刑，目的就是搜剐民财，弥补空虚的财政。后来的秦国实行的以犀甲、鞼盾、戟、金、矢等战备物品代替应处的刑罚也是为了弥补国库的开支，满足诸侯争霸的需要；秦汉以后的以役赎刑，以服刑者的无偿劳动减轻国家的开支，同时也减轻了老百姓的劳役负担。明代的赎性制度不但继承了历代赎刑制度增加财政收入功能，而且在“例赎”中更加突出了这一功能，对推动明代的经济繁荣和发展起到了重要的作用。《明史刑法志》中说：“（罚赎使）国家得时籍其入，以佐缓急。而实边，足储、赈荒、官府颁给诸大费，往往取给于赃赎二者。”[①] 可见，赎刑在经济上为明王朝提供了财政来源。与《大明律》一样，明代的赎刑制度既集中了前代的精华，又有所创新。这种创新的原则就是尽可能多地增加财政收入。为此，明代的赎

① ［清］张廷玉：《明史》卷九十三，志第六十九《刑法》一，中华书局1974年版，第2293页。

刑制定了“例赎”，突破了“律赎”中对赎刑刑种和赎刑对象以及赎刑方式的限制，几乎所有的刑种和所有的人群都可以赎，赎刑方式也是根据当代政府经济发展的需要，设置了多种赎刑方式。在明代，仅赎劳役种类就多达二十多种，可以说，一切应有尽有，这样适应了明政府不同的财政需求。在赎刑适用对象上，不仅官吏许赎，而且平民许赎。在赎刑的数量和标准上，均超过了“律赎”中的规定。在所判案例上，几乎所有案件（除去那些严重危害封建统治根基的“十恶”重罪和审无力者）都会判为纳赎。明代纳赎形式的多样化、罚役和纳赎对象的广泛性、使用赎刑的群体和案例数量的巨大性是明代充分利用罪犯这一特殊群体增加国家财政收入的本质体现。

《明大政纂要》中记录了仅在正德三年九月一月户部所列罚米官员之数，就多达一百六十一人，纳米总数为四万七百三十石。具体如下：①

户部上列罚米官员之数：

大同仓纳一千石者，尚书韩文一人。五百石者，韩文及侍郎张绪等九人。三百石者，都御史徐节一人。宣府仓纳五百石者，员外吴纪等十六人。三百石者，都御史李进等三人。太仓纳三百石者，指挥张经等四人。二百石者，布政周季麟等六人。一百石者，尚书侣钟一人，都御史孙需等三人，布政李进等三人，御史吴学等三十九人，给事中李禄等十九人，郎中徐键等三人。三十石者，员外李梦阳一人。宣、大两镇纳三百石者，给事中吉口等十三人，御史陈顺等二十一人。二百石者，给事中艾洪等五人，御史王涣等十一人，检讨刘瑞一人。松藩纳二百石者，都御史刘洪一人。

在明初，由于连年征战，造成大量土地荒芜，所以急需罪囚前去屯田。据《明史》记载，洪武八九年间滴戍凤阳的官吏人数为万余人。② 据此，曹树基在其《洪武时期凤阳府的人口迁移》一文中估计出这两年间仅凤阳一地的平民罪犯可达十万。③ 叶伯巨在《明史》中

① ［明］谭希恩：《明大政纂要》，清光绪思贤书局刊本第七册，第2880~2881页。

② 《明史》卷一百九十三《韩宜可传》。

③ 曹树基：“洪武时期凤阳府的人口迁移”，《安徽史学》1997年第3期。

对当时罪囚赎劳役时的情形给予了形象描述："汉尝徙大族于山陵矣，未闻实之以罪人也。今凤阳皇陵所在，龙兴之地，而率以罪人居之，怨暖愁苦之声，充斥园邑，殆非所以恭承宗庙意也。"[①] 所以，凤阳实为众多罪犯集聚之地。洪武十六年（1384 年）九月，广西清远县瑶族人民发生暴动，事后被"发往泗州屯田"的，就有 1307 人。[②] 董倩根据《明实录》统计的数字，洪武三十五年至永乐七年（1402～1409 年）：垦荒罪囚及滴戍官吏共六千四百九十五人，其中平民罪犯为五千六百人，永乐八年至十五年（1410～1427 年），垦荒罪囚约八千一百四十八人。[③] 这些罪犯到达指定地点后，就授予一定数量的田地，让他们在田地上开垦，留下一部分外全部上缴，到一定期限后，可以选择返乡，也可以继续在此耕种，并会获得一部分永授田。这些制度在客观上刺激了罪囚垦荒的积极性。这些罪犯在生产和生活条件极其恶劣的环境中，辛勤劳作，艰苦创业，和广大农民一起把大量荒闲土地辟为良田，对社会生产的恢复和发展作出了其应有的贡献。北平地区经过罪犯的屯田垦种，农业生产迅速恢复，不仅解决了百姓的温饱，国家税收逐年增多。军队也"屯田自给"减轻了战后复业农民的经济负担。洪武二十八年（1395 年）北平都指挥使司言："燕山等十七卫、屯田凡一万四千三百六十二人，租十万三各四百四十余石。"[④] 同年十一月后军都督金事朱荣奉称："东昌（大名、广平）等三府屯田迁民五方八千一百二十四户，租三百二十二万五千九百八十余石，棉花二百四十八万斤。"[⑤] 这些成绩的取得与罪犯的努力是分不开的。

综上，明代初期，大量的罪囚被处以屯田，增加了农业收入，在明代的前期，纳米赎刑和劳役刑既填补了米仓不足又补充了大量的劳动力；在中后期，面对贪官盛行以及连年征战，大量的赎刑政策的推广和应用，使明政府得到了数量相当可观的收入。而把罪犯纳赎所得

---

① 《明史》卷一百九十三《叶伯巨传》。
② 《太祖实录》卷一百五十六。
③ 董倩："明代永乐年间移民政策述论"，《青海社科》1998 年第 6 期。
④ ［清］张廷玉等：《明史》卷八十六。
⑤ ［清］张廷玉等：《明史》卷八十六。

收入应用于民间的抗灾救荒活动，在财政危机日益严重，边境多事的情况下，无疑有助于缓和阶级矛盾，从而有利于维护明王朝的统治。

三、在惩罚理念上，促使人们对报复性惩罚和赔偿性惩罚的理性思考

在中国的早期法制理念上，一般把法等同于刑，把刑等同于惩罚，而这种惩罚往往在“以牙还牙”上体现出它的公平和正义价值，这种“以牙还牙”就是通常我们所说的报复性原则。由于中国古代的法起源兵，军队的作战原则就是以更大的摧毁力量来抵制摧毁，这种复仇性理念渗透于法中，就形成了刑罚。而早期的刑罚对象是人的肢体和生命，引起被惩罚人肢体的痛苦和带来的后续生活的不便是惩罚的主要目的。所以，早期的刑罚主要是以肉刑为主，而像赎刑和赀刑以及羞辱刑只有在涉及疑罪和财物时才附加适用，并不是主刑。所以，中国古代的法治理念就是复仇性惩罚，通过引起对方身体上的痛苦来获得受害个体或社会群体的精神和心理上的慰籍。秦朝时期的刑罚，刑种繁多，单死刑方法就有十几种，其手段极为残酷。汉朝初期的刑罚虽然没有秦朝时期那么严酷，但“其刑名仍多沿秦制，如夷三族、枭首、腰斩、弃市、宫刖劓黥、城旦鬼薪诸刑，皆本秦制”①，也就是说，汉初刑制中仍保留了前朝的野蛮肉刑。汉文帝时，由于堤萦上书痛陈肉刑之弊，文帝下诏废除肉刑，但以后仍时有存废。唐宋时期，法律完善，德治理念渗透于法制之中，在惩罚的“五刑”中依然保留有笞、杖这样的肉刑，徒刑和流刑虽然并非肉刑，但是这样的刑种设置依然贯彻了原先报复性惩罚的理念，通过把罪犯流放到边远的地方和从事繁重的体力劳动引起罪囚痛苦的方式来达到惩治罪囚的目的。赎刑虽然继续保留并推广到过失和老幼笃疾妇等群体，但是恤情意味较为浓厚，在惩罚理念上并未有实质上的改变。到了明代，随着赎刑的大规模推广和适用，在现实上确实改变了原有的刑罚体系，而刑法体系的改变又使惩罚力度弱化，这时候，受此推动，人们的刑罚观念也开始改变。法律制度的制定者在当时经济发展开始受到重视以及经济危机的频繁爆发的时代背景下开始重新思考刑罚的目

① 程树德：《九朝律考·汉律考二》，商务印书馆 1934 年版。

的。残酷的肉刑通过对罪犯肢体的残害只能引起罪囚的痛苦，然而给社会和个人造成的损失却无法得到弥补，人们在精神受到慰籍的同时仍然无法弥补罪囚造成的损失。死刑也是一样，给社会和个人造成的巨大伤害和破坏只有活着的人和守法公民去弥补，这也许是古代中国法制公平理念上的最大不足和遗憾。在西方，很早就有比较发达的罗马民法典，而民法的处理纠纷和矛盾的途径及手段不是报复，而是补偿原则，这种发达民法原则有时也用来处理刑罚案件，西方很多案件在惩罚罪犯时也注意在经济上补偿受害人的损失。在《圣经·出埃及记》中的宗教法曾记载："如果一个人杀了或者卖掉他从别人那里偷来的一头牛或者一只羊，他就要赔偿人家五头牛或者四只羊。"[①]早在公元前2000年的《汉谟拉比法典》中就有规定："若牧人以欺诈的行为窃取牛或羊，其应将赔偿所窃之物的十倍。"公元前2800年至公元前1000年的《巴比伦帝国律令》中也有类似规定："若持有人故意隐藏信托物者，其应赔偿所隐藏物五倍的损害。"罗马法时代，惩罚性赔偿制度得到了进一步发展。《十二铜表法》中规定，针对盗窃、抢夺等侵权行为，被害人可以请求侵权人给付被侵犯财物价值二至四倍的损害赔偿。对此，西方学者公认的看法是，罗马法中的多倍赔偿是基于惩罚的思想而非简单的补偿观念。[②]在我国古代，也有惩罚性赔偿制度的雏形。《周礼·秋官·司历注》云："杀伤人所用兵器，盗贼赃，加责没入县官。"这里的加责，就是指在原来责任的基础上，再加一倍，是一种惩罚性的赔偿制度。该制度经过演化，在唐、宋时代形成了"倍备"制度，即在原来的损失要全部赔偿的基础上，再加一倍的赔偿，主要适用于盗窃赔赃。另外，在《明会典·律例·仓库》"钞法"中，也有惩罚性赔偿的规定。需要指明的是，我国古代的惩罚性赔偿规定都具有浓重的行政处罚色彩，其加倍征收的款额是收归国库，并非作为对受害人的赔偿。这与我国古代"诸法合体"、"民刑不分"、"以刑为主"的法律文化是不无关系的。

---

① Ronald A Brand. Punitive Damages and The Recognition of Judgements [J]. N. I. L. R.. 1996; 43: 145.

② Barry Nicholas. An Introduction to Roman Law [M]. Oxford: Charendon Press, 1984: 210.

但是，这些现象的存在可以从一个侧面说明惩罚性赔偿在中国古代就有萌芽可供考察。所谓赔偿刑惩罚，一是补偿受害人损失的赔偿功能；二是制裁侵害人的惩罚功能；三是遏制侵害行为的教育功能。

赎刑作为明代时期的一项重要刑罚，它的存在和执行，使我国古代刑罚体系的实际运行由以肉刑为主过渡到以自由刑为主。肉刑是一种人为地破坏受刑人肌体，造成受刑人生理残废的残酷刑罚，是一种野蛮刑。自由刑一般是指剥夺人身自由的刑罚。

第三节

明代赎刑制度的现实意义

明代赎刑制度并没有随着明代的灭亡而就此消失，绝大多数制度则被清代所继承，在清代的整个法制体系中发挥着应有的作用。一直到清末，随着中华法系的解体，延续几千年的赎刑制度也被完全废除。今天，我们建立了具有社会主义性质的刑罚体系，这种刑罚体系是开放的体系，它本身就是立足于中国国情和实际，在吸收传统文化的精髓基础上建立起来的。同样，我们今天刑罚体系的发展和完善还应不断立足中国国情，充分吸收和借鉴中国传统法制的精华，来推进中国的法制建设，构建和谐的社会主义社会。明代的赎刑制度虽然在制度上已经消亡了，但它的出现、发展、延续以至消亡给现代人带来很多启示，我们应从中吸取经验抑或是教训，来推进中国的法制建设。

一、要吸取明代赎刑中所蕴含的对弱势群体的怜恤精神

明代赎刑中所蕴含的对老幼废疾以及妇人的宽恤之情，是值得我们借鉴的。虽然，历史上有很多人对赎刑持批判态度，但他们是对严重犯罪者适用赎刑的批判，是对造成“富者得生，贫者独死”结果的批判，是对把赎刑当作敛财工具的批判，但就赎刑所体现的恤刑和仁政精神来说，却是给予肯定的。《大明律》中的赎刑制度，充分体

现了对老幼废疾等弱势群体的人文关怀，尤其是对官吏收赎作出了更为严格的限制，减少了赎刑在维护阶级和等级特权方面的功效，凸显了赎刑的怜恤理念，并且这种怜恤理念在明代“律赎”中贯彻得最为彻底。“律赎”所定收赎数额因宝钞贬值而使赎刑的惩戒功能降低，相反则增强怜恤的力度，直到明朝灭亡，其收赎数额仍然没有增加，造成“律赎”与“例赎”标准不一的现实，虽然有“祖宗之制”不可更改的因素，但能够支持其存在和延续的主要动力依然是其所体现的对老幼废疾及妇人的体恤之情。老人、青少年和残疾人，他们都属弱势群体，要么是年老体衰或者行动不便，要么是年幼无知，因犯一些轻罪，就处以笞杖肉刑，于心不忍，关押强制其劳役或流放，又超出其承受程度，处以死刑，又有违怜爱仁义之公德，缴纳一定钱物赎免其罪，既有一定的惩戒性，又体现了当政者的仁爱之心，而这些人对社会秩序又构不成强大威胁。所以这时候，宽容比报复更为重要，教育比惩罚更为合理，对他们施以赎刑，既是一种刑法理性，也是一种社会理性，符合社会怜悯、宽恕、同情、谅解的美德要求，必将广为社会所认同和接纳。明代“例赎”的普适性，不排除有缓解财政危机或增加财政收入的目的，因而也招致了像丘濬这些人的批判，但明代“例赎”的迅速发展并没有因此而停止，这要归因于其制定的出发点仍是体恤臣民。可见，对人的生命尊重是中国传统刑事法律一贯的精神，赎刑正是这一精神的体现，关注和尊重人的生命，包括犯罪人的生命，是法制文明的重要体现。刑罚的目的不单单是对犯罪人的报复，更是恢复被犯罪行为所破坏的社会关系，使罪犯重新回归社会。明代赎刑中所蕴含着对老幼病残的人文关怀，体现着对所有人类生命的尊重的人本主义价值理念，可为我们刑事法治建设提供宝贵的文化资源。继承明代赎刑中的怜恤观念，就是要在新时代的法制建设中给予老弱病残者更多的优待，让这样的社会弱势群体充分地享受到社会的理性光芒；继承明代赎刑普适性所体现的人本主义精神，就是要在新时期区分不同性质的犯罪，对待非严重危害社会的罪犯要本着教育和改造而非惩罚报复的法制理念对他们给予充分的尊重和关怀，使他们早日回到和融入社会。人类文明要求现代刑罚应该抛弃报复论的价值取向，对人的生命和价值的尊重日益成为现代刑罚的价值追求，人的尊严、生命和自由理应成为关注的焦点。

二、要重视赎刑作为一种曾在明代刑罚体系中发挥重要作用的替代刑在解决当代短期监禁刑的困境中的启示意义

清末后，中国的刑罚体系开始大规模的引进甚至是照搬西方的法律制度，建立了以监禁刑为主的刑罚体系。监禁刑曾经被认为是一种最好的刑罚手段，它与生命刑和肉刑相比，更体现了一种刑罚制度的文明和历史进步性，并且还能更好地改造罪犯，有利于罪犯回归社会。但实践证明，监禁刑并非一种理想的刑罚方式。尤其是短期监禁刑，犯罪者往往是些初犯和轻微犯罪，一般容易改过自新。然而一旦执行短期自由刑，他们就会被认同为惯犯、重犯，他们之间没有质的区别，只是刑期不同罢了。人们会从囚犯所受的惩罚反观犯人的罪行轻重，这样刑罚单一的模式必然得到单一的认同，在另眼相看中，他们的自尊心受到极大伤害，在他人和自我的错误认同下，罪囚被隔离出正常的社会，导致自暴自弃心理的产生，进而走上再犯之路。另外，监狱脱离现实的封闭环境并不有利于囚犯的改造和恢复，相反还会导致服刑人员交叉感染，使犯罪人变得更缺乏同情心、更具有暴力倾向、更具反社会性。在掌握新的犯罪技能后，逃避侦查能力增强，社会危害性更大。再者，通过剥夺人身和行动自由的惩罚方式，违反了人类的本性，使囚犯的人格心理发生重大扭曲，进而产生挫折感、自卑感，在这种负面心理的影响下，释放的罪囚很难再回到社会中，这也是我国刑满释放人员重新犯罪率高居不下的重要原因。面对短期监禁刑的种种弊端，人们开始寻找问题的解决方案。西方国家尝试以一定财产或公共服务代替监禁刑的执行。如希腊、意大利、西班牙等国家的法律中都规定了可以替代短期监禁刑的罚金或财产刑制度，尤其是英国在1972年的《刑事司法条例》中确立了现代社会服务刑，即以公益劳动来替代监禁刑。至今欧洲的大多数国家已把社会服务刑作为监禁刑的替代措施。在我国刑罚体系中，监禁刑居于中心地位，是我国刑法适用中使用率最高的刑罚制度。如何应对在短期监禁刑中所产生的弊端，也是我国刑法完善中亟待解决的问题。在很多学者主张引进行西方的刑罚易科制度时，我们千万不要忘记，中国明代的赎

刑制度是解决短期监禁刑种种弊端的最有效手段，对初犯和轻微犯罪罚以劳作和财物，既克服了交叉感染，又可以消除监禁过程中对犯人的消极心理影响，使他们更容易融入现实生活中去。所以，我们应立足于中国的国情和实际，吸取中国传统法制中的精华，来解决中国的实际问题，虽然没有证据证明西方国家是否借鉴了中国传统赎刑制度，但可以看出，现代西方解决短期监禁刑弊端的方法与我国明代以财物和劳役替代刑罚的方式惊人相似。作为国人，我们曾有过可以借鉴的丰富资源和文化历史财富，我们更应从我国传统赎刑文化中受到某些启示，探索出一条适应中国国情的刑罚的替代方式，解决监禁刑的困境。

三、要注意明代赎刑在惩罚与补偿之间的平衡作用对有效解决现代刑事惩罚和民事赔偿之间的矛盾的启发和借鉴意义

刑事犯罪往往会导致危害性结果的产生，这种危害的对象是社会、国家、个人的权益，当严重危害到国家统治阶级的政治利益时，主要通过对人的生命和身体的惩罚和否定来惩罚犯罪，维护统治阶级的政治权利和地位，这个时候是不能用赎刑来替代的，如“十恶”之罪在历朝都是被严令禁止适用赎刑的，而流刑在是否能赎问题上也有一定的限制，甚至有时还不惜采用更为严厉的制度——株连来否定和惩罚一切对统治阶级的政治权利存在重大隐患的人。当危害的是国家单纯经济利益时，如偷盗和抢劫的财产罪则允许以财产、金钱、其他物或劳役的形式——赎刑来替代原有犯罪所产生的危害性，而原有的刑罚就不再执行。这当然有其内在的合理性，因为国家的损失通过赎刑得到一定的补偿。但当危害到个人的人身权利和财产权利时，不管是赎刑还是其他刑罚方式都不能使受害者的损失得到补偿，赎金和财物以及劳役所得都使国家受益。死刑、肉刑、笞刑和杖刑，虽然对受害者精神上是一种抚慰，但所受损失却得不到补偿，徒刑和流刑虽然通过限制罪犯一定人身自由并强迫其进行劳动的形式创造了一定的财富，但是这些劳动所得并不能归受害者个人所有，而是归国家所有。从以上分析可以看出，中国传统社会的刑罚制度下，补救赔偿对象和危害对象基本上是非对等的关系。也有例外，这就是明代赎刑中

对过失杀、伤人罪条款明确做了把所赎钱钞给付被害人之家的规定，在诬告收赎条款中也明确要求赔偿受害人损失的规定。这一点是中国刑罚开始从单纯重视报复到开始重视赔偿的重大思想转变。当政者也开始尝试对国家不构成严重威胁的罪囚大规模的适用赎刑，国家由犯人所带来的损失就可通过财物来得到补偿，甚至还会超过其所带来的损失，这样比单纯的报复会收到更好的效果。

赎刑的补偿和惩罚功能在明代得到了充分利用。如今的社会，我们把赔偿和刑罚分离开来，民事赔偿和刑事惩罚被分成两个体系来处理，刑事附带民事赔偿往往难以实现。像诈骗、抢劫、偷盗（限于私人财产）、放火、杀人和伤害等诸多刑事犯罪都会危害个人的人身和财产权，虽然法律规定，这些直接财产和经济损失可以通过向罪犯追偿的方式弥补，而对待个人权利的弥补往往要通过民事赔偿的形式来实现，事实上，犯罪分子已经把非法所得挥霍一空或者把非法所得进行转移，这就使上面两种补救措施显得苍白无力。另外，就是“有力”补救受害人的损失，由于这种补救并不能像中国传统社会那样可以赎回或减轻所犯之罪——缴纳一定赎金或物就可以免予所犯之罪的惩罚，使个人的民事赔偿更显得由于缺乏内在动力而难以实现。在现阶段，我国刑法规定了对待积极赔偿受害人损失的犯罪嫌疑人可以在量刑上予以考虑，这种规定就是吸取了中国古代赎性制度的合理之处，对今天如何解决刑事附带民事案件赔偿执行难的问题仍具有一定的借鉴意义。有期和无期徒刑虽然通过强迫罪犯进行劳役的形式弥补了一部分损失，但却难以弥补直接受害人的损失；罚金或附带没收财产的形式则直接归国家所有，个人损失同样没有保障。面对这种尴尬局面，我们不得不重新审视中国传统法制中赎刑制度所蕴含的合理性。我们并非弘扬所谓的“拿钱买命”的法制精神，但民事关系和刑事关系其实具有相通性。中国明代的赎刑制度拿财产赎罪的做法确实有维护统治阶级特权的非正义性一面，它对于那些没有经济实力的普通百姓来说是不平等的，但对于那些通过诚实劳动所得，犯罪的社会危害性较小的过失犯罪，是惩罚罪犯为重，还是赔偿受害者的损失为重；是补救国家的利益为先，还是维护受害者的利益为重，恐怕不能一概而论。由于我国没有犯罪被害人补偿制度，而面对犯罪的侵害及其后果时，被害人既不能从其保护人——国家那里获得补偿，又难以通过附带民事诉讼的方式从承受刑罚惩罚的被告人那里获得赔偿，由此造成刑事司法中被害人利益严重受损而无法恢复的局面。为有效解决上述问题，借鉴中国的明代赎刑的做法，对过失犯和老、弱、病、残犯以及社会危害轻的犯罪区别对待，对待那些勇于承担民事责任、及时弥补受害人损失的罪犯可以在量刑范围内予以考虑；对待实在是无力弥补和偿还非法所得罪犯，且对于个人权益损害大于国家的权益损害的罪犯，应首先把罚金和没收的非法收入用于弥补个人的损失，对于有期徒刑和无期徒刑犯，应把部分劳役所得用于偿还受害人的损失，而不是徒刑期满后再偿还个人民事损失。另外，关于能否运用罪犯以外人的财产来赔偿和弥补受害人损失问题还值得进一步商榷。对待有能力赔偿而且已经赔偿的罪犯能否像中国古代赎刑那样完全或部分的减免刑罚的做法，要区别对待，因为从法理上看，这样做确有违背公平与正义原则的嫌疑，但这样做在事实上也确实能够鼓励加害人积极主动地弥补受害人的经济损失，使受害人的损失能够得到赔偿。从以上分析可以看出，刑事惩罚和民事赔偿之间有很多相通之处，我们应该借鉴明代赎刑制度的合理内核，去除其消极影响，来解决我国现代法制建设过程中所遇到的各种问题。

明代赎刑制度带给我们的思考是多方位的，我们只有立足中国的国情和现实，在吸收借鉴西方法制理念和制度时，始终注意吸收根植于中国国情的优秀传统文化，尤其是那些伴随中国几千年曾在中国古代具有旺盛生命力并发挥重要作用的制度，只有不断反思民族的历史，结合现代实际，才能开辟出一条符合中国人的法制建设之路。

结　　论

本书对明代赎刑制度的发展历程进行了一定的梳理，对明律和条例中的赎刑制度分别进行归纳和阐述。具体内容包括赎刑适用的对象、罪行以及赎刑的方式及各类赎刑方式的发展演变过程和具体执行标准，并对赎刑的审判和执行制度进行一定的探讨，在对明代赎刑基本制度进行考察的基础上，结合当时的经济、政治和法制状况，通过同明代以前赎刑的对比，总结出了明代赎刑的基本特征以及形成这些特征的外在条件和内在动因，最后，论述赎刑制度的影响。在对全书的基本轮廓概括之后，重新回顾和反思，得出以下结论，发现如下需要进一步深化的问题，预感到了明代赎刑研究的未来发展趋势：

一、研究得出的结论

第一，明代赎刑最大的特点在于其体系结构上的成熟和完善，经济功能和手段的拓展和运用。从中国整个法制发展的历程来看，明代的赎刑制度最大的特点在于其“比历代特详”，“律赎”与“例赎”并行。对于这两点，大多研究赎刑的学者都达成了共识。但具体来讲，明代赎刑的“详明”特点是由其内在结构的成熟与完善分不开的，而谈到内在结构，就不得不涉及明代赎刑的另外一个特点，即如何理解“例赎”与“律赎”之间的关系，对于这一点，很多学者注意到了“例赎”的庞杂，“律赎”与“例赎”之间的矛盾冲突和标准不一，实际上，明代赎刑的强大生命力就在于“例赎”与“律赎”之间的差异性和统一性之间的张力。正是由于其之间存在差异性才拓展了赎刑的发展空间，正是由于两者之间的统一性才使得赎刑成为较为完善的统一体。明代“律赎”把前代赎刑中所体现的宽恤精神发展到极致，以体恤程度的不同，对“老幼废疾”、“妇人、天文生”以及“存留养亲”分别施以不同的赎刑标准，既体现其合理性，又丰富了赎刑的结构和层次。同时，这一宽恤精神还对“例赎”片面追求经济利益的倾向起着制衡作用；而“例赎”的实用性原则也渗透于“律赎”中，体现着对“天文生”等稀有人才的保护，“例赎”赎罪数额与现实需要的相适应性也在推动着“律赎”朝向更为现实的方向发展，体现为从“赎钱、钞”到“折银”的转变。虽然，后来仍存在“律赎”和“例赎”赎罪标准轻重严重失衡状态，但最终能为人们所接受，主要是因为，“律赎”更体现为恤刑，其所规定的恤刑对象大都为人们所认可，故理应轻；例赎更多体现为实用，其普适性对象没有律赎对象更值得宽恤，故理应重。如果把“例赎”和“律赎”标准相统一的话，赎刑存在的合法性依据便荡然无存，赎刑的经济利益目的性就会完全取代宽恤之精神，当赎刑完全成为以罚代惩、追求经济利益时，也是其消亡之日。当初正是因为严格限制了官吏赎刑权利，才使得明代赎刑因重视宽恤而具有顽强的生命力，正是立足于宽恤才不断制定“例赎”以及扩大“例赎”的适用范围，虽然“例赎”又一次把官吏纳入赎刑适用范围，但和许多人一样执行的是较重的标准，其特权已不存在。历代赎刑所遗留的等级特权在明代有很大改观。另外，赎刑的经济功用在明代得到充分发挥，这是与明代以前赎刑的最大区别。赎刑的经济功用一直被历史上的学者所否定，其功能一直也未被充分利用。其实，从本质上讲，赎刑其他刑罚方式最大的不同就在于其具有的经济惩罚和经济补偿的双重功效。在重视儒家精神而轻视利益的年代，经济上的惩罚当然被看作是一种宽恤之刑，其惩罚是有限的，更多体现的是其恤刑精神的影响力。明代的当政者虽然不谈赎刑的经济目的性，其大规模的适用却更显示出不可忽视的经济功用，以经济能力来划分罪囚，并据此处以不同的赎刑方式，开创了以经济手段解决法制问题的新局面。

第二，明代赎刑的存在和发展是与明代人们思想观念的转变分不开的。明代赎刑制度的产生呈现出以上的特点，除了赎刑本身的合理性外，还与明代的社会经济转型所引起的思维方式的转变有关系。从立法的指导思想来看，明代特别是明代晚期的启蒙思想家的思想理论，对于明代赎刑的发展倾向起到重要的作用，这种思想主要体现为"经世致用"和"工商皆本"。"经世致用"思想主张把学术研究和解决实际问题结合起来。明代的"例赎"一改"律赎"脱离实际的弊端，从制定、执行以及更改，整个赎刑中都渗透着"经世致用"的理念。明代的赎刑条例的出现，其出发点就是为解决明初"济法太重"的实际问题。明初劳役形式的设置，更是出于当时劳力匮乏的需要。后来，"在京"做工、"在外"运米和纳米，也是出于京城建设和九边以及预备仓缺米的需要。最后，折银赎罪是因为明中后期商品经济的发展，雇佣更为方便的实际需要而定的。把罪囚按经济能力区分为"有力"、"无力"和"稍有力"三种，并有针对性地处以不同赎罪数额，虽然对"稍有力"降低赎刑标准是出于体恤之意，但也包含着实际执行效果的考虑。而对于"无力"者做工，也是出于实际执行的考虑。大规模的适用赎刑更是出于"实边、足储、赈荒、官府颁给诸大费、以佐缓急"等实际需要。此外还有出于作战需要，对于军人及军职正妻实行优容的赎刑政策。这些都是明代"经世致用"这一时代特征在明代赎刑制度上的体现。"工商皆本"的思想使人们从长期"重农轻商"的思想禁锢中解放出来，引起人们价值观念和社会风尚的变化，整个社会开始向重商、重利、重财转变，人们开始对身份等级漠视，开始追求金钱和财富。而这种对金钱的崇尚在一定程度上促进了商品经济的发展和繁荣，而商品经济的发展和市场的日趋成熟和兴旺，也会影响到明代赎刑制度，主要体现为：明代的当政者开始重视使用经济手段来达到政治稳定的目的，赎刑的经济补偿方面功用得到充分挖掘和应用。赎刑曾充当着调节国家货币政策的手段功能，为了推行明宝钞，明代在禁止钱、银流通的同时，在适用赎刑时推行宝钞赎罪。在国家财政状况拮据时，或缺少劳力时，就会制定更为宽泛的赎刑条例，以求增加财政收入。人们对财富的崇尚使赎刑的经济惩罚功能增强，在这样的社会里，失去财富就等于失去生存的基础，以财富来替代刑罚更加剧了人们对财富的依赖和追求。嘉靖以后赎刑制度逐渐摆脱身份等级束缚，一切以经济能力为准，正是晚明商品经济发展的体现。可见，明代赎刑制度成熟发展是和明代商品经济的发展相互促进的。

第三，明代赎刑在刑罚体系上的影响力主要体现为对传统五刑制度的冲击。《明史·刑法志》对于赎刑在当时社会中的作用主要总结了两条：一是因为明代“济法太重”，用赎刑的宽恤来缓和过严的法制现状；二是“以佐缓急”，来增加财政收入，缓解财政危机。可见，明代“赎刑”的产生，在刑罚体系方面的原因主要是为缓解当时过重的刑罚。明初，在修订《大明律》的过程中，朱元璋还颁布了《大诰》，其处罚较重，但到洪武后期，“重典治吏”的举措并未收到预期效果，于是把赎刑适用范围扩大到杂犯死罪，这样使原有的笞、杖、徒、流、死等传统五刑制度受到很大的影响。随着赎刑条例的制定，把赎刑对象扩大到几乎所有的人群，更使其他刑罚方式形同虚设。只要罪行“非常设所不原”，所有罪囚都可以赎免刑罚。这样，法定五刑刑罚体系在实施中就变为：笞、杖（少部分无力罪囚）、赎、死（真犯）。这样的刑罚体系造成了连锁反应，其一，由于赎刑适用性较广，客观上促使赎刑本身的发展和完善以适用对象多样化的需要。“在京”做工、“在外”赎米；有力者纳米、无力者劳役、稍有力者处以较轻的处罚，这种多样化的刑罚方式统一于赎刑之下，构成了明代较完善的赎刑体系。这种较为完整的刑罚体系又进一步弱化着传统五刑的影响力，在此冲击之下，也预示着传统刑罚体系在清末的没落和瓦解。其二，赎刑的广泛适用也造成明代整个刑罚体系惩罚力度的下降。本是立足于缓和“济法之太重”，但在其强大经济利益的驱使下，失去控制，反而矫枉过正，大范围的适用赎刑造成明代刑罚力度的降低，这样充军刑就成为明代刑罚较重、适用较普遍且不准赎免的重要刑罚种类，以弥补广施赎刑所带来的惩罚力不足之现状。在明代赎刑的影响下，明代传统五刑就转变为以“宽恤”的赎刑和“严厉”的充军刑为主导的刑罚体系，形成了明代较有特色的司法现象。

二、有待深入研究的问题

明代赎刑制度特别详明和灵活，尤其是“例赎”部分，显得更为复杂，往往是“一地一例”，“一时一例”，时效性很强，难免会犯以偏概全的错误。另外加上历史资料有限，很多理论观点因缺少相关的史料作支撑而使论证显得单薄。再加之本人知识和能力有限，所以本书只是对明代赎制度的某些理论点做了归纳和梳理，还存在很多需要进一步深入研究和探讨的问题。

第一，从立法方面来看，明代的赎刑制度主要是指明“律”和“条例”中所规定的制度，而明律的制定和完善是一个过程，到洪武三十年才固定下来，以后不准有丝毫改动，这也为研究者提供了方便。但在洪武三十年之前，还存在洪武元年律、洪武七年律、洪武二十二年律，这三种版本的律今大多失传，只有从其他材料的转载或论述中来研究，而且这些材料不完整，再加上所反映的制度是哪一年律中的内容也还存在争议，很难理清这一段赎刑的发展轨迹和演变过程。本书虽然也对洪武三十年之前的律进行了考察，但大多是推理所得结论，并且所考察的有关赎刑制度的内容也不多，所以使得所涉及的“律赎”含义大打折扣，因为本书支撑材料主要来自于洪武三十年的《大明律》，而实际上“律赎”应包括明代所有律的内容规定，所以对于洪武三十年之前这一阶段的赎刑研究仍然是明代赎制度研究应当加强的环节。

第二，明代条例中赎刑制度是明代最具特色的部分，也是研究的难点所在。明代嘉靖重修《问刑条例》时才使条例的内容稳定下来，而嘉靖以前的这一段时间，是赎刑条例发展变化最为频繁的时期。新旧条例之间既有继承又有发展，各种条例之间既有相互交叉又有矛盾之处，所以各种赎刑条例所适用的时间和空间效力成为准确把握

“例赎”的关键。明代条例中的赎刑制度是个动态过程，只有采用动态分析的考察方法才能获得较为准确的结论。本书虽然进行了一定的尝试，如针对妇女赎罪和官吏赎罪的发展变化轨迹的考察和总结，但还很不够，如明代的赎刑适用对象是怎样一步步从“律赎”所适用的老幼废疾、官吏、妇人、乐户、天文生等特殊群体扩展到几乎所有人群的，针对每类身份的赎刑规定在明代的不同阶段有没有重大改变，是否存在因身份不同而设置不同的赎刑标准的情况。每种赎刑条例的出台背景是什么，制定的目的又是什么等等，上述问题还需要做进一步的深化研究。《皇明条法事类纂》中载明了天顺八年到弘治七年之间的部分条例，这些条例既有题本、又有奏本，载明了每条条例制定的缘由，对于考察这一阶段的赎刑制度帮助很大，但成化朝以前颁行的条例多已失传，而其他史料又不载制例缘由，所以要想在上面问题上有所突破，还需拓展史料，开阔视野，多渠道、全方位的对赎刑制度展开研究。

第三，明代赎刑制度充分发挥了其经济上的功用，缓解了明代的财政危机，本书也对此给予了论述，但还需要做深入地研究，还需要把赎刑和当时每一朝代的经济状况之间的关系作更为细致的分析和研究。对明代赎刑的实用目的性和经济因素对明代赎刑方式变迁的影响，本书给予了论述，但较为概括，比如对赎刑的效果，即通过赎刑获得的收入占国家整个财政收入的比例是多少，由于当时史料多把赃、赎一起统计，所以缺少具体的数字材料作支撑。可见对明代赎刑制度的研究需要各学科各专业相互配合，尤其需要从历史、法律、经济等多角度探讨。

第四，对于明代赎刑的启发和借鉴意义方面，本书并无涉及，这是因为，所有的意义和价值的实现都需要建立在正确认知的基础上，本书只为深入了解明代的赎刑提供了一个平台，为现代人吸收和借鉴明代赎刑制度提供了一些史料。但我想，我们在借鉴和吸收时应坚持一个原则，那就是既不能照搬也不能全盘否定。批判的目的是为了更好地吸收和运用。任何一种制度从历史发展上看，都有其存在的价值和合理性，只要其适应的社会现实基础没有变化，它就会以各种形式表现出来。商品经济在中国的进一步发展和市场的逐渐完善必然会对我国的法制建设提出更高的要求，我们要勇敢地面对这一现实，而不能否定现实和逃避面临的新问题。“以罚代惩”、“赔钱赎命”在毫无争议的否定声中并未在中国法律制度以外消失，经济的力量在今天显得格外强大，牵涉经济的犯罪与日俱增，虽然在历史条件已发生变化的当代中国，我们不能把所有希望寄托于中国古代的赎刑制度，但回顾历史，充分发掘和利用我们的本土资源，努力吸取中国古代赎刑的合理成分，对推动有中国特色的社会主义法治社会的建设，构建和谐社会，则是有百利而无一害的。

三、明代赎刑研究的发展趋势

随着商品经济的进一步发展和完善，怎样汲取明代赎刑的合理性因素来完善中国的现代法制和解决中国的实际问题，将会成为未来赎刑研究的热点问题。具体来讲，围绕这一问题将会出现两种研究发展倾向：

一是脱离明代赎刑产生的时代背景，研究其自身在刑罚体系中的合理性。比如明代赎刑之所以能替代其他刑罚方式，是因为其本身的合理性造成的。其实，赎刑和徒刑以及流刑相比更具有一定的暗合性。徒刑从它的作用来看主要是通过限定罪犯一定的人身自由来减少犯罪；通过强迫罪犯进行劳动而增加国家的收入。由于赎刑适用于非严重危害社会的犯罪，所以，对待这些罪犯，采用关押进行教育和减少犯罪的徒刑方式已意义不大，只剩下通过强迫其进行劳役来弥补或增加社会收入的目的，而这种目的通过赎刑就能实现，而且，赎刑比徒刑在实现这一目的上更具有优势。如果说徒刑是一种期待利益的话，那么赎刑就是一种既得利益，把通过徒刑劳役所创造的期待利益进行折算转化为现有的既得利益，或折算为钱或折算为物，或不进行关押直接转变为具体的劳役形式。当然从这一角度来看，死刑、笞刑和杖刑是拿生命权和人身权折算为财产权的一种体现。对人的生命的否定和身体的惩罚、伤害并不能为国家带来任何经济利益，而赎刑的出现既维护了法和统治阶级的权威又对罪犯的行为进行了否定，同时还为国家带来了丰厚的经济利益，这也许就是赎刑制度在中国传统法制中长期存在的最主要原因。当然类似的研究还有对赎刑恤刑和理性的研究和探讨等等。

二是结合明代的赎刑产生的时代背景，研究其在相似背景之下的借鉴意义。明代赎刑产生和发展与明时期商品经济的发展有很大的内在逻辑关系。而赎刑所具有的惩罚与经济补偿的双重功能使其在这样的环境条件下迅速成长起来，虽然其功利性目的和贫富异刑的结果曾受到恤刑原则和司法公平性的质疑，但其较其他刑罚宽恤的本性和客观的经济收入确实收到了较好的社会效果。今天，商品经济已有充分发展，虽与明代商品经济有本质的区别，但其对人们的价值观念和社会风尚的冲击和影响是相似的。经济问题已成为现代人无法回避的问题。怎样处理和缓和“义”与“利”之间的矛盾和冲突，怎样通过完善法律制度调节两者之间的关系问题已经显得非常迫切。而中国明代赎刑制度在体现“明德慎罚”的思想前提下通过有限制和有选择性的“以钱或财”赎罪的方式，既惩罚了犯人又缓和了矛盾，体现出了刑罚的灵活性和宽宥性，对于今天我们如何解决刑罚的惩罚与教育改造、宽与严的关系问题，对于中国替代刑制度的建设和解决短期自由刑弊端，以及解决刑事惩罚和民事赔偿之间关系问题都具有很大的启发和借鉴意义，由此引出的相关问题也将会成为今后研究的热点。

附录

《问刑条例》所载赎刑条款

弘治十三年《问刑条例》所载赎刑条款

1. 凡军民诸色人役，及舍余审有力者，与文武官吏、监生、生员、冠带官、知印、承差、阴阳生、医生、老人、舍人，不分笞杖徒流、杂犯死罪，俱令运炭、运灰、运砖、纳料、纳米等项赎罪。若官吏人等，例该革去职役，与军民人等审无力者，笞杖罪的决，徒、流、杂犯死罪，各做工、摆站、哨瞭、发充仪从，情重者煎盐炒铁。死罪五年，流罪四年，徒罪照徒年限。其在京军丁人等无差占者，与例难的决之人，笞杖亦令做工。

2. 云贵军职，及文职五品以上官，及各处大小土官，犯该笞杖罪名，不必奏提。有俸者照罪罚俸，无俸者罚米。其徒流以上情重者，仍就奏提。

3. 内官、内使、小火者、阍者等犯罪，请旨提问，与文职运炭、纳米等项一例拟断。但受财枉法满贯，不拟充军，俱奏请发落。

4. 军职有犯监守常人盗，受财枉法满贯，律该斩绞罪者，俱发边方立功五年，满日还职，仍于原卫所带俸差操。其犯该窃盗、掏摸、盗官畜产、白昼抢夺、奸宿所部内军妻女、行止有亏者，俱发原籍为民。凡无原籍者，本卫所随住。若监守常人盗，枉法不满贯，与求索科敛诓骗，计赃满贯，问该流罪，减至杖一百、徒三年者，俱运炭、纳米等项完日还职，带俸带操。其减至杖九十、徒二年半以下。与别项犯罪，俱照常发落。原系管事者，照旧管事。原系带俸者，照旧带俸。若犯前项流罪，遇例通减二等，至杖九十徒二年半者，仍带俸差操。

5. 军职年七十以上、十五以下，及废疾，犯该杂犯死罪者，运炭、纳米等项发落，免发立功。

6. 纳粟军职有犯，若原系总小旗、千百户、指挥等官，遇例纳粟补官者，俱照见任军职立功等项事例施行。若由白衣纳粟受职者，止照常例运炭、纳米等项发落。其犯奸盗诈伪、说事过钱、诓骗财物、行止有亏者，具问罪革职。

7. 皇陵户、皇陵卫军、旗守卫军，与守卫上直操备官旗舍余、将军校尉、勇士力士，运粮驾送黄马快船官旗，犯笞杖罪，俱令纳钞。

8. 舍人舍余无官之时，犯该杂犯死罪，有官事发，运炭、纳米等项，完日还职，仍发原卫所带俸差操。若犯该流罪减至杖一百、徒三年者，俱令运炭、纳米等项还职，原管事者，照旧管事。原带俸者，照旧带俸。其舍人犯窃盗掏摸、盗官畜产、白昼抢夺、奸宿本所军妻女，行止有亏，败伦伤化者，不分曾否受官，具问革为民。

9. 凡卫所舍人、舍余、总小旗，犯笞杖者，有力运炭、纳米等项外，或令纳钞，无力的决。

10. 两京孝陵、长陵等陵祠祭署奉祀祀丞、太常寺典薄、神乐观提点、协律郎、赞礼郎、司乐等官，并乐舞生，有犯奸盗诈伪，失误供祀，并一应赃私罪名，不分轻重，俱各罢黜，仍照例发落。若讦告词讼，及因人连累，并一应公错，犯笞杖者，纳钞；徒罪以上者，运炭等项，各还职着役。

11. 僧道官系京官，具奏提问；在外，依律径自提问。受财枉法满贯，亦问充军。及僧道有犯奸盗诈伪，逞私争讼，怙终故犯，并一应赃私罪名，有玷清规，妨碍行止者，俱发还俗，若犯公事失错，因人连累，及过误致罪，与行止清规无碍者，悉令运炭、纳米等项，各还职役为僧为道。

12. 一天文生有犯，徒流依律决杖一百，余罪收赎，笞杖有力纳钞，无力的决。其犯窃掏摸、抢夺等项，亦刺字充警，并杂犯死罪，俱做工，不在收赎之限。

13. 沿边沿海旗军舍余，犯该监守常人盗、窃盗。掏摸、抢夺，至徒罪以上者，俱送总兵官处，查拨缺人墩台守哨，年限满日疏放。若总兵官截杀等项不在，就行本处巡抚、巡按或分巡官一体查拨，仍行总兵官只会。其别项徒罪以上，有力纳米等项，无力巡哨。

14. 养牲官军，有犯奸盗、诈伪，失误供祀，并一应赃私罪名，不分轻重，官罢黜，照例发落；军发原伍。若讦告词讼，及因人连累，一应公错，犯该笞杖罪名者，纳钞。并犯徒罪以上，不碍行止者，运炭等项，各还职着役。

15. 养象军奴，犯该杂犯死罪，无力做工，徒流罪决杖一百，俱住支月粮，各照年限常川养象，满日，仍旧食量养象。笞杖的决。

16. 内府匠作，犯该监守常人盗、窃盗、掏摸、抢夺者，俱问罪，送发工部做工、炒铁等项。其余有犯徒流罪者，拘役，住支月粮。笞杖准令纳钞。

17. 在京军民各色匠役，犯该杂犯死罪，无力做工，徒流罪拘役，俱住支月粮，笞杖纳钞，或的决。若犯窃盗、掏摸、抢夺、一应情重者，亦拟炒铁等项发落。不在拘役之限。民匠仍刺字充警。

18. 两京工部各色作头，犯该杂犯死罪，无力做工，与侵盗、诓骗、受财枉法，徒罪以上者，依律拘役满日，俱革去作头，止当本等匠役。若累犯不悛，情犯重者。监候奏请发落。杖罪以下与别项罪犯。拘役满日，仍当作头。

19. 太常寺厨役，但系讦告词讼，及因人连累，问该笞杖罪名者，纳钞，仍送本寺着役。徒罪以上，及奸盗诈伪，并有误供祀等项，不分轻重，俱的决做工，改拨光禄寺应役。乐户杂犯死罪，无力做工，流罪依律决杖一百，拘役四年，徒杖笞罪，俱不的决，止拟拘役，满日着役。若犯窃盗、掏摸、抢夺等项，亦刺字充警。

20. 妇人犯奸盗、不孝，并审无力，与乐妇各依律决罚。其余有犯笞杖，并徒流、杂犯死罪，该决杖一百者，审有力，与命妇军职正妻，俱令纳钞。

21. 先犯杂犯死罪，运炭、纳米等项未完，及做工等项未满，又犯杂犯死罪者，决杖一百。除杖过数目准钞六贯，再收赎钞三十六贯。又犯徒流笞杖罪者，决其应得杖数，五徒三流，各依律收赎钞贯，仍照先拟发落。若三次俱犯杂犯死罪者，奏请定夺。

22. 先犯徒流罪，运炭、做工等项未曾完满，又犯杂犯死罪，除去先犯罪名，止拟后犯罪名，运炭、做工等项。若又犯徒流罪者，依已徒而又犯徒，将所犯杖数，或的决，或纳钞，仍总徒不得过四年。又犯笞杖者，将后犯笞杖，或的决，或纳钞，仍照先拟发落。

23. 先犯笞杖，运炭、做工等项未曾完满，又犯徒流罪，将先犯罪名或的决，或纳钞，止拟后犯徒流罪。又犯杂犯死罪，除去先犯笞杖，止拟后犯死罪，各运炭、做工等项。又犯笞杖罪，或先重后轻，或先轻后重，将轻者或的决，或纳钞，仍将重者，令其运炭、做工等项发落。

24. 在京法司问拟囚犯，有已徒而又犯徒，律该决讫所犯杖数，总徒四年。有大诰及与蒙恩例，通减二等者，俱照三流同为一减例，减徒一年。其余徒罪，运炭、纳米、做工、摆站等项者，俱照旧例免杖。

25. 在京、在外运炭、勤米、赎罪等项囚犯，监追半年以上，如果贫难，改拨做工、摆站、的决等项发落。若军职监追三个月之上不完者，在京就改做工，在外先发还职。准令将该支俸粮食米，照该纳米数，扣除在官准算。

26. 在外徒罪囚犯，发充仪从者，每月追银三钱，照徒年追足，即将囚犯先行发落。所追银两转送该府，听其雇人充当。不许将犯人拘禁扰害。违者，先将该府旗校人等拿问。辅导等官参奏究问。果碍宗室仪宾，具实奏请定夺。

27. 凡问发充军，及口外为民者，免其运炭、纳米等项，并律该决杖，就拘当房家小起发随住。其余人口，存留原籍办纳粮差。

28. 凡王府文职，因人连累，并一应过误，律该笞杖罪名者，议拟纳钞赎罪还职，不必解京，就彼奏请发落。若系：希图改调，故意犯赃，有碍行止等项，及该徒流以上者，俱解京奏请改调边远续用，重者从重论。其护卫仪卫司军职，有犯私罪杖罪以上者，奏行兵部上请改调。若犯因公笞杖罪名，俱照文职罚赎还职管事。

29. 凡王府旗军舍余匠校人等，犯该笞杖者，纳钞。及徒罪以上无力者，在京俱做工，在外发将军中尉仪宾府，充当仪从。

30. 盗内府财物者，系杂犯死罪准赎外，若盗乘舆服御物者，仍作真犯死罪，依律议拟。

31. 收赎过失杀人绞罪，追钞三十三贯六百文，铜钱八贯四百文，与被杀之家营葬。

嘉靖二十九年《重修问刑条例》所载赎刑条款

1. 凡军民诸色人役，及舍余审无力者，与文武官吏、举人、监生、生员、冠带官、知印、承差、阴阳生、医生、老人、舍人，不分笞杖徒流、杂犯死罪，俱令运炭、运灰、运砖、纳米、纳料等项赎罪。若官吏人等，例该革去职役，与军民人等审无力者，笞杖罪的决，徒流杂犯死罪，各做工、摆站、哨嘹、发充仪从，情重者煎盐炒铁。死罪五年，流罪四年，徒罪照徒年限。其在京军丁人等无差占者，与例难的决之人，笞杖亦令做工。

2. 赎罪囚犯，除在京已有旧例外，其在外审有力、稍有力二项，俱照原行则例拟断，不许妄引别例，致有轻重。其有钱钞不行去处，若妇人审有力，与命妇、军职正妻及例难的决之人赎罪，应该兼收钱钞者，笞杖每一十，折收银一钱。其老幼废疾及妇人、天文生余罪收赎钞贯者，每钞一贯，折收银一分二厘五毫。若钱钞通行去处，仍照旧例收赎，不在此限。

3. 在外徒罪囚犯，发充仪从者，每月追银三钱，照徒年追足，即将囚犯先行发落。所追银两转送该府，听其雇人充当。不许将犯人拘禁扰害。违者，先将该府旗校人等拿问。辅导等官参奏究问。果碍宗室仪宾，具实奏请定夺。

4. 两京孝陵、长陵等陵祠祭署奉祀祀丞、太常寺典薄、神乐观提点、协律郎、赞礼郎、司乐等官，并乐舞生，有犯奸盗诈伪，失误供祀，并一应赃私罪名，不分轻重，俱各罢黜，仍照例发落。若讦告词讼，及因人连累，并一应公错，犯笞杖者，纳钞；徒罪以上者，运炭等项，各还职着役。

5. 凡王府文职，因人连累，并一应过误，律该笞杖罪名者，纳钞赎罪还职，就彼奏请发落。若是系希图改调，故意犯罪，至徒流以上者，俱解京奏请改调边远续用。重者，从重论。其犯赃犯奸，有碍行止者，俱罢职为民。

6. 云贵军职，及文职五品以上官，并各处大小土官，犯该笞杖罪名，不必奏提。有俸者照罪罚俸，无俸者罚米。其徒流以上情重者，仍就奏提。

7. 内官、内使、小火者、阍者等犯罪，请旨提问，与文职运炭、纳米等项一例拟断。但受财枉法满贯，不拟充军，俱奏请发落。

8. 僧道官系京官，具奏提问；在外，依律径自提问。受财枉法满贯，亦问充军。及僧道有犯奸盗诈伪，逞私争讼，怙终故犯，并一应赃私罪名，有玷清规，妨碍行止者，俱发还俗，若犯公事失错，因人连累，及过误致罪，与行止清规无碍者，悉令运炭、纳米等项，各还职役为僧为道。

9. 护卫仪卫司军职，有犯私罪杖罪以上者，奏行兵部上请改调。若犯因公笞杖罪名，俱照文职罚赎还职管事。

10. 凡王府旗军舍余匠校人等，犯该笞杖者，纳钞。及徒罪以上无力者，在京俱做工，在外发将军中尉仪宾府，充当仪从。

11. 军职有犯监守常人盗，受财枉法满贯，律该斩绞罪者，俱发边方立功五年，满日还职，仍于原卫所带俸差操。其犯该窃盗、掏摸、盗官畜产、白昼抢夺、奸宿所部内军妻女、行止有亏者，俱发原籍为民。凡无原籍者，本卫所随住。若监守常人盗，枉法不满贯，与求索科敛诓骗，计赃满贯，问该流罪，减至杖一百、徒三年者，俱运炭、纳米等项完日还职，带俸差操。其减至杖九十、徒二年半以下，与别项犯罪，俱照常发落。原系管事者，照旧管事。原系带俸者，照旧带俸。若犯前项流罪，遇例通减二等，至杖九十徒二年：半者，仍带俸差操。

12. 纳粟军职有犯，若原系总小旗、千百户、指挥等官，遇例纳粟补官者，俱照见任军职立功等项事例施行。若由白衣纳粟受职者，止照常例运炭、纳米等项发落。其犯奸盗诈伪、说事过钱、诓骗财物、行止有亏者，具问罪革职。

13. 舍人舍余无官之时，犯该杂犯死罪，有官事发，运炭、纳米等项，完日还职，仍发原卫所带俸差操。若犯该流罪减至杖一百、徒三年者，俱令运炭、纳米等项还职，原管事者，照旧管事。原带俸者，照旧带俸。其舍人犯窃盗掏摸、盗官畜产、白昼抢夺、奸宿本所军妻女。行止有亏，败伦伤化者，不分曾否受官，具问革为民。

14. 凡卫所舍人、舍余、总小旗，犯笞杖者，有力运炭、纳米等项外，或令纳钞，无力的决。

15. 皇陵户、皇陵卫军、旗守卫军：与守卫上直操备官旗舍余、将军校尉、勇士力士，运粮驾送黄马快船官旗，犯笞杖罪，俱令纳钞。

16. 养牲官军，有犯奸盗、诈伪、失误供祀，并一应赃私罪名，不分轻重，官罢黜，照例发落；军发原伍。若讦告词讼，及因人连累，一应公错，犯该笞杖罪名者，纳钞。并犯徒罪以上，不碍行止者，运炭等项，各还职着役。

17. 养象军奴，犯该杂犯死罪，无力做工，徒流罪决杖一百，俱住支月粮，各照年限常川养象，满日，仍旧食量养象。笞杖的决。

18. 沿边沿海旗军舍余，犯该监守常人盗、窃盗、掏摸、抢夺，至徒罪以上者，俱送总兵官处，查拨缺人墩台守哨，年限满日疏放。若总兵官截杀等项不在，就行本处巡抚、巡按或分巡官一体查拨，仍行总兵官只会。其别项徒罪以上，有力纳米等项，无力巡哨。

19. 内府匠作，犯该监守常人盗、窃盗、掏摸、抢夺者，俱问罪，送发工部做工、炒铁等项。其余有犯徒流罪者，拘役，住支月粮。笞杖准令纳钞。

20. 在京军民各色匠役，犯该杂犯死罪，无力做工，徒流罪拘役，俱住支月粮，笞杖纳钞，或的决。若犯窃盗、掏摸、抢夺、一应情重者，亦拟炒铁等项发落。不在拘役之限。民匠仍刺字充警。

21. 两京工部各色作头，犯该杂犯死罪，无力做工，与侵盗、诓骗、受财枉法，徒罪以上者，依律拘役满日，俱革去作头，止当本等匠役。若累犯不悛，情犯重者。监候奏请发落。杖罪以下与别项罪犯。拘役满日，仍当作头。

22. 太常寺厨役，但系讦告词讼。及因人连累，问该笞杖罪名者，纳钞，仍送本寺着役。徒罪以上，及奸盗诈伪，并有误供祀等项，不分轻重，俱的决做工，改拨光禄寺应役。

23. 乐户杂犯死罪，无力做工，流罪依律决杖一百，拘役四年，徒杖笞罪，俱不的决，止拟拘役满目着役。若犯窃盗、掏摸、抢夺等项，亦刺字充警。

24. 天文生有犯，查系习业已成，能专其事者，徒流依律决杖一百，余罪收赎。笞杖，有力纳钞，无力的决。杂犯死罪，拘役五年，满目仍旧食量充役。其该充军者，将所犯徒杖，依律决杖收赎，仍定拟充军卫分，就于本监应役，其窃盗、掏摸、抢夺等项，应刺字充警，及：习业未成，未能专事者，不分轻重罪名，悉照本等条例科断。

25. 凡钦天监官为事，请旨提问，与文职运炭等项，一例问断。该为民者，送监，仍充天文生身役；该充军者，备由奏请定夺，其有不由天文生出身者，悉照例革职发遣。

26. 妇人犯奸盗、不孝，并审无力，与乐妇各依律决罚。其余有犯笞杖，并徒流、杂犯死罪，该决杖一百者，审有力，与命妇军职正妻，俱令纳钞。

27. 先犯杂犯死罪，运炭、纳米等项未完，及做工等项未满，又犯杂犯死罪者，决杖一百。除杖过数目准钞六贯，再收赎钞三十六贯。又犯徒流笞杖罪者，决其应得杖数，五徒三流，各依律收赎钞贯，仍照先拟发落。若三次俱犯杂犯死罪者，奏请定夺。

28. 先犯徒流罪，运炭、做工等项未曾完满，又犯杂犯死罪，除去先犯罪名，止拟后犯罪名，运炭、做工等项。若又犯徒流罪者，依已徒而又犯徒，将所犯杖数，或的决，或纳钞，仍总徒不得过四年。又犯笞杖者，将后犯笞杖，或的决，或纳钞，仍照先拟发落。

29. 先犯笞杖，运炭、做工等项未曾完满，又犯徒流罪，将先犯罪名或的决，或纳钞，止拟后犯徒流罪。又犯杂犯死罪，除去先犯笞杖，止拟后犯死罪，各运炭、做工等项。又犯笞杖罪，或先重后轻，或先轻后重，将轻者或的决，或纳钞，仍将重者，令其运炭、做工等项发落。

30. 凡军职犯该杂犯死罪，若年七十以上、十五以下，及废疾，例该为民者，俱运炭、纳米等项发落，免发立功。

31. 年七十以上，十五以下及废疾该充军者者，本身自犯准收赎，免其发遣。若有壮丁主使，就将主使之人，照例充军，其真犯死罪免死及例该永远充军者，不在此限。

32. 凡老幼及废疾犯罪，律得收赎者，若该枷号，一体放免，照常发落。

33. 凡在京、在外运炭、纳米、赎罪等项囚犯，监追半年以上，如果贫难，改拨做工、摆站、的决等项发落。若军职监追三个月之上，及守卫上直旗军人等纳钞赎罪监追一月之上，各不完者，俱一体先发还职着役，扣除俸粮月粮，准抵还官。

万历十三年《问刑条例》所载赎刑条款

1. 凡军民诸色人役，及舍余审无力者，与文武官吏、监生、生员、冠带官、知印、承差、阴阳生、医生、老人、舍人，不分笞杖徒流、杂犯死罪，俱令运炭、运灰、运砖、纳米、纳料等项赎罪，若官吏人等，例该革去职役，与军民人等审无力者，笞杖罪的决，徒流杂犯死罪，各做工、摆站、哨瞭、发充仪从，情重者煎盐炒铁。死罪五年，流罪四年，徒罪照徒年限。其在京军丁人等无差占者，与例难的决之人，笞杖亦令做工。

2. 赎罪囚犯，除在京已有旧例外，其在外审有力、稍有力二项，俱照原行则例拟断，不许妄引别例，致有轻重。其有钱钞不行去处，若妇人审有力，与命妇、军职正妻及例难的决之人赎罪，应该兼收钱钞者，笞杖每一十，折收银一钱。其老幼废疾及妇人、天文生余罪收赎钞贯者，每钞一贯，折收银一分二厘五毫。若钱钞通行去处，仍照旧例收赎，不在此限。

3. 凡在京、在外运炭、纳米、赎罪等项囚犯，监追两月制上，如果贫难，改拨做工、摆站、的决等项发落。若军职监追三个月之上，及守卫上直旗军人等纳钞赎罪监追一月之上，各不完者，俱先发还职着役，扣俸粮月粮，准抵完官。

4. 在外徒罪囚犯，发充仪从者，每月追银三钱，照徒年追足，即将囚犯先行发落。所追银两转送该府，听其雇人充当。不许将犯人拘禁扰害。违者，先将该府旗校人等拿问。辅导等官参奏究问。果碍宗室仪宾，具实奏请定夺。

5. 两京孝陵、长陵等陵祠祭署奉祀祀丞、太常寺典薄、神乐观提点、协律郎、赞礼郎、司乐等官，并乐舞生，有犯奸盗诈伪，失误供祀，并一应赃私罪名，不分轻重，俱各罢黜，仍照例发落。若讦告词讼，及因人连累，并一应公错，犯笞杖者，纳钞；徒罪以上者，运炭等项，各还职着役。

6. 凡王府文职，因人连累，并一应过误，律该笞杖罪名者，纳钞赎罪还职，就彼奏请发落。若是系希图改调，故意犯罪，至徒流以上者，俱解京奏请改调边远续用。重者，从重论。其犯赃犯奸，有碍行止者，俱罢职为民。各处郡王、将军、中尉、郡主、县主、郡君、县君、乡君、事有违错，与长史教授无干者不坐。若有事不与转达，出城不行劝阻，长史等官，参奏提问。

7. 云贵军职，及文职五品以上官，并各处大小土官，犯该笞杖罪名，不必奏提。有俸者照罪罚俸，无俸者罚米。其徒流以上情重者，仍就奏提。

8. 内官、内使、小火者、阍者等犯罪，请旨提问，与文职运炭、纳米等项一例拟断。但受财枉法满贯，不拟充军，俱奏请发落。

9. 僧道官系京官，具奏提问；在外，依律径自提问。受财枉法满贯，亦问充军。及僧道有犯奸盗诈伪，逞私争讼，怙终故犯，并一应赃私罪名，有玷清规，妨碍行止者，俱发还俗，若犯公事失错，因人连累，及过误致罪，与行止清规无碍者，悉令运炭、纳米等项，各还职役为僧为道。

10. 护卫仪卫司军职，有犯私罪杖罪以上者，奏行兵部上请改调。若犯因公笞杖罪名，俱照文职罚赎还职管事。

11. 凡王府旗军舍余匠校人等，犯该笞杖者，纳钞。及徒罪以上无力者，在京俱做工，在外发将军中尉仪宾府，充当仪从。

12. 军职有犯监守常人盗，受财枉法满贯，律该斩绞罪者，俱发边方立功五年，满日还职，仍于原卫所带俸差操。其犯该窃盗、掏摸、盗官畜产、白昼抢夺、奸宿所部内军妻女、行止有亏者，俱发原籍为民。凡无原籍者，本卫所随住。若监守常人盗，枉法不满贯，与求索科敛诓骗，计赃满贯，问该流罪，减至杖一百、徒三年者，俱运炭、纳米等项完日还职，带俸差操。其减至杖九十、徒二年半以下，与别项犯罪，俱照常发落。原系管事者，照旧管事。原系带俸者，照旧带俸。若犯前项流罪，遇例通减二等，至杖九十徒二年半者，仍带俸差操。

13. 纳粟军职有犯，若原系总小旗、千百户、指挥等官，遇例纳粟补官者，俱照见任军职立功等项事例施行。若由白衣纳粟受职者，止照常例运炭、纳米等项发落。其犯奸盗诈伪、说事过钱、诓骗财物、行止有亏者，具问罪革职。

14. 舍人舍余无官之时，犯该杂犯死罪，有官事发，运炭、纳米等项，完日还职，仍发原卫所带俸差操。若犯该流罪减至杖一百、徒三年者，俱令运炭、纳米等项还职，原管事者，照旧管事。原带俸者，照旧带俸。其舍人犯窃盗掏摸、盗官畜产、白昼抢夺、奸宿本所军妻女，行止有亏，败伦伤化者，不分曾否受官，具问革为民。

15. 凡卫所舍人、舍余、总小旗，犯笞杖者，有力运炭、纳米等项外，或令纳钞，无力的决。

16. 皇陵户、皇陵卫军、旗守卫军，与守卫上氲操备官旗舍余、将军校尉、勇士力士，运粮驾送黄马快船官旗，犯笞杖罪，俱令纳钞。

17. 养牲官军，有犯奸盗、诈伪、失误供祀，并一应赃私罪名，不分轻重，官罢黜，照例发落；军发原伍。若讦告词讼，及因人连累，一应公错，犯该笞杖罪名者，纳钞。并犯徒罪以上，不碍行止者，运炭等项，各还职着役。

18. 养象军奴，犯该杂犯死罪，无力做工，徒流罪决杖一百，俱住支月粮，各照年限常川养象，满日，仍旧食量养象。笞杖的决。

19. 沿边沿海旗军舍余，犯该监守常人盗、窃盗、掏摸、抢夺，至徒罪以上者，俱送总兵官处，查拨缺人墩台守哨，年限满同疏放。若总兵官截杀等项不在，就行本处巡抚、巡按或分巡官一体查拨，仍行总兵官只会。其别项徒罪以上，有力纳米等项，无力巡哨。

20. 内府匠作，犯该监守常人盗，窃盗、掏摸、抢夺者，俱问罪，送发工部做工、炒铁等项。其余有犯徒流罪者，拘役，住支月粮。笞杖准令纳钞。

21. 在京军民各色匠役，犯该杂犯死罪，无力做工，徒流罪拘役，俱住支月粮，笞杖纳钞，或的决。若犯窃盗、掏摸、抢夺、一应情重者，亦拟炒铁等项发落。不在拘役之限。民匠仍刺字充警。

22. 两京工部各色作头，犯该杂犯死罪，无力做工，与侵盗、诓骗、受财枉法，徒罪以上者，依律拘役满日，俱革去作头，止当本等匠役。若累犯不悛，情犯重者。监候奏请发落。杖罪以下与别项罪犯。拘役满日，仍当作头。

23. 太常寺厨役，但系讦告词讼，及因人连累，阀该笞杖罪名者，纳钞，仍送本寺着役。徒罪以上，及奸盗诈伪，并有误供祀等项，不分轻重，俱的决做工，改拨光禄寺应役。

24. 乐户杂犯死罪，无力做工，流：罪依律决杖一百，拘役四年，徒杖笞罪，俱不的决，止拟拘役满日着役。若犯窃盗、掏摸、抢夺等项，亦刺字充警。

25. 天文生有犯，查系习业已成，能专其事者，徒流依律决杖一百，余罪收赎。笞杖，有力纳钞，无力的决。杂犯死罪，拘役五年，满日仍旧食量充役。其该充军者，将所犯徒杖，依律决杖收赎，仍定拟充军卫分，就于本监应役，其窃盗、掏摸、抢夺等项，应刺字充警，及习业未成，未能专事者，不分轻重罪名，悉照本等条例科断。

26. 凡钦天监官为事，请旨提问，与文职运炭等项，一例问断。该为民者，送监，仍充天文生身役；该充军者，备由奏请定夺，其有不由天文生出身者，悉照例革职发遣。

27. 妇人犯奸盗、不孝，并审无力，与乐妇各依律决罚。其余有犯笞杖，并徒流、杂犯死罪，该决杖一百者，审有力，与命妇军职正妻，俱令纳钞。

28. 先犯杂犯死罪，运炭、纳米等项未完，及做工等项未满，又犯杂犯死罪者，决杖一百。除杖过数目准钞六贯，再收赎钞三十六贯。又犯徒流笞杖罪者，决其应得杖数，五徒三流，各依律收赎钞贯，仍照先拟发落。若三次俱犯杂犯死罪者，奏请定夺。

29. 先犯徒流罪，运炭、做工等项未曾完满，又犯杂犯死罪，除去先犯罪名，止拟后犯罪名，运炭、做工等项。若又犯徒流罪者，依已徒而又犯徒，将所犯杖数，或的决，或纳钞，仍总徒不得过四年。又犯笞杖者，将后犯笞杖，或的决，或纳钞，仍照先拟发落。

30. 先犯笞杖，运炭、做工等项未曾完满，又犯徒流罪，将先犯罪名或的决，或纳钞，止拟后犯徒流罪。又犯杂犯死罪，除去先犯笞杖，止拟后犯死罪，各运炭、做工等项。又犯笞杖罪，或先重后轻，或先轻后重，将轻者或的决，或纳钞，仍将重者，令其运炭、做工等项发落。

31. 凡军职犯该杂犯死罪，若年七十以上、十五以下，及废疾，例该为民者，俱运炭、纳米等项发落，免发立功。

32. 年七十以上，十五以下及废疾该充军者者，本身自犯准收赎，免其发遣。若有壮丁主使，就将主使之人，照例充军，其真犯死罪免死及例该永远充军者，不在此限。

33. 凡老幼及废疾犯罪，律得收赎者，若该枷号，体放免，照常发落。

参考文献

《大明律》，怀效锋点校，法律出版社 1999 年版。

[清] 沈家本：《历代刑法考》，中华书局 1985 年版。

[明] 申时行修，李东阳撰：《大明会典》，新文丰出版公司 1976 年版（中华台北）。

[清] 张廷玉等：《明史》，中华书局 1974 年版。

[明] 戴金：《皇明条法事类纂》，文海出版社 1996 年版（中华台北）。

[明] 王圻纂辑：清重修，《续文献通考》，现代出版社 1986 年版。

中国政法大学法律古籍整理研究所：《中国历代刑法志注译》，吉林人民出版社 1994 年版。

[清] 薛允升：《唐明律和编》，李鸣、怀效锋点校，法律出版社 1999 年版。

[明] 朱元璋：《大明太祖高皇帝宝训》，齐鲁书社 1996 年版。

[明] 雷梦麟：《读律琐言》，怀效锋、李俊点校，法律出版社 2000 年版。

[清] 王明德：《读律佩觿》，怀效锋主编，张伯元等校，法律出版社 2001 年版。

［明］颜俊彦：《盟水斋存牍》，中国政法大学出版社 2002 年版。

［明］王槩：《王恭毅公驳稿》，续修四库全书，子部。

《大命令》，张卤《皇明制书》本，书目文献出版社 1998 年版。

［明］陈永辑：《法家裒集》，四库全书存目丛书，齐鲁书社 1995 年版。

刘海年、杨一凡主编：《刑名启蒙例》，《中国珍稀法律典籍集成》第一册（乙编），科学出版社 1994 年版。

刘海年、杨一凡主编：《律条直引》，《中国珍稀法律典籍集成》第一册（乙编），科学出版社 1994 年版。

刘海年、杨一凡主编：《大明律直解所载明律》，《中国珍稀法律典籍集成》第一册（乙编），科学出版社 1994 年版。

杨一凡、曲英傑主编：《皇明成化二十三年条例》，《中国珍稀法律典籍集成》第二册（乙编），科学出版社 1994 年版。

杨一凡、曲英傑主编：《皇明弘治六年条例》，《中国珍稀法律典籍集成》第二册（乙编），科学出版社 1994 年版。

杨一凡、曲英傑主编：《嘉靖新例》，《中国珍稀法律典籍集成》第二册（乙编），科学出版社 1994 年版。

杨一凡、曲英傑主编：《问刑条例》（弘治十三年），《中国珍稀法律典籍集成》第二册（乙编），科学出版社 1994 年版。

杨一凡、曲英傑主编：《重修问刑条例》（嘉靖二十九年），《中国珍稀法律典籍集成》第二册（乙编），科学出版社 1994 年版。

杨一凡、曲英傑主编：《大明律疏附例所载续例附考及新例》，《中国珍稀法律典籍集成》第二册（乙编）科学出版社 1994 年版。

杨一凡主编：《皇明条法事类纂》，《中国珍稀法律典籍集成》第四册（乙编），科学出版社 1994 年版。

杨一凡：《律解辩疑》，《中国珍稀法律典籍续编》第四册，黑龙江人民出版社 2002 年版。

杨一凡：《诸司职掌》，《中国珍稀法律典籍续编》第三册，黑龙江人民出版社 2002 年版。

［明］龙文彬：《明会要》，中华书局 1956 年版。

《大清律例》，田涛、邓秦点校，法律出版社 1999 年版。

［明］吕坤：《吕公实政录》，文史哲出版社 1971 年版。

［明］王临亨：《粤剑编》，中华书局 1987 年版。

［清］顾炎武：《日知录》，文渊阁四库全书影印本，子部。

［明］陈子龙等选辑：《明经世文编》，中华书局 1962 年版。

［清］夏燮：《明通鉴》，中华书局 1959 年版。

［清］董诰等编：《全唐文》，上海古籍出版社 1990 年版。

［后晋］刘煦：《旧唐书》，中华书局 1975 年版。

［清］薛允升：《读例存疑》重刊本，光绪三十一年京师刊本，1970 年版。

［清］沈之奇：《大清律辑注》，怀效锋、李俊点校，法律出版社 1999 年版。

［明］郜相、樊深纂修：［嘉靖］《河间府志》，四库全书存目丛书，齐鲁书社 1995 年版。

［清］鄂雨泰等修：《乾隆·云南通志》，文津阁四库全书本，商务印书馆影印 2005 年版。

［明］张萱：《西园闻见录》，续修四库全书，上海古籍出版社 1993 年版。

［明］佘自强：《治谱》，收入《官篇书集成》编纂委员会编《官咸书集成》，黄山书社 1997 年版。

刘俊文：《唐律疏议笺解》，中华书局 1996 年版。

［明］文征明：《文征明集·补辑》，上海古籍出版社 1987 年版。

［明］何良俊：《四友斋从说》，中华书局 1997 年版。

［明］张居正：《张太岳集》，上海古籍出版社 1984 年版。

［明］丘浚：《大学衍义补》，收于《海南先贤诗文丛刊》《丘浚集》，海南出版社 2003 年版。

［清］冯煦修：光绪《凤阳府志》，江苏古籍出版社 1998 年版。

［唐］长孙无忌等：《唐律疏议》，中华书局 1983 年版。

《尚书》，收入《四书五经》，北京古籍出版社 1995 年版。

［明］沈德符：《万历野获编》，中华书局 1959 年版。

［清］陈梦雷编纂：《古今图书集成》，中华书局、巴蜀书社 1985 年版。

［明］何瑭：《何瑭集》，王永宽点校，中州古籍出版社 1999 年版。

［汉］班固：《汉书》，中华书局 1962 年版。

［明］陆容：《菽园杂记》，中华书局 1985 年版。

[明] 宋濂:《元史》，中华书局1976年版。
[明] 高举:《大明律集解附例》，光绪三十四年修订本。
[清] 姚之骃:《元明事类钞》，文津阁四库全书，商务印书馆2005年版。
《明太祖实录》，中央研究院历史语言研究所校印本1962年版（中华台北）。
《明太宗实录》，中央研究院历史语言研究所校印本1962年版（中华台北）。
《明仁宗实录》，中央研究院历史语言研究所校印本1962年版（中华台北）。
《明英宗实录》，中央研究院历史语言研究所校印本1962年版（中华台北）。
《明穆宗实录》，中央研究院历史语言研究所校印本1962年版（中华台北）。
《明宪宗实录》，中央研究院历史语言研究所校印本1962年版（中华台北）。
《明宣宗实录》，中央研究院历史语言研究所校印本1962年版（中华台北）。
《明世宗实录》，中央研究院历史语言研究所校印本1962年版（中华台北）。
王伟凯:《（明史·刑法）志考注》，天津古籍出版社2005年版。
张晋藩:《中国近代社会与法制文明》，中国政法大学出版社2003年版。
刘广安:《中国法律思想简史》，高等教育出版社2003年版。
梁方仲:《明代粮长制度》，上海世纪出版集团2001年版。
张晋藩:《中国法制文明的演进》，中国政法大学出版社2000年版。
朱绍侯、张海鹏、齐涛:《中国古代史》，福建人民出版社2000年版。
苏亦工:《明清律典与条例》，中国政法大学出版社2000年版。
朱勇:《中国法制史》，法律出版社1999年版。
郭成伟:《中国法制史》，中国法制出版社1999年版。
龙韶华:《明代司法初考》，厦门大学出版社1998年版。
怀效锋:《中国法制史》，中国政法大学出版社1998年版。
怀效锋:《明清法制初探》，法律出版社1998年版。

张晋藩:《中国法律的传统与近代转型》,法律出版社 1996 年版。
童光政:《明代民事判犊研究》,广西师范大学出版社 1995 版。
杨正泰:《明代驿站考》,上海古籍出版社 1994 年版。
刘海年、杨一凡:《中国珍稀法律典籍集成》,科学出版社 1994 年版。
杨一凡:《洪武法律典籍考证》,法律出版社 1992 年版。
张晋藩:《中国古代法律制度》,中国广播出版社 1991 年版。
唐文基:《明代赋役制度史》,中国社会科学院出版社 1991 年版。
张国华:《中国法律思想史纲》,甘肃人民出版社 1990 年版。
杨一凡:《明大浩研究》,江苏人民出版社 1988 年版。
王天有:《明代国家机构研究》,北京大学出版社 1985 年版。
高起迈:《明史刑法志注释》,法律出版社 1984 年版。
蔡枢衡:《中国刑法史》,广西人民出版社 1983 年版。
黄彰健:《明代律例汇编》,中研院历史语言研究所 1979 年版。
王毓铨:《明代的军屯》,中华书局 1965 年版。
张兆凯:"赎刑的废除与理性回归",《北方法学》2008 年第 6 期。
孙孝勤:"试论秦汉赎刑",《沧桑》2008 年第 3 期。
胡高飞:"中国传统赎刑及其启示",《求索》2008 年第 3 期。
赵旭:"宋代赎刑制度考述",《辽宁大学学报》(哲学社会科学版)2008 年第 1 期。
孙艳:"秦汉赎刑论考》,中国知网(中国优秀硕士学位论文全文数据库)东北师范大学 2006 年硕士学位论文。
郭佳:"从睡虎地秦简看秦朝的赎刑",《中州学刊》2004 年第 3 期。
武晓婕:"浅论赎刑制度",《商洛师范专科学校学报》2003 年第 1 期。
陈嘉俊:"论中国古代的赎刑制度——兼议现代以罚代刑的若干问题",《江苏公安专科学校学报》1998 年第 5 期。
童光政、龚维玲:"论赎刑制度",《社会科学家》1996 年第 3 期。
戴建国:"宋代赎刑制度述略",《法学研究》1994 年第 1 期。
彭宝罗:"论赎刑",《深圳大学学报》(人文社会科学版)1990 年第 2 期。
郭淑华:"试论我国古代之赎刑",《政法论坛》1989 年第 6 期。
刘汉娥:"试论'经济赎刑'",《湘潭大学学报》(哲学社会科学版)

1988年第2期。

程维荣："两汉赎刑考"，《西北政法学院学报》1988年第1期。

刘广安："古代'赎刑'考略"，《政法论坛》1985年第6期。

李衡梅："我国古代赎刑渊源初探"，《吉林师范大学学报》（人文社会科学版）1985年第4期。

谨言："'就地改造'与'以钱赎刑'"，《河北法学》1985年第2期。

陈汉生、胡若虚、江宪："我国古代赎刑制度述略"，《社会科学》1983年第11期。

刘科进："明代赎刑制度的司法特点及其局限"，中国知网（中国优秀硕士学位论文全文数据库）西南大学2007年硕士学位论文。

蒋慧宇："刑罚易科制度研究"，中国知网（中国优秀硕士学位论文全文数据库）武汉大学2005年硕士学位论文。

张光辉："明代赎刑的运作"，《四川大学学报》（哲学社会科学版）2005年第3期。

黄阿明："明代赎罪制度及其滥用——以刘瑾罚米法为例的考察"，《历史教学问题》2004年第2期。

朱二伟："明代罪囚罚赎及其社会经济影"，中国知网（中国优秀硕士学位论文全文数据库）郑州大学2003年硕士学位论文。

姚旸："明代赎刑考略——兼论赎刑的纳钞纳米之"，《明史研究》2003年第8期。

吴艳红："明代武职立功考论——兼论赎例在明代武职中的行用"，《中国社会经济史研究》2002年第2期。

何勤华："明代律学的开山之作——何广撰《律解辩疑》简介"，《法史论坛》2005年第5期。

［日］陶安："律与例之间——通过明代赎法看古代中国法之一斑"，收于韩延龙主编《法律史论集》第五卷，法律出版社2004年版。

［日］加藤雄三："明代成化的律与例"，收于田浩明主编《中国法制史考证》丙编第四卷，中国社会科学出版社2003年版。

杨一凡："22种明代稀见法律文献版本略述"，收于《法律史论集》第一卷，法律出版社1998年版。

叶依能："明代荒政述论"，《中国农史》1997年第1期。

［日］官泽知之："明代赎法的变迁"，收于梅原郁《前近代中国的刑罚》，京都大学人文科学研究所，平成八年（1996年）十二月。

吕景琳："论明朝国有军屯土地的私有化"，《江海学刊》1996年第1期。

孙荣轩："明代赎刑考"，《中国留日同学会》季刊第6、7期，中国留日同学会发行，1942—1944年。

顾颖："明代预备仓积粮问题初探"，《史学集刊》1993年第3期。

胡建中、江宪："明代赎刑制度初探"，《学术月刊》1982年第7期。